쉽게 E

531
PROJECT

효과 빠른 **약점 처방전**

국어 **독서 기본** E

STAFF

발행인 문정석

퍼블리싱 총괄 남형주

기획·개발 조비호 김한길 신영한 김성준 육인선 권혜은

디자인·마케팅 김정인 김라니 이츠북스

제작·유통 박종택 서준성

| 531 PROJECT 국어 독서 기본 **E** 202205 제1판 1쇄

펴낸곳 이투스에듀(주) 서울시 서초구 남부순환로 2547

전화 1599-3225

등록번호 제2007-000035호

ISBN 979-11-389-0687-6 [53700]

5 3 1 PROJECT

효과 빠른 약점 처방전

531 프로젝트는
쉽게 익히고, 빠르게 다지고, 확실히 성적을 올릴 수 있는
영역별 단기 특강 교재입니다.

E 쉽게

531 PROJECT 는
단기 특강 교재 중 가장 '쉽게' 개념을 익힐 수 있는 교재입니다.

01 영역별 꼭 알아야 하는 핵심 개념만을 선별하여 충실하게 기술한 교재입니다.

02 개념을 학습하고 이해한 내용을 확인해 보도록 문제를 명장하게 제시한 교재입니다.

03 문제 풀이를 통해 학습한 내용을 제대로 습득하도록 친절하고 상세한 해설과 첨삭을 덧붙인 교재입니다.

S 빠르게

531 PROJECT 는
단기 특강 교재 중 가장 '빠르게' 공부할 수 있는 교재입니다.

01 대충 훑어서 빠르게 공부하는 게 아니라 꼭 필요한 내용으로 구성함으로써 빠르게 실력을 향상시킬 수 있는 교재입니다.

02 국어 각 영역의 개념 학습, 기출 및 변형 등 다양한 형태의 문제로 12강을 구성하여 빠르게 국어 공부를 완성할 수 있는 교재입니다.

03 학생들의 효율적인 학습을 위해 3단계의 과정을 제시하여 눈에 띄게 빠른 실력 향상을 가능하게 해 주는 교재입니다.

H 우월하게

531 PROJECT 는
단기 특강 교재 중 가장 '우월하게' 실력을 향상시킬 수 있는 교재입니다.

01 엄선된 문제와 차별화된 구성으로 고난도 수능을 효과적으로 대비할 수 있는 교재입니다.

02 1등급이 되기 위해 필수적으로 학습해야 할 내용을 충실히 담은 교재입니다.
1등급을 쟁취하고 여러분의 꿈을 향해 도약해 봅시다!

이 책의 구성과 특징

부록 문장 독해 특강

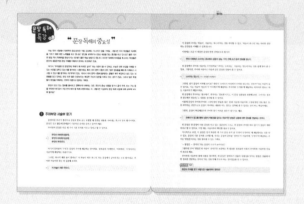

1
문장 자체를 이해하는 데 어려움을 겪는 학생들을 위해 문장 독해 비법을 6가지로 정리하여 실었습니다.

2
문장을 이해하는 방법을 풍부한 예시를 통해 학습할 수 있도록 하였습니다.

개념 학습

1 독해 코칭 / 풀이 코칭
지문 구조에 따른 독해 방법과 문제 유형에 따른 풀이 방법을 단계별로 도식화하여 설명하였습니다.

2 구조 독해 예시 / 유형 풀이 예시
실질적인 예시를 통해 글의 독해와 문제 풀이에 대한 사고 과정을 담았습니다.

3 개념 적용 문제
지문 독해와 문제 풀이에 필요한 방법을 문제로 제시하였습니다.

유사 문제로 다지기 & 유사 문제로 확장하기

1 실전 예상 문제
지문 구조에 따른 독해 방법과 문제 유형에 따른 풀이 방법을 실전에 적용할 수 있도록 예상 문제를 두 단계로 구분하여 구성하였습니다.

2 독해 Guide
지문 구조에 따라, 문제 유형에 따라 독해할 때 주의 깊게 살펴야 할 내용들을 정리하였습니다.

3 지문 더보기
각 문단의 핵심 내용과 주제, 그리고 글의 내용이 정리된 개념도를 학습자가 스스로 채워 완성할 수 있도록 빈칸 채우기 형식으로 제시하였습니다.

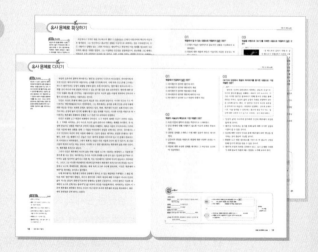

기출문제로 뛰어넘기

- 실제 수능, 모의평가, 학력평가 등의 기출문제를 풀어봄으로써 수능 국어 독서의 출제 경향을 파악하고 문제 풀이에 대한 자신감을 가질 수 있도록 하였습니다.
- 각 강의명에 맞는 지문 구조와 대표 유형 문제를 포함한 우수 기출 문제들만을 뽑아 구성하였습니다.

어휘 점검하기

- 앞서 '어휘 풀이' 코너를 통해 학습한 어휘들을 한 번 더 점검할 수 있도록 문제로 구성하였습니다.
- 다양하고 재미있는 문제 풀이를 통해 주요 어휘의 뜻을 확인하고 숙지할 수 있습니다.

정답과 해설

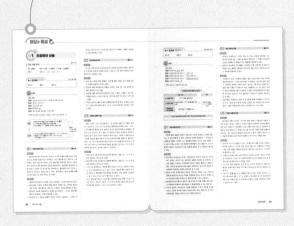

- 문제편 '지문 더보기'와 같이 문단 정리, 주제, 내용 개념도 등을 시각화하여 빈칸의 정답과 함께 수록하였습니다.
- 명확한 근거를 토대로 정답 및 오답의 이유를 이해하기 쉽게 설명하였습니다.

이 책의 차례

문장 독해 특강 ·· 8

지문 구조 살피기

01 강 초점화와 상술 ·· 16

유사 문제로 다지기 　하이데거의 관점에서 바라본 인간의 특성
유사 문제로 확장하기 　카라바조의 미술 기법
기출문제로 뛰어넘기 　에피쿠로스의 자연학과 윤리학

02 강 비교와 대조 ·· 24

유사 문제로 다지기 　사회의 집단 유형
유사 문제로 확장하기 　동양적 사고와 서양적 사고의 특징
기출문제로 뛰어넘기 　바이러스 감염과 숙주 세포

03 강 분류와 분석 ·· 32

유사 문제로 다지기 　다양한 소비 이론
유사 문제로 확장하기 　협동 생산
기출문제로 뛰어넘기 　터치스크린 패널

04 강 흐름과 변화 ·· 40

유사 문제로 다지기 　빛의 속도를 알아내려는 노력
유사 문제로 확장하기 　우리나라의 묵포도 회화
기출문제로 뛰어넘기 　열과 일의 역학 관계

05 강 원리와 과정 ·· 48

유사 문제로 다지기 　공력 가열을 견디기 위한 방법
유사 문제로 확장하기 　친환경 콘크리트
기출문제로 뛰어넘기 　인공 신경망 기술

06 강 문제와 해결 ·· 56

유사 문제로 다지기 　장자의 성심과 현대 사회
유사 문제로 확장하기 　NGO 단체의 문제와 해결
기출문제로 뛰어넘기 　프라타고라스의 소송

문제 유형 살펴보기

07 강 세부 정보의 파악 ································· 64

유사 문제로 다지기   인상주의 회화
유사 문제로 확장하기   별의 거리 측정
기출문제로 뛰어넘기   기억과 망각에 대한 사유

08 강 전개 방식의 파악 ································· 72

유사 문제로 다지기   홉스의 사회계약론
유사 문제로 확장하기   기술 복제 시대의 예술 수용 방식
기출문제로 뛰어넘기   내용 증명

09 강 핵심 정보의 추론 ································· 80

유사 문제로 다지기   상대 습도와 제습기의 원리
유사 문제로 확장하기   케인즈 경제학자들의 믿음
기출문제로 뛰어넘기   피론주의

10 강 숨겨진 정보의 추론 ································· 88

유사 문제로 다지기   정언 명제
유사 문제로 확장하기   색을 구분하여 인식하는 과정
기출문제로 뛰어넘기   동물과 식물의 독

11 강 관점의 비교와 평가 ································· 96

유사 문제로 다지기   비더마이어 음악
유사 문제로 확장하기   동양 철학에서의 욕망 담론
기출문제로 뛰어넘기   하이퍼리얼리즘

12 강 구체적 상황에 적용 ································· 104

유사 문제로 다지기   단토의 미술 종말론
유사 문제로 확장하기   열복사와 발광
기출문제로 뛰어넘기   유엔해양법협약

책속책 **정답과 해설**

"문장 독해의 중요성"

수능 국어 시험에서 독해력의 중요성이란 거듭 강조해도 지나치지 않을 거예요. 그렇다면 우리 학생들은 독해력을 기르기 위해 어떤 노력들을 하고 있나요? 문단을 요약하거나 중심 내용을 찾는 훈련을 하고 있나요? 물론 이러한 방법 역시 독해력을 향상시키는 데 매우 좋은 학습 방법이긴 합니다. 하지만 독해에 어려움을 호소하는 학생들은 문단의 내용은커녕 문장 자체를 이해하지 못하는 데 문제가 있죠.

여기서, '우리글로 된 문장인데, 독해가 왜 어려운 걸까?' 하는 의문이 들 수 있어요. 수능은 대학 수업을 이해할 수 있는 수준을 갖추고 있는지를 평가하는 시험이에요. 특히 국어 영역 시험의 경우, 많은 정보들을 빠르게 이해하고 사고할 수 있는지를 평가하는 데 목적이 있죠. 따라서 국어 영역 시험에 출제되는 글들은 매우 복잡하고 심도 있는 내용들을 담고 있어요. 문장 또한 짧은 단문보다는 복잡한 구조의 장문을 이루고 있는 경우가 많죠. 그래서 많은 학생들이 문장을 이해하는 것부터 어렵다고 말하는 거예요.

문장이 담고 있는 정보를 올바르고 정확하게 이해하는 것은, 문단의 중심 내용을 찾거나 글의 주제, 또는 구조 등을 파악하기에 앞서 가장 먼저 해야 할 독해 과정이에요. 자, 그렇다면 지금부터 문장 독해 비법에 대해 공부해 보도록 할까요?

1 주어부와 서술부 찾기

문장이란 우리가 생각이나 감정을 말과 글로 표현할 때 완결된 내용을 나타내는 최소의 언어 형식이에요. 문장은 길고 짧음에 관계없이 기본적인 골격을 갖추고 있어야 해요.

우리말의 문장은 다음과 같은 세 가지 기본 골격을 이루고 있다고 할 수 있어요.

> 무엇이 어찌한다(동작).
> 무엇이 어떠하다(상태).
> 무엇이 무엇이다.

여기서 앞부분의 '무엇'은 문장의 주어에 해당하는 말이에요. 뒷부분의 '어찌한다', '어떠하다', '무엇이다'는 서술어에 해당하는 말이지요.

그러면, 하나의 예를 들어 볼까요? '저 하늘이 매우 푸르다.'라는 문장에서 군더더기는 모두 덜어내고, 주어와 서술어를 찾는 데 집중해 보세요.

> 저 하늘이 매우 푸르다.

이 문장의 주어는 '하늘이', 서술어는 '푸르다'라는 것을 파악할 수 있고, '하늘이 푸르다.'라는 의미를 전달하는 문장임을 이해할 수 있게 됩니다.

이번에는 조금 더 복잡한 문장을 한번 살펴보도록 합시다.

▶ 현대 사회에서 소비자는 광고에서 상품의 성능, 가격, 판매 조건 등의 정보를 얻는다.

위 문장에서 주어와 서술어는 무엇일까요? 주어는 '소비자는', 서술어는 '얻는다'라는 것을 쉽게 찾아 낼 수 있죠. 그렇다면, 주어와 서술어로 다음과 같은 문장을 만들어 볼 수 있어요.

▶ 소비자는 얻는다. (×) → 무엇을? 어디에서?

그런데, 뭔가 문장이 어색해 보이죠? 게다가 '소비자가 어디에서 무엇을 얻는다는 것일까?'라는 의문이 들 수 있어요. 이는 서술어 '얻는다'가 '어디에서'에 해당하는 부사어와 '무엇을'에 해당하는 목적어를 필요로 하기 때문이에요.

위 문장에서 부사어는 '광고에서', 목적어는 '정보를'이므로, 이 문장 성분들을 보완해 보면, '소비자는 정보를 광고에서 얻는다.'로 내용을 정리해 볼 수 있어요.

이렇게 문장의 주어부(주어와 그것에 딸린 말들을 묶은 것)와 서술부(서술어와 그것에 딸린 것을 묶은 것)를 파악하는 것만으로도 문장이 의미하는 내용을 어느 정도는 짐작해 낼 수 있다는 것이 바로 핵심이에요.

그런데, 문장이 복잡해질수록 주어를 찾기 어려운 경우가 생기기도 해요.

▶ 판매자가 광고를 통해 상품의 차별성을 알리는 대표적인 방법은 상품에 대한 정보를 전달하는 것이다.

위 문장은 한 문장이 다른 문장을 안고 있는 겹문장의 구조로, 위 문장의 주어를 하나 꼽기가 상당히 애매하다고 할 수 있어요. 이럴 때는 서술어부터 확인할 필요가 있어요.

거시적으로 보면, 이 문장은 앞서 학습한 세 가지 문장 골격 중 '무엇이 무엇이다.'에 해당한다는 것을 알 수 있죠. 문장의 기본 골격을 고려할 때, 우리는 문장의 끝부분 '것이다'가 서술어에, '무엇이'에 해당하는 주어는 '방법은'이라는 것을 찾아낼 수 있는 거예요.

'~ 방법은 ~ 것이다.'라는 문장의 구조가 보이나요?

그렇다면 주어 '방법은'과 서술어 '것이다'를 보충하는 꼭 필요한 정보들만 더해서 주어부와 서술부를 만들어 보도록 해요.

주어부와 서술부를 통해 내용을 정리하면, 위 문장은 '판매자가 상품의 차별성을 알리는 방법은 상품에 대한 정보를 전달하는 것이다.'라는 것을 말해 주고자 하는 것이었음을 알 수 있어요.

문장 독해 TIP

문장의 주어를 찾기 어렵다면 서술어부터 찾아라!

② 화제와 속성 파악하기

앞에서 우리는 문장의 의미를 파악하기 위해서 주어부와 서술부 파악의 중요성에 대해 살펴보았어요. 이제, 학습 내용을 좀 더 확장해서 문장에서 말하는 화제와 그 속성을 파악하는 연습을 해 볼 거예요.

핵심만 정리하자면, 화제는 문장의 주어나 목적어를 통해, 그 속성은 관형어와 부사어, 서술어를 통해 드러난다고 할 수 있어요.

> 객관적 자료를 중심으로 작품을 비평하려는 맥락주의는 자칫 작품 외적인 요소에 치중하여 작품의 핵심적 본질을 훼손할 우려가 있다는 비판을 받는다.

위 문장에서 주어와 서술어를 찾아 문장을 만들면, '맥락주의는 받는다.'로 나타내 볼 수 있어요. 여기서 서술어 '받는다'는 목적어를 취하는 동사이므로, 그 목적어를 찾아 문장을 보완하면 '맥락주의 비평은 비판을 받는다.' 정도로 정리해 볼 수 있지요. 여기서 '맥락주의'와 '비판'이 이 문장에서 말하고자 하는 화제에 해당한다고 할 수 있어요.

그렇다면 '맥락주의'는 '어떤 비판'을 받는 것일까?

이 문장에서는 '비판'의 속성이 관형어를 통해 드러나고 있어요. 그 '비판'은 '작품의 외적인 요소에 치중하여 작품의 핵심적 본질을 훼손할 우려가 있다는 비판'이에요. 화제의 속성을 따져 보는 것으로, 문장의 의미는 보다 명확해졌음을 알 수 있지요. 그런데 여기서 잠깐! '맥락주의'란 무엇일까요? 이 문장에서는 '맥락주의'의 속성을 '객관적 자료를 중심으로 작품을 비평하려는' 것이라고 규정하고 있어요.

문장 독해 TIP

관형어와 부사어를 통해 드러나는 화제의 속성을 밝혀라!

③ 문장 구조 분석하기

문장에서 주어와 서술어의 관계가 한 번만 제시되는 홑문장은 문장의 구조가 상대적으로 짧고 명확하지요. 우리가 문장 독해를 할 때 어려움을 겪는 것은 이러한 홑문장이 아니라, 주어와 서술어의 관계가 두 번 이상 나타나는 겹문장이죠.

겹문장을 이루는 문장들이 나란히 이어진 경우는 내용을 파악하는 데 크게 문제가 되지 않지만, 하나의 문장이 다른 문장을 포함하고 있는 경우에는 문장의 의미를 이해하기 쉽지 않지요.

따라서 문장의 구조를 분석해 주요 내용을 찾아내는 것은 문장의 의미를 이해하는 데 매우 의미 있는 방법이 될 거예요.

> 아리스토텔레스는 진리, 즐거움, 고귀함을 추구하는 사색적 삶의 영역이 생계를 위한 활동적 삶의 영역보다 상위에 있다고 보았다.

위 문장은 한 문장이 다른 문장을 안고 있는 구조로 되어 있어요. 그 구조를 크게 둘로 분리해 보면,

> 1) 아리스토텔레스는 보았다.
> 2) 진리, 즐거움, 고귀함을 추구하는 사색적 삶의 영역이 생계를 위한 활동적 삶의 영역보다 상위에 있다.

1)과 2)로 나누어 볼 수 있지요. 그런데 문제는 1)의 주어부와 서술부를 파악하는 것만으로는 문장의 의미가 정확하게 파악되지 않는다는 것이지요. 따라서 2)의 내용을 파악하는 것이 중요하다고 말할 수 있어요.

2)의 의미를 파악하기 위해, 그 주어부와 서술부을 찾아 내용을 추려보도록 하지요.

2)의 핵심은 '사색적 삶의 영역이 상위에 있다.'라는 것이에요. 종합하면, 1)의 문장이 2)의 문장을 안고 있으니까, 아리스토텔레스는 사색적 삶의 영역이 상위에 있다고 보았음을 나타내는 문장이라 정리할 수 있어요.

한 가지 예를 더 살펴보도록 할까요?

> 암세포에서는 변형된 유전자가 만들어 낸 비정상적인 단백질이 세포 분열을 위한 신호 전달 과정을 왜곡하여 과다한 세포 증식이 일어난다.

위 문장은 다음과 같이 분석해 볼 수 있어요.

> 1) 암세포에서는 과다한 세포 증식이 일어난다.
> 2) 변형된 유전자가 만들어 낸 비정상적인 단백질이 세포 분열을 위한 신호 전달 과정을 왜곡한다.

1)의 문장이 2)의 문장을 포함하고 있는 형태지요. 단순히 문장 구조를 분석하여 1)에 담긴 의미만 파악하는 것으로 내용을 이해했다고 할 수 있지만, 실제 수능 시험에서는 2)의 내용을 바탕으로 문제를 출제할 가능성이 높아요. 그만큼 수능 시험에서는 세부 정보가 중요하다는 거예요. 따라서 문장을 독해할 때, 내부 문장 즉, 2)의 주어부와 서술부의 내용을 이해할 수 있어야 제대로 된 문장 독해가 되었다고 말할 수 있는 거지요.

2)에서는 핵심이 되는 주어부와 서술부의 내용, '비정상적인 단백질이 신호 전달 과정을 왜곡한다.'라는 정도의 의미는 파악할 수 있어야 하는 거예요.

정리하면 1)과 2)의 내용을 종합해, '암세포에서는 비정상적인 단백질이 신호 전달 과정을 왜곡하여 과다한 세포 증식이 일어난다.'라고 내용을 파악할 수 있으면 돼요.

문장 독해 TIP

겹문장의 경우, 주어와 서술어가 나타나는 관계에 주목하여 구조를 파악하라.

❹ 끊어 읽기

문장의 구조를 분석하는 훈련을 하다 보면, 문장을 이루는 성분을 중심으로 끊어 읽기가 가능해질 거예요. 다음 예를 통해 끊어 읽기가 얼마나 중요한지를 살펴보도록 해요.

> 퇴계 이황의 주장에 따르면, // 현실 사회가 비도덕적이고 타락한 모습을 보이는 이유는 인간이 본성을 잃어버리고 사악한 마음을 따르기 때문인데, // 이러한 사악한 마음은 인간의 생체적 욕구와 욕망 등인 '기'에서 나오는 것이다.

꽤 긴 장문의 형태지만, 쉼표라는 문장 기호로 인해 어느 부분에서 문장을 끊어 잃어야 하는지 판단할 수 있어요.

여기서 추가로 문장을 주어부와 서술부로만 끊어 놓아도, 내용 파악은 더욱 수월해진답니다.

> 퇴계 이황의 주장에 따르면, //
> 현실 사회가 비도덕적이고 타락한 모습을 보이는 이유는 / 인간이 본성을 잃어버리고 사악한 마음을 따르기 때문인데, //
> 이러한 사악한 마음은 / 인간의 생체적 욕구와 욕망 등인 '기'에서 나오는 것이다.

이와 같이 문장을 끊어 읽는 훈련을 한다고 해서, 문장 곳곳에 끊어 읽기 표시를 해 가며 읽는 것은 바람직하지 않아요. 실제 수능 시험은 지문을 읽어 내는 속도가 매우 중요하므로 되도록 눈으로 문장의 주어부와 서술부를 중심으로 끊어 읽는 훈련이 되도록 연습하세요.

> 전국 시대(戰國時代)의 사상계가 / 양주(楊朱)와 묵적(墨翟)의 사상에 경도되어 // 유학의 영향력이 / 약화되고 있다고 / 판단한 // 맹자(孟子)는 / 유학의 수호자를 자임하면서 / 공자(孔子)의 사상을 계승하는 한편, // 다른 학파의 사상적 도전에 맞서 / 유학 사상의 이론화 작업을 전개하였다.

중요한 것은 문장을 문장 요소별로 낱낱이 나눌 수 있는가 하는 것이 아니라, 덩어리로 나누어 이해할 수 있는가 하는 겁니다. 이렇게 덩어리로 나누어 독해를 하다 보면, 지문을 읽는 속도가 빨라지고 의미 파악도 잘 되는 것을 느낄 수 있을 거예요.

한걸음 더 나아가서, 주어부 또는 서술부의 내용이 길 때 목적어, 부사어, 관형어 등을 구별하여 끊어 읽을 수 있다면 더욱 효과적인 문장 독해를 할 수 있어요.

문장 독해 TIP

> 주어부와 서술부로 나누어 끊어 읽는 훈련을 해라!

⑤ 문장 간의 관계 파악하기

　지금까지 문장을 독해하는 방법에 대해 설명했다면, 지금부터는 문장의 흐름에 대해 이야기해 보려고 해요. 우리가 수능 시험에서 접하는 지문의 형태는 문장과 문장이 모여 이루어진 단락의 모음이라 할 수 있어요. 따라서 단순히 문장의 의미를 파악하는 것만으로는 지문 독해가 끝났다고 볼 수 없어요. 문장과 문장 간의 관계 즉, 문장의 흐름을 이해해야 하는 과제가 남아 있지요.

　그래서 주목해야 하는 것이 바로 문장과 문장을 잇는 데 자주 쓰이는 접속 부사입니다.

　우리나라의 접속 부사는 그 기능에 따라 여러 가지 형태로 분류해 볼 수 있어요.

분류	기능	종류
순접	앞 문장의 추론에 따른 결과가 이어질 때	그래서, 그러므로, 따라서
역접	앞 문장의 상황과 상반된 맥락이 이어질 때	그러나, 그런데, 하지만, 단, 다만
추가	앞 문장에 또 다른 설명을 덧붙일 때	또한, 게다가, 그리고, 더구나
설명	앞 문장에 대한 구체적 예를 들 때	즉, 가령, 예를 들면
전환	화제를 바꿀 때	한편, 그런데, 그나저나
⋮	⋮	⋮

　지문에 위와 같은 접속 부사가 나왔다면, 문장의 내용상 흐름이 어떻게 바뀌는지를 주목하며 읽어야 합니다.

　구체적 예로, 연역 논증을 설명할 때 대표적으로 제시되는 문장들을 살펴볼까요?

> 1) 모든 사람은 죽는다.
> ▶ 2) 그런데 소크라테스는 사람이다.
> 3) 따라서 소크라테스는 죽는다.

　2)에서는 '그런데'가, 3)에서는 '따라서'라는 접속 부사가 쓰였어요. 2)의 '그런데'를 보는 순간, 이어지는 내용은 앞 문장과 상반된 맥락의 내용이거나 화제가 전환될 것임을 짐작할 수 있어야 합니다.

　3)의 '따라서'라는 접속 부사를 보고 나서는 뒷부분에 앞 문장을 토대로 한 추론의 결과가 제시될 것임을 생각할 수 있어야 해요.

> ▶ 　기준 금리를 결정하고 공개 시장 운영을 실시하여 그 효과가 실제로 나타날 때까지는 시차가 발생하는데 이를 '정책 외부 시차'라 하며, 이 때문에 선제성이 문제가 된다. ❶예를 들어 중앙은행이 경기 침체 국면에 들어서야 비로소 기준 금리를 인하한다면, 정책 외부 시차로 인해 경제가 스스로 침체 국면을 벗어난 다음에야 정책 효과가 발현될 수도 있다. 이 경우 경기 과열과 같은 부작용이 수반될 수 있다. ❷따라서 중앙은행은 통화 정책을 선제적으로 운용하는 것이 바람직하다.

❸ 또한 통화 정책은 민간의 신뢰가 없이는 성공을 거둘 수 없다. ❹ 따라서 중앙은행은 정책 신뢰성이 손상되지 않게 유의해야 한다. ❺ 그런데 어떻게 통화 정책이 민간의 신뢰를 얻을 수 있는지에 대해서는 견해 차이가 있다.

❶ '예를 들어'는 앞 문장에서 언급한 문제 상황에 대해 구체적 예로 설명할 것을, ❷ '따라서'는 앞에서 언급한 내용에 대한 결론을 제시할 것을 말해 주고 있어요. ❸ '또한'은 앞 문단에서 언급한 문제에 덧붙여 추가적인 문제가 기술될 것을 알려 주는 접속 부사로 볼 수 있어요. ❹ '따라서'는 앞 문장에서 지적한 문제점에 대해 글쓴이의 생각을 드러내기 위해, ❺ '그런데'는 논의의 초점을 다른 방향으로 돌리려는 의도로 사용된 접속 부사라는 것을 인지할 수 있어야 해요.

문장 독해 TIP

접속 부사를 보며, 글의 전개 방향을 짐작해라!

❻ 문장 간의 의미 비교하기

지문을 잘 독해했다면 문제를 풀어야 하는데, 많은 학생들이 선택지의 내용을 이해하지 못해 문제를 해결하지 못하는 우스운 일이 발생하기도 해요.

일반적으로 출제자들은 지문에 드러난 정보를 정확히 이해했는지를 평가하기 위해 내용 확인 문제를 출제하게 되지요. 그런데 문제는 출제자들이 지문의 표현을 그대로 가져와 선택지를 구성하지 않는다는 거예요. 출제자들은 중심 의미를 그대로 두고 표현을 다르게 바꾸는 방법을 사용해요. 단순히 지문 내용은 이해하지 못했지만 지문과 선택지를 단순 비교하여 답을 찾는 것을 방지하려는 데 목적이 있겠죠.

따라서 학생들은 지문과 선택지를 비교할 때 표현은 다르지만 유사한 의미를 지닌 문장인가를 판단할 수 있는 능력이 있어야 해요.

다음 예를 통해 동일한 의미를 갖고 있지만, 지문에 제시된 표현과 선택지의 표현이 어떻게 다른지를 확인해 보도록 해요.

▶ [지문]
… 간은 육각형 기둥 모양의 간소엽이라는 작은 공장들로 이루어져 있고 그 내부는 간의 주요 기능을 수행하는 간세포로 채워져 있다. 간소엽의 중심부에는 중심 정맥이 놓여 있어 **간을 거친 혈액을 간정맥으로 보내 심장으로 흐르게 한다.** …

'지문'의 밑줄 친 부분과 '선택지'는 결과적으로 같은 의미를 나타내는 문장이라 할 수 있어요. '지문'의 밑줄 부분의 표현이 사동 표현이라면, '선택지'는 능동 표현이라는 차이가 있을 뿐이지요.

하나의 예를 더 살펴봅시다.

[지문]
… 최근까지도 새로운 형태의 반실재론이 제기되어 활발한 논의가 진행 중이다. 논증의 성패를 떠나 반실재론자는 타성에 젖은 실재론적 세계관의 토대에 대해 성찰할 기회를 제공한다. …

[선택지]
실재론과 반실재론 사이의 논쟁은 현재에도 지속되고 있다.

'지문'의 밑줄 친 부분과 '선택지'를 같은 내용으로 볼 수 있을까요? 출제자는 지문의 '논의', '진행'과 같은 어휘를 '논쟁', '지속'과 같은 유사한 어휘로 바꾸어 표현만 달리 했을 뿐, 그 의미를 바꾸진 않았어요.

이렇게 출제자는 수능 문제를 구성할 때, 문장의 구조를 바꾸거나 어휘를 바꾸어 선택지의 표현을 달리한다는 점을 기억해 두세요.

문장 독해 TIP

표현에 주목하기보다는 의미 파악에 주목하라.

우리가 문장 독해 훈련에 집중해야 하는 이유가 바로 여기에 있어요. 문장 독해는 지문을 독해하는 가장 기초적인 방법이자, 선택지의 적절성을 판단해 주어진 문제를 보다 수월하게 해결하기 위한 것임을 이해할 수 있어야 합니다.

01강 지문 구조 살피기
초점화와 상술

◉ 개념

하나의 화제에 대해 그 특징이나 특성을 이해하기 쉽도록 자세하게 설명하는 지문 구조

◉ 글의 유형

· 인물의 견해, 사상 등을 설명하는 글
· 예술 경향, 작가, 작품 등에 대해 분석적으로 설명하는 글

◉ 독해 코칭

① 도입부를 통한 중심 화제 파악	② 논의의 전개 방식 파악	③ 각 문단의 서술 대상과 그 특징 파악	④ 종합적 결론에 주목
전체 글의 중심 화제는 무엇인가?	중심 화제의 어떤 측면에 초점을 두고 내용이 전개되고 있는가?	서술 대상의 특징을 설명하기 위해 활용하거나 비교하고 있는 대상·개념이 있는가?	사상의 의의, 한계 등에 대해 어떻게 평가하고 있는가?

📖 구조 독해 예시

18세기 경험론의 대표적인 철학자 흄은 '모든 지식은 경험에서 나온다.'라고 주장하면서, 이성을 중심으로 진리를 탐구했던 데카르트의 합리론을 비판하고 경험을 중심으로 한 새로운 철학 이론을 구축하려 하였다.
<small>흄의 경험주의 철학의 목적을 소개하고 있군.</small>
그러나 지나치게 경험만을 중시한 나머지, 그는 과학적 탐구 방식 및 진리를 인식하는 문제에 대해서도 비판하기에 이른다.
<small>뒷부분에 주목!</small>

흄은 지식의 근원을 경험으로 보고 이를 인상과 관념으로 구분하여 설명하였다. 인상은
<small>흄이 경험론을 대표하는 학자라고 했으니, 그의 경험론의 기본 철학이 무엇인지부터 설명하려는 거야.</small>
오감(五感)을 통해 얻을 수 있는 감각이나 감정 등을 말하고, 관념은 인상을 머릿속에 떠올리는 것을 말한다. 가령, 혀로 소금의 '짠맛'을 느끼는 것은 인상이고, 머릿속으로 '짠맛'을 떠올리는 것은 관념이다.
<small>예시</small>
인상은 단순 인상과 복합 인상으로 나뉘는데, 단순 인상은 단일 감각을 통해 얻은 인상을,
<small>인상을 다시 단순한 것과 복합적인 것으로 구분하였어.</small>
복합 인상은 단순 인상들이 결합된 인상을 의미한다. 따라서
<small>인과</small>
'짜다'는 단순 인상에, '짜다'와 '희다' 등의 단순 인상들이 결합된 소금의 인상은 복합 인상에 해당한다. 그리고 단순 인상을 통해 형성되는 관념을 단순 관념, 복합 인상을 통해 형성되는 관념을 복합 관념이라 한다. 흄은 단순 인상이 없다면 단순 관념이 존재하지 않는다고
<small>관념은 인상을 머릿속에 떠올리는 것이니까, 인상이 없으면 관념을 떠올릴 수 없지.</small>
보았다. 그런데 '황금 소금'은 현실에 존재하지 않기 때문에 그 자체에 대한 복합 인상은 없
<small>내용의 전환!</small>
지만, '황금'과 '소금' 각각의 인상이 존재하기 때문에 복합 관념이 존재할 수 있다. 따라서 복합 관념은 복합 인상이 없더라도 존재할 수 있다. 하지만 흄은 '황금 소금'처럼 인상이 없
<small>단순 관념의 형성 조건과 복합 관념의 형성 조건의 차이를 비교했어.</small> <small>역접에 주목!</small>
는 관념은 과학적 지식이 될 수 없다고 말하였다.
<small>이성에만 근거하여 얻은 지식은 인상이 없는 관념이므로 과학적 지식으로 인정할 수 없다는 거야.</small>

흄은 과학적 탐구 방식으로서의 인과 관계에 대해서도 비판적 태도를 보였다. 그는 인과 관계란 시공간적으로 인접한 두 사건이 반복해서 발생할 때 갖는 관찰자의 습관적인 기대에
<small>흄은 '인과 관계'에 대해 부정적으로 보고 있어.</small>
불과하다고 말하였다. 결국 인과 관계란 시공간적으로 인접한 두 사건에 대한 주관적 판단
<small>결론은?</small>
에 불과하므로, 이런 방법을 통해 얻은 과학적 지식이 필연적이라는 생각은 적합하지 않다
<small>근거</small>
<small>인과 관계를 바탕으로 형성되는 '과학적 지식'에 대한 흄의 생각</small>

> ▶ 이 글은 무엇에 대해 쓴 글인지 파악해 보자.

> ▶ 전체 흐름을 고려할 때, 2문단을 통해 글쓴이가 말하고자 한 내용을 파악해 보자.

> ▶ 흄은 과학적 탐구 방식으로서의 인과 관계를 왜 부정적으로 보았는지 정리해 보자.

고 흄은 비판하였다.

또한 흄은 진리를 알 수 있는가의 문제에 대해서도 회의적인 태도를 취했다. 전통적인 진
_{이번에는 진리 인식의 문제에 대한 이야기로군.}
리관에서는 진술의 내용이 사실(事實)과 일치할 때 진리라고 본다. 하지만 흄은 진술 내용
_{일반적으로 과학적 지식. 즉 진리는 전통적 진리관을 바탕으로 형성되는 것이지.}   _{역접!}
이 사실과 일치하는지의 여부를 판단할 수 없다고 보았다. 예를 들어 '소금이 짜다.'라는 진
_{흄은 '진술'이란 주관적이므로 진리인지 판단할 수 없다고 본 거야.}   _{예시}
술이 진리가 되기 위해서는 실제 소금이 짜야 한다. 그런데 흄에 따르면 '소금이 짜다.'라는
진술은 '내 입에는 소금이 짜게 느껴진다.'라는 진술에 불과할 뿐이다. 따라서 비록 경험을
_{종합적 결론이군.}
통해 얻은 과학적 지식이라 하더라도 그것이 진리인지의 여부는 확인할 수 없다는 것이 흄
의 입장이다.
_{그러므로, 과학적 지식도 진리라고 말할 수 없다!}

이처럼 흄은 경험론적 입장을 철저하게 고수한 나머지, 과학적 지식조차 회의적으로 바
_{마지막 문단은 흄에 대한 비판적 평가로 시작하고 있어.}
라보았다는 점에서 비판을 받기도 했다. 하지만 그는 이성만 중시했던 당시 철학 사조에 반
_{역접의 접속 부사 등장!}
기를 들고 경험을 중심으로 지식 및 진리의 문제를 탐구했다는 점에서 근대 철학에 새로운
_{흄에 대한 긍정적 평가를 제시하며 글을 마무리하고 있군.}
방향성을 제시했다는 평가를 받는다.

> ❯ 과학적 지식을 진리로 받아들이는 것에 대해 흄은 어떤 입장을 보였는지 생각해 보자.

> ❯ 흄에 대한 부정적, 긍정적 평가의 내용을 정리해 보자.

개념 적용 문제

01 1문단에서 알 수 있는 윗글의 중심 화제를 빈칸을 채워 완성하시오.

```
(              ) 탐구 방식과 진리 인식 문제에 대한 흄
의 철학적 비판
```

02 빈칸에 2~5문단의 핵심어를 넣어 각 문단의 중심 내용을 완성하시오.

(1) **2문단**: 흄은 (   )이/가 없는 관념은 과학적 지식이 될 수 없다고 보았다.

(2) **3문단**: 흄은 인과 관계를 따지는 것은 시공간적으로 인접한 두 사건에 대한 주관적 판단에 불과하므로 이를 활용해 도출한 과학적 지식은 (   )(이)라고 볼 수 없다고 하였다.

(3) **4문단**: 흄은 주관적 (   )을/를 바탕으로 얻은 과학적 지식의 진리 여부는 확인할 수 없다고 보았다.

(4) **5문단**: 흄은 과학적 지식을 회의적으로 보아 비판을 받았지만, 근대 철학의 새로운 (   )을/를 제시했다는 점에서 긍정적 평가를 받는다.

03 윗글을 전개 방식을 고려하여 세 부분으로 나눈 것으로 가장 적절한 것은?

① 1문단 — 2, 3, 4문단 — 5문단

② 1문단 — 2, 3문단 — 4, 5문단

③ 1, 2문단 — 3, 4문단 — 5문단

④ 1, 2문단 — 3문단 — 4, 5문단

04 '흄'의 견해로 알맞은 것에 ○, 그렇지 않은 것에 ×를 써 넣으시오.

(1) 흄은 지식의 근원이 경험에서 비롯된다고 보았다.
(   )

(2) 머릿속으로 소금의 '짠맛'을 떠올리는 것은 '인상'에 해당한다.
(   )

(3) 흄은 복합 인상이 없다면 복합 관념은 존재하지 않는다고 보았다.
(   )

(4) 흄은 과학적 지식이 진리로 받아들여지려면 충분한 근거가 필요하다고 보았다.
(   )

01강 초점화와 상술 | **17**

유사 문제로 다지기

독해 Guide

1문단은 이 글이 실존주의 철학자 하이데거의 '불안'에 대한 관점을 설명하는 것임을 말해 주고 있어. 이어서 인간에게 왜 '불안'이라는 감정이 중요한지를 밝히고 있는데, 2문단과 3문단에서 각각 '현존재'와 '도구 연관의 세계'의 개념을 설명하며 이해를 돕고 있어. 그리고 마지막 문단에서는 '불안'이라는 감정이 '현존재의 퇴락'을 해결할 방책이 될 수 있음을 언급하며 글을 마무리하고 있어.

독일의 실존주의 철학자 하이데거는 '불안'을 긍정적인 시선으로 바라보았다. 하이데거에 따르면 인간은 태어나자마자 죽음이라는 문제를 인식하게 되며, 이에 따라 인간 존재 근거에는 반드시 '불안'이라는 감정이 포함될 수밖에 없다. 또한 하이데거는 '불안'에서 벗어나려고만 노력할 것이 아니라 이에 당당히 마주설 수 있는 용기를 갖출 것을 강조하였다. '불안에 대한 용기'의 자세와 태도를 견지*하는 사람이야말로 앞으로 자신의 삶을 어떻게 개척하며 살아가야 5 할지 진지하게 고민하는 사람이라는 것이다.

인간은 자신의 '존재'에 대해 근본적 의문을 갖는 유일한 동물이다. 이러한 인간을 두고 하이데거는 '현존재(現存在)'라고 명명하였다. 그는 현존재라는 용어를 통해 인간을 존재 자체에 대한 의문을 가지는 독특한 존재로 정의하고 있다. 한편, 현존재인 인간은 세계 안에서 살아가야 하는 운명에 놓여 있기에 세계와 뗄 수 없는 관계를 지닌다. 이러한 인식을 바탕으로 하 10 이데거는 현존재와 세계와의 관계를 '도구 연관'으로 파악하여 설명한다.

인간은 특정한 도구 연관의 세계에서 살아간다. 도구 연관의 세계란 인간이 주변의 사물들을 그 자체로 파악하는 것이 아니라 자신의 삶과 관련시켜 이해하는 세계를 의미한다. 즉 특정한 관심이나 경험을 바탕으로 주변의 사물을 이해한다. 새로운 사물이 주어지더라도 기존의 다른 사물에 대한 경험을 통해 그 사물을 바라보면서 관심을 갖게 되는 것이다. 하이데거는 15 오직 인간만이 자신의 주변 사물에 대해서도 근본적 물음을 제기하는 유일한 존재라고 생각했다. 또한 그는 세계의 모든 것들은 '수단-목적'의 관계로 이루어져 있고 이 관계가 반복적으로 이어진다고 파악하였다. 그래서 세계 속 사물은 다른 사물의 수단이 될 수 있으며, 또 다른 사물의 목적이 되기도 하는 것이다. 이러한 도구 연관 네트워크는 현존재적 삶을 위한 수단이며, 현존재를 목적으로 삼는다. 20

그러나 인간은 현존재인 자신의 삶을 위해 사물을 도구로 사용하는 과정에서 그 사물에 얽매이게 될 수도 있다. 하이데거는 우리가 자신의 존재를 문제 삼지 않고 일상에 몰두*하여 살아가는 삶을 일상적인 삶이라고 부를 때, 이는 비본래적인 실존에 지나지 않는다고 진단하였다. 그리고 그는 이러한 비본래적인 세상에 몰두하면서 현존재가 목적으로서의 위상을 지니지 못하고 도구로 후퇴한다면, 현존재는 세계 속의 도구와 수단에 종속되며, 이것은 '현존재의 25 퇴락*'을 의미하는 것이라고 생각했다.

이에 하이데거는 현존재가 퇴락의 상태에서 벗어날 수 있는 해결책을 모색*했고 그 해결 방안을 바로 '불안'에서 찾았다. 여기서 불안이란 구체적 대상에 대한 두려움이 아니라 인간의 삶이 지니는 본질적 유한성*으로부터 발생하는 일정한 긴장감이다. 오히려 불안은 익숙한 세계에서 도구로 살게 되는 종속적*인 삶으로부터 인간을 자유롭게 한다. 하이데거는 인간이 이 30 로써 현존재의 퇴락에서 벗어나 수단이 아닌 목적으로서의 현존재의 위상을 회복하면서, 현존재의 본래성을 갖게 된다고 보았다.

어휘풀이

- 견지 굳게 지킴.
- 몰두 어떤 일에 온 정신이나 관심을 기울여 열중함.
- 퇴락 지위나 수준 따위가 뒤떨어짐.
- 모색 바람직한 방법이나 해결책 따위를 이리저리 생각하여 찾음.
- 유한성 한도나 한계가 있음.
- 종속적 주되는 것에 딸려 붙어 있는 관계에 있는 것

01

윗글에서 언급하지 <u>않은</u> 것은?

① 하이데거가 생각한 '불안'의 의미
② 하이데거가 생각한 '현존재'의 개념
③ 하이데거가 생각한 '현존재'의 한계
④ 하이데거가 생각한 '현존재 퇴락'의 이유
⑤ 하이데거가 생각한 '도구 연관의 세계'의 개념

02

윗글의 서술상의 특징으로 가장 적절한 것은?

① 특정 인물의 철학적 관점을 객관적으로 소개하였다.
② 중심 화제에 대해 이해하기 쉽도록 비유적 표현을 활용하였다.
③ 상반된 견해를 소개하고 이에 대한 절충적 대안을 제시하였다.
④ 글쓴이의 관점을 바탕으로 대상에 대한 다양한 관점을 비판하였다.
⑤ 대상에 대한 특정한 견해를 제시하고 그 타당성을 점검하며 서술하였다.

03

〈보기〉의 입장에서 윗글의 하이데거를 평가한 내용으로 가장 적절한 것은?

> ┌ 보기 ┐
> '불안'은 인간의 유한성에서 비롯하는 본능적 속성으로, 인간의 생산적 활동을 저해하는 대표적 심리 요소이다. 인간은 이러한 '불안'을 떨쳐버리기 위해 종교적 구원을 통해 위안을 얻거나, 일상적 삶의 긍정적 측면을 과장하여 불안을 극복해 내기도 한다. 즉 '불안'은 인간이 자신의 유한성을 반복적으로 떠올리는 과정에서 발생하는 심리적 문제이므로, 이를 망각할 수 있게 하는 종교적 대상 추구 또는 일상에 대한 낙관적 인식 등으로 극복하는 것이 바람직하다.

① '일상적 삶'에 지나치게 몰두하면 인간의 현존재적 위상을 잃게 될 것이다.
② '불안'을 마주하려는 용기를 통해 삶에 대한 진지한 성찰을 이끌어 낼 수 있을 것이다.
③ 일상에 대한 낙관적 인식을 통해 '현존재의 퇴락' 현상을 방지하는 것이 충분히 가능할 것이다.
④ 활발한 도구 연관 네트워크를 기반으로 한 종교적 구원을 통해 일시적 위안을 얻을 수 있을 것이다.
⑤ '불안'의 부정적 측면을 간과하지 말고, 심리 문제를 극복하기 위해 종교적 차원의 해소 방법을 고려해 보아야 한다.

지문 더보기

| 문단 정리 |
1 문단 _____을 긍정적 시선으로 바라본 하이데거의 관점
2 문단 _____로서의 인간
3 문단 _____의 세계
4 문단 현존재의 _____
5 문단 '불안'을 통한 현존재의 _____ 회복

| 주제 | 하이데거의 관점에서 바라본 인간의 특성과 불안의 _____

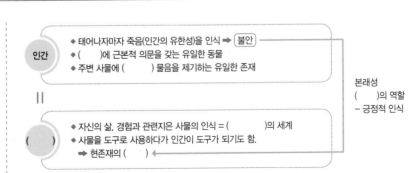

독해 Guide

1문단의 첫 문장을 통해, 이 글은 17세기의 미술가 카라바조에 대한 것임을 짐작할 수 있어. 2문단에서는 카라바조 작품이 르네상스 미술과의 차이점을 지녔다고 언급하고 있으니까, 구체적으로 카라바조 작품의 특징과 그 기법이 무엇인지에 초점을 두고 독해를 해 나가야 해. 마지막 문단은 이 글의 내용을 정리하는 부분으로, 카라바조가 예술사에 미친 긍정적 영향이 무엇인지를 파악할 수 있으면 돼.

사실적이고 극적인 면을 추구하고자 했던 ㉠카라바조는 17세기 이탈리아의 혁신적 미술가로 평가된다. 그는 인간적이고 종교적인 경험을 이상적으로 표현하는 것을 거부하였으며, 모든 사람이나 상황을 있는 그대로 바라보는 세속적*이고 현실적인 미술 세계를 창조하여 사실주의의 새로운 지평을 열었다. 그는 이상화된 인간상을 경멸하였으며, 종교화를 그릴 때에도 성자들을 보통 사람처럼 묘사하고자 하였다. 또한 신성한 장면도 평범한 일상으로 이해하는 것을 바탕으로 극적인 순간이 효과적으로 표현되어야 한다고 생각했다.

카라바조의 작품 세계는 당시로서는 매우 혁신적인 것으로, 이상적이고 안정감 있는 아름다움을 선호하고 추구했던 기존의 르네상스* 미술과는 큰 차이점을 보였다. 그의 작품 중 〈동정녀 마리아의 죽음〉은 동정녀에 대한 지나친 사실적 묘사로 인해 당시 상당한 반발*을 불러일으키며 수도사들에게 항의를 받기도 했는데, 이렇듯 대중들은 자신들이 원하는 이상화된 성자의 모습을 보여 주지 않는 카라바조를 이해하지 못했다. 하지만 그는 계속해서 현실감 넘치는 인물 유형을 그려 내고자 하는 노력을 그의 작품에 반영하였다.

사도*들이 부활한 예수를 만나 놀라는 장면을 묘사한 작품인 〈엠마오의 저녁 식사〉에서는 하나의 장면으로 극적인 순간을 표현하고자 한 그의 노력이 잘 드러난다. 예수를 보고 놀라서 뒤로 밀려난 의자에 앉아 팔을 크게 벌린 사도, 양손으로 탁자를 잡고 몸을 일으키며 앞으로 바짝 기울인 사도의 모습, 탁자 밖으로 떨어질 것 같은 과일 접시 등의 사실적 묘사는 보는 이에게 긴장감을 느끼게 하며 한 명의 사도가 되어 그 그림 속에 있는 듯한 착각을 하게 한다. 이렇듯 그는 하나의 장면을 있는 그대로 묘사하려 하였으며, 그 안에서 인상적인 순간을 표현하고자 하였다.

카라바조의 작품에서 주목해야 할 또 다른 요소는 '빛'이다. 그는 선과 색 못지않게 '빛'에 주목하면서, '테너브리즘'이라고 불리는 명암대조법을 처음으로 사용하였다. 테너브리즘은 극단적인 명암 대비를 사용하여 작품의 극적인 효과를 높이는 기법으로 이것을 이용한 작품에서 인물의 배경은 종종 짙은 어둠으로 나타내면서 인물 자체는 밝은 빛으로 표현하여 입체감이 강조되었다. 카라바조는 빛과 어둠을 대비시켜 공간에 깊이를 더해 주고, 인물의 부피나 무게에 대한 느낌을 자연스럽게 드러내 주었다. 이 혁신적인 명암법은 르네상스의 원근법만큼이나 중요한 것으로 공간을 회화적으로 재현하는 데 크게 기여하였다. 또한 감상자로 하여금 더욱 그림에 집중하게 하였으며, 어두운 무대에 강렬하게 비추는 한 줄기 조명과 같이 긴장감과 감동을 주었다.

이후 카라바조가 사용한 명암법은 17세기 후반에 등장한 바로크* 미술의 주요한 특징이 되었으며, 그를 초기 바로크 미술의 대표적인 화가로 만들었다. 그는 17세기 유럽 사실주의 회화의 선구자*로 인정받게 되었고, 훗날 루벤스와 렘브란트 등에게 많은 영향을 주며 미술의 역사가 새롭게 변화되는 계기를 제공하였다.

어휘풀이

● 세속적 세상의 일반적인 풍속을 따르는 것
● 르네상스 14세기 말엽에서 16세기 초에 걸쳐 이탈리아를 중심으로 전 유럽에 퍼진 학문상·예술상의 혁신 운동
● 반발 어떤 상태나 행동 따위에 대하여 거스르고 반항함.
● 사도 기독교에서 복음을 널리 전하기 위하여 특별히 뽑은 이들을 지칭하는 말
● 바로크 17~18세기에 유럽에서 유행한 회화·건축·조각·문학·음악·장식 미술의 한 양식
● 선구자 어떤 일이나 사상에서 다른 사람보다 앞선 사람

01

윗글에서 알 수 있는 내용으로 적절하지 않은 것은?

① 17세기 미술은 일반적으로 종교적인 경험을 이상화하여 표현하였다.

② 작품에 대한 대중의 반응은 미술사의 흐름을 결정짓는 역할을 하였다.

③ 테너브리즘은 감상자가 작품에 몰입할 수 있도록 적절한 긴장감을 부여한다.

④ 카라바조는 빛과 어둠을 적절하게 사용하여 인물의 입체감을 효과적으로 표현하였다.

⑤ 테너브리즘은 바로크 미술의 핵심적 특징으로 후대 화가들에게까지 영향력을 미쳤다.

02

㉠에 대한 설명으로 옳은 것만을 〈보기〉에서 고른 것은?

> **보기**
>
> ㄱ. 사실적 장면을 그리면서 그 안에서 극적인 효과를 나타내고자 하였다.
>
> ㄴ. 명암 대비와 원근법을 처음으로 사용하여, 공간의 깊이를 표현하였다.
>
> ㄷ. 그림을 그릴 때 '선'과 '색'보다는 '빛'이 더 많은 역할을 해야 함을 강조하였다.
>
> ㄹ. 성자가 그림의 대상이 될 때에도 일반 사람이 대상일 경우와 동일한 관점으로 바라보면서 사실적으로 표현하였다.

① ㄱ, ㄴ   ② ㄱ, ㄹ   ③ ㄴ, ㄷ

④ ㄴ, ㄹ   ⑤ ㄷ, ㄹ

03

윗글을 바탕으로 〈보기〉를 이해한 내용으로 적절하지 않은 것은?

> **보기**
>
>
> 〈성 베드로의 십자가 처형〉은 성자 베드로가 처형당하기 직전의 고통스러운 상황을 사실적으로 표현한 작품이다. 시커먼 발바닥에 흉물스럽게 박혀 있는 대못과 몸을 일으키며 고통을 호소하는 베드로의 인간적인 몸짓과 표정이 인상적이다. 뒤의 배경이나 줄을 당기는 인부와 대조적으로 베드로의 얼굴과 상체에 밝은 빛을 주어 베드로의 모습을 강조하고 있으며, 베드로를 아래에서 받치고 있는 인부의 주름지고 더러운 발바닥과 삽을 든 손을 통해 베드로의 처형이 지금 막 눈앞에서 진행되는 듯한 긴장감을 부여한다.

① 성 베드로의 처형 장면을 신성한 것이 아닌 평범한 것으로 표현하였군.

② 테너브리즘 기법을 사용하여 배경적 특징과 인물을 모두 강조하고자 하였군.

③ 사실적으로 묘사된 성 베드로의 모습은 당시 대중의 반발을 불러일으켰겠군.

④ 인부와 베드로를 극단적 명암으로 대비시켜 감상자가 중심 인물에 집중하게 하였군.

⑤ 자세하고 사실적인 묘사를 통해 보는 이가 처형 상황 속에 함께 있는 것처럼 느끼게 하였군.

| 문단 정리 |

1 문단 카라바조의 _____ 성향

2 문단 카라바조의 미술 기법 ①
     – _____ 묘사

3 문단 카라바조의 미술 기법 ②
     – _____ 효과 추구

4 문단 카라바조의 미술 기법 ③

5 문단 카라바조 작품의 _____

| 주제 | 카라바조 작품의 특징과 의의

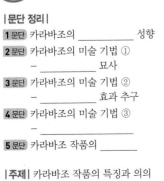
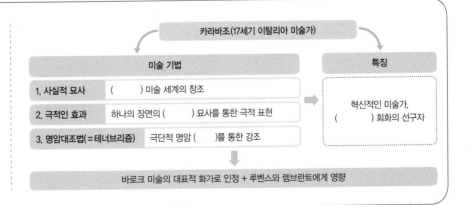

[01~04] 다음 글을 읽고, 물음에 답하시오.

고대 그리스 시대의 사람들은 신에 의해 우주가 운행*된다고 믿는 결정론적 세계관 속에서 신에 대한 두려움이나, 신이 야기*한다고 생각되는 자연재해나 천체 현상 등에 대한 두려움을 떨치지 못했다. 에피쿠로스는 당대의 사람들이 이러한 잘못된 믿음에서 벗어나도록 하는 것이 중요하다고 보았고, 이를 위해 인간이 행복에 이를 수 있도록 자연학을 바탕으로 자신의 사상을 전개하였다.

에피쿠로스는 신의 존재는 인정하나 신의 존재 방식이 인간이 생각하는 것과는 다르다고 보고, 신은 우주들 사이의 중간 세계에 살며 인간사에 개입하지 않는다는 ㉠이신론(理神論)적 관점을 주장한다. 그는 불사*하는 존재인 신은 최고로 행복한 상태이며, 다른 어떤 것에게도 고통을 주지 않고, 모든 고통은 물론 분노와 호의와 같은 것으로부터 자유롭다고 말한다. 따라서 에피쿠로스는 인간의 세계가 신에 의해 결정되지 않으며, 인간의 행복도 자율적 존재인 인간 자신에 의해 완성된다고 본다.

한편 에피쿠로스는 인간의 영혼도 육체와 마찬가지로 미세한 입자로 구성된다고 본다. 영혼은 육체와 함께 생겨나고 육체와 상호작용하며 육체가 상처를 입으면 영혼도 고통을 받는다. 나아가 육체가 소멸하면 영혼도 함께 소멸하게 되어 인간은 사후(死後)에 신의 심판을 받지 않으므로, 살아 있는 동안 인간은 사후에 심판이 있다고 생각하여 두려워할 필요가 없게 된다. 이러한 생각은 인간으로 하여금 죽음에 대한 모든 두려움에서 벗어나게 하는 근거가 된다.

이러한 에피쿠로스의 ㉡자연학은 우주와 인간의 세계에 대한 비결정론적인 이해를 가능하게 한다. 이는 원자의 운동에 관한 에피쿠로스의 설명에서도 명확히 드러난다. 그는 원자들이 수직 낙하 운동이라는 법칙에서 벗어나기도 하여 비스듬히 떨어지고 충돌해서 튕겨 나가는 우연적인 운동을 한다고 본다. 그리고 우주는 이러한 원자들에 의해 이루어졌으므로, 우주 역시 우연의 산물이라고 본다. 따라서 우주와 인간의 세계에 신의 관여*는 없으며, 인간의 삶에서도 신의 섭리는 찾을 수 없다고 한다. 에피쿠로스는 이러한 생각을 인간이 필연성*에 얽매이지 않고 자신의 삶을 주체적으로 살아갈 수 있게 하는 자유 의지의 단초*로 삼는다.

에피쿠로스는 이를 토대로 자유로운 삶의 근본을 규명*하고 인생의 궁극적 목표인 행복으로 이끄는 ㉢윤리학을 펼쳐 나간다. 결국 그는 인간이 신의 개입과 우주의 필연성, 사후 세계에 대한 두려움에서 벗어날 수 있도록 함으로써, 자신의 삶을 자율적이고 주체적으로 살 수 있는 길을 열어 주었다. 그리고 쾌락주의적 윤리학을 바탕으로 영혼이 안정된 상태에서 행복 실현을 추구할 수 있는 방안을 제시하였다.

● **운행** 천체가 그 궤도를 따라 운동하는 일
● **야기** 일이나 사건 따위를 끌어 일으킴.
● **불사** 죽지 아니함.
● **관여** 어떤 일에 관계하여 참여함.
● **필연성** 사물의 관련이나 일의 결과가 반드시 그렇게 될 수밖에 없는 요소나 성질
● **단초** 일이나 사건을 풀어 나갈 수 있는 첫머리
● **규명** 어떤 사실을 자세히 따져서 바로 밝힘.

01

윗글의 표제와 부제로 가장 적절한 것은?

① 에피쿠로스 사상의 성립 배경
  – 인간과 자연의 관계를 중심으로
② 에피쿠로스 사상의 목적과 의의
  – 신, 인간, 우주에 대한 이해를 중심으로
③ 에피쿠로스 사상에 대한 비판과 옹호
  – 사상의 한계와 발전적 계승을 중심으로
④ 에피쿠로스 사상을 둘러싼 논쟁과 이견
  – 당대 세계관과의 비교를 중심으로
⑤ 에피쿠로스 사상의 현대적 수용과 효용성
  – 행복과 쾌락의 상관성을 중심으로

02

㉠~㉢에 대한 이해로 가장 적절한 것은?

① ㉠은 인간이 두려움을 갖는 이유를, ㉡과 ㉢은 신에 대한 의존에서 벗어나게 하는 방법을 제시한다.
② ㉠은 우주가 신에 의해 운행된다고 믿는 근거를, ㉡과 ㉢은 인간의 사후에 대해 탐구하는 방법을 제시한다.
③ ㉠과 ㉡은 인간이 영혼과 육체의 관계를 탐구하는 이유를, ㉢은 모든 두려움에서 벗어나는 방법을 제시한다.
④ ㉠과 ㉡은 인간이 잘못된 믿음에서 벗어날 수 있는 근거를, ㉢은 행복에 이르도록 하는 방법을 제시한다.
⑤ ㉠과 ㉡은 인간의 존재 이유와 존재 위치에 대한 탐색의 결과를, ㉢은 인간이 우주의 근원을 연구하는 방법을 제시한다.

03

윗글을 읽은 학생이 '에피쿠로스'에 대해 비판한다고 할 때, 비판 내용으로 적절한 것만을 〈보기〉에서 있는 대로 고른 것은?

〈보기〉
ㄱ. 신이 분노와 호의로부터 자유로운 상태라면 인간의 세계에 개입을 하지 않는다는 뜻일 텐데, 왜 신의 섭리에 따라 인간의 삶을 이해하려고 하는가?
ㄴ. 원자가 법칙에서 벗어나 우연적인 운동을 한다는 것은 인과 관계 없이 뜻하지 않게 움직인다는 뜻일 텐데, 그것이 자유 의지의 단초가 될 수 있는가?
ㄷ. 인간이 죽음에 대해 두려움을 느낀다면 죽음에 이르는 고통 때문일 수도 있을 텐데, 사후에 대한 두려움을 떨쳐 버리는 것만으로 그것이 해소될 수 있는가?
ㄹ. 인간이 자연재해를 무서워한다면 자연재해 그 자체 때문일 수도 있을 텐데, 신이 일으키지 않았다고 해서 자연재해에 대한 두려움에서 벗어날 수 있는가?

① ㄱ, ㄴ ② ㄱ, ㄹ ③ ㄷ, ㄹ
④ ㄱ, ㄴ, ㄷ ⑤ ㄴ, ㄷ, ㄹ

04

윗글의 '에피쿠로스'의 사상과 〈보기〉에 나타난 생각을 비교한 내용으로 적절하지 않은 것은?

〈보기〉
신은 인간의 세계에 속해 있지는 않으나, 모든 일의 목적인 존재라네. 하늘과 땅 그리고 바다에 있는 모든 것들의 원인이며, 일체의 훌륭함에 있어서도 탁월한 존재이지. 언제나 신은 필연성을 따르는 지성을 조력자로 삼아 성장과 쇠퇴, 분리와 결합에 있어 모든 것들을 바르고 행복한 상태에 이르도록 이끈다네.

① 신을 '모든 것들의 원인'으로 보는 〈보기〉의 생각은, 신이 '인간사에 개입'한다는 것을 부정하는 에피쿠로스의 사상과 차이점이 있군.
② 신이 '지성'을 조력자로 삼아 모든 것들을 이끈다고 보는 〈보기〉의 생각은, 우주를 '우연의 산물'로 보는 에피쿠로스의 사상과 차이점이 있군.
③ 신을 '모든 일의 목적인 존재'로 보는 〈보기〉의 생각과 신이 '불사하는 존재'라고 보는 에피쿠로스의 사상은 신의 존재를 인정한다는 공통점이 있군.
④ 신이 '모든 것들'을 '바르고 행복한 상태'에 도달하게 한다는 〈보기〉의 생각은, 행복이 '인간 자신에 의해 완성'된다고 본 에피쿠로스의 사상과 차이점이 있군.
⑤ 신이 '인간의 세계'에 속해 있지 않다고 보는 〈보기〉의 생각과 신이 '중간 세계'에 있다고 본 에피쿠로스의 사상은 신의 영향력이 인간 세계의 외부에서 온다고 보는 공통점이 있군.

어휘 점검하기

01~04 다음 빈칸에 들어갈 말을 〈보기〉에서 찾아 쓰시오.

〈보기〉
관여 모색 운행 퇴락

01 우리는 지수를 도와줄 방법을 함께 (   )하였다.
바람직한 방법이나 해결책 따위를 이리저리 생각하여 찾음.
02 그들은 이번 사건에 전혀 (   )하지 않았다고 주장하였다.
어떤 일에 관계하여 참여함.
03 달의 (   )에 영향을 받아 밀물과 썰물의 현상이 생겨난다.
천체가 그 궤도를 따라 운동하는 일
04 문명의 혜택을 받지 못한 몇몇 나라의 국민들은 급격히 (   )한 생활환경에 처하게 되었다.
지위나 수준 따위가 뒤떨어짐.

05~08 〈보기〉를 활용하여 밑줄 친 말과 바꿔 쓰기에 알맞은 말을 문맥에 맞게 쓰시오.

〈보기〉
견지하다 규명하다 몰두하다 야기하다

05 그의 작은 실수가 끌어 일으킨 사건은 큰 파장을 불러왔다. ➡ _____
06 그는 많은 사람들의 비판을 받고도 자신의 신념을 굳게 지켰다. ➡ _____
07 경찰은 끈질기게 범인을 조사하여 사실을 자세히 따져서 바로 밝혀냈다. ➡ _____
08 오랜만에 마음 편히 독서에 온 정신이나 관심을 기울여 열중할 수 있었다. ➡ _____

09~12 다음 문장에 어울리는 말을 괄호 안에서 골라 ○표 하시오.

09 복잡한 문제를 해결하기 위해서는 먼저 (단계 / 단초)를 찾아야 한다.
10 직원들은 사장의 일방적인 결정에 대해 (반발 / 위반) 의사를 드러냈다.
11 그는 이 업계에서 혁신적인 기술을 가장 먼저 시도한 (선구자 / 위정자)로 통한다.
12 그는 자신이 돈과 명예만 추구하는 (관습적 / 세속적)인 사람은 아니라고 주장했다.

지문 구조 살피기

비교와 대조

◉ **개념**

두 대상이나 관점을 공통점 또는 차이점에 초점을 두고 진술하는 지문 구조

◉ **글의 유형**

• 하나의 사상에 대한 여러 인물의 견해 차이를 설명하는 글
• 어떤 현상에 대한 두 부류의 입장 차이를 설명하는 글
• 두 대상의 성격 또는 특성의 차이를 보여 주는 글

◉ **독해 코칭**

❶ 비교 or 대조의 대상 파악

비교 or 대조하려는 대상은 무엇인가?

❷ 비교 or 대조의 논점 파악

비교 or 대조를 통해 보여 주려는 것은 무엇인가?

❸ 비교 or 대조 대상의 특징 파악

• 대상 A의 특징 및 특성은 무엇인가?
• 대상 B의 특징 및 특성은 무엇인가?

❹ 대상 간의 공통점과 차이점 분석

• 대상 간의 공통점은 무엇인가?
• 대상 간의 차이점은 무엇인가?

📖 구조 독해 예시

[동맹의 종류]는 그 형태에 따라 방위 조약, 중립 조약, 협상으로 나눌 수 있다. 먼저 [방위 조약]은
<small>앞으로 동맹의 종류에 대한 설명이 이어질 것임을 예상할 수 있어야 해.</small>
조약에 서명한 국가들 중 어느 한 국가가 침략을 당했을 경우, 다른 모든 서명국들
이 공동 방어를 위해서 참전하기를 약속하는 것이다. <small>'방위 조약'의 개념을 설명하고 있어.</small> 다음으로 [중립 조약]은 서명국들 중 한
국가가 제3국으로부터 침략을 받더라도, 서명국들 간에 전쟁을 선포하지 않고 중립을 지킬
것을 약속하는 것이다. <small>'중립 조약'의 개념을 설명하고 있어.</small> 마지막으로 [협상]은 서명국들 중 한 국가가 제3국으로부터 침략을
당했을 경우, 서명국들 간에 공조 체제를 유지할 것인지에 대해 차후에 협의할 것을 약속하
<small>끝으로 '협상'의 개념을 설명하고 있어.</small>
는 것이다.

위와 같은 동맹 관계는 고정되어 있지 않다. 그 이유에 대해 현실주의자들과 구성주의자
<small>현실주의자와 구성주의자는 동맹 관계가 고정적이지 않은 이유를 다르게 본다는 거군.</small>
들은 서로 다른 견해를 보이는데, 이는 국제 사회를 바라보는 시각의 차이에서 기인한다.
우선 [현실주의자들]은 국가는 이기적 존재이며 국제 사회의 유일하고 중요한 행위 주체라
고 생각한다. 국제 사회는 국가 이상의 단위에서 작동하는 중앙정부와 같은 존재가 부재하
는 일종의 무정부 상태이므로 개별 국가는 힘의 논리로부터 스스로를 지켜야 한다고 본다.
따라서 각 나라는 군사적 동맹을 통해 세력 균형을 이루어 패권 안정을 취하려 한다. 특정
<small>인과</small> <small>각 나라들은 세력 균형을 이루기 위해 동맹 관계를 바꿀 수 있다는 거야.</small>
한 패권 국가가 출현하면 그 힘을 견제하기 위한 국가들 간의 동맹이 형성되기도 하고, 그
힘에 편승하는 동맹이 형성되기도 한다. 이렇듯 힘의 균형점이 이동함에 따라 세력의 균형
<small>내용 정리!</small> <small>현실주의자들의 입장을 요약하고 있어.</small>
을 끊임없이 찾는 과정에서 동맹 관계는 변할 수 있다고 보는 것이다.

[구성주의자들] 역시 현실주의자들처럼 동맹 관계가 고정된 약속이 아니라, 상황에 따라
<small>현실주의자와 구성주의자의 공통된 관점으로 볼 수 있군.</small>
변할 수 있는 약속이라고 본다. 구성주의자들은 무정부적 국제 사회를 힘의 분배와 균형 등

▶ 동맹의 종류에는 어떤 것들이 있는지 알아보자.

▶ 방위 조약, 중립 조약, 협상의 개념에 대해 이해해 보자.

▶ 현실주의자들과 구성주의자들은 무엇에 대해 다른 견해를 보이는지 찾아보자.

▶ 현실주의자의 관점이 무엇인지 정리해 보자.

▶ 현실주의자들과 구성주의자들의 공통된 관점은 무엇인지 생각해 보자.

의 요소로 분석할 수 없다고 비판하며, 관계에 주목한다. 구성주의자들은 국제 사회의 구성

<u>구성주의자들이 현실주의자들과 다른 점을 기술하고 있어.</u>

원들이 상호 작용을 하여 상호 간 역할과 가치를 형성하면서 국제 사회 환경의 변화를 만들

어 낸다고 본다. <u>상호 작용의 변화에 따라 동맹은 달라질 수 있는데,</u> 타국이나 국제 사회에

<u>이것이 바로 구성주의자들의 관점이야.</u>

대한 인식이 긍정적이고 국제 사회에서의 구성원들의 역할이 가치가 있다고 판단될 때, 긍

정적인 동맹 관계를 맺고 평화로울 수 있지만, <u>그렇지 않으면 동맹은 파기될 수 있다고 본</u>

<u>그 구체적 예를 들어 설명하고 있어.</u>

것이다.

> 현실주의자와 구성주의자들의 관점의
> 차이가 무엇인지 확인해 보자.

개념 적용 문제

· 정답 05쪽

01 다음은 1문단에서 설명하고 있는 동맹의 종류에 대해 정리한 것이다. 빈칸을 채워 내용을 완성하시오.

(1) **방위 조약**: 서명국들 중 하나가 침략을 당했을 때 다른 서명국들이 (　　　　　) 방어를 위해 참전하기로 약속하는 것

(2) **중립 조약**: 서명국들 중 한 국가가 침략을 받더라도 다른 서명국들은 (　　　　　)을/를 지킬 것을 약속하는 것

(3) **협상**: 서명국들 중 한 국가가 침략을 당했을 때, 서명국들 간에 (　　　　　) 체제를 유지할 것인지에 대해 차후에 협의할 것을 약속하는 것

02 현실주의자들과 구성주의자들이 견해 차이를 보이는 근본적 원인을 2문단에서 찾아 쓰시오.

_____

03 현실주의자와 구성주의자의 견해로 알맞은 것에 ○, 그렇지 않은 것에 ×를 써 넣으시오.

(1) 현실주의자들은 국가를 이기적 존재로 규정한다. (　　　)

(2) 현실주의자들은 한번 맺은 동맹 관계는 바뀌지 않는다고 본다. (　　　)

(3) 구성주의자들은 국가가 국제 사회의 환경 변화를 일으킨다는 것을 부정한다. (　　　)

(4) 현실주의자들은 국가 간의 세력 균형에, 구성주의자들은 국가 간의 관계에 주목한다. (　　　)

(5) 현실주의자들은 각 국가들이 특정한 패권 국가가 등장하는 것을 용납하지 않는다고 본다. (　　　)

(6) 구성주의자들은 국제 사회를 이루는 구성원의 역할이 가치가 있다고 판단될 때, 동맹 관계가 유지될 수 있다고 본다. (　　　)

04 동맹 관계에 대해 현실주의자들과 구성주의자들이 가진 견해의 공통점과 차이점을 정리한 것이다. 빈칸을 채워 내용을 완성하시오.

(1) **공통점**: 현실주의자와 구성주의자는 모두 국가 간 동맹 관계가 _____

_____

(2) **차이점**: 현실주의자들은 세력의 균형에 따라, 구성주의자들은 _____

_____

1차 산업의 비중*이 훨씬 높았던 시기에 대부분의 사람들은 태어난 장소에서 이동하지 않고 부모의 직업을 이어받아 자연스럽게 촌락 공동체의 일원이 되었다. 반면 산업화로 고도의 경제 성장이 시작되면서 곳곳에 많은 기업과 소상공인이 생겨났다. 새로운 유형의 일자리들이 도시에 집중되고 사람들은 개인의 자유로운 선택에 의해 촌락 공동체를 떠나 새로운 커뮤니티에 속하게 되었다. 사회학자 퇴니에스는 이 둘을 구분하여 지연이나 혈연 등으로 깊이 연결되어 있는 자연 발생적 커뮤니티를 ㉠게마인샤프트(gemeinschaft)라 하고, 이익이나 기능, 역할에 의해 연결된 인위적*인 커뮤니티를 ㉡게젤샤프트(gesellschaft)라고 하였다.

게마인샤프트는 한국어로 '공동사회'라고 번역하는데 이 집단은 선택적 의지가 아닌 본질적 의지를 통해 자연 발생적으로 형성된 것이다. 여기서 본질적 의지란 구성원들이 서로 공감하고 단결하는 것과 같이 인격적 관계를 근본으로 두고 공동체를 결합하고자 하는 마음이다. 물론 감정적 대립이나 이익의 크기를 두고 다투는 갈등이 발생할 수도 있다. 하지만 공동체라는 더 큰 가치를 지향하며 가족과 같이 태어나면서부터 소속감을 갖게 되는 원초적 집단이기에 대립이나 갈등을 극복할 수 있는 것이다.

반면 게젤샤프트는 게마인샤프트에 대비되는 개념으로 '이익사회'로 번역한다. 게젤샤프트는 본질적 의지에 의해 뭉치는 것이 아니라 구성원들이 서로의 이해관계에 의해 선택적으로 결합체에 소속된다. 따라서 구성원들의 자발적 의지와 선택에 의해 형성된 집단이며, 개인들이 목적 달성을 위해 맺은 수단적 집단으로 볼 수 있다.

퇴니에스는 사회가 근대화를 거치면서 자연 발생적인 공동사회에서 이익사회로 점차 옮겨 간다고 하였다. 이익사회는 이해관계를 바탕으로 집단이 생성되기에 공동사회와 달리 구성원들의 권리와 의무가 명확해진다. 추구하는 목표가 통하는 구성원들이 이익의 극대화라는 계약적 관계로 모여들기에 더 합리적으로 목표를 달성하며 빠른 조직의 발전도 가능해진다. 하지만 구성원들이 점점 더 본인에게 이득이 되는 행동들만 행할 경우 감정적으로 결합된 사회보다 삭막한* 사회로 흐르게 된다.

이러한 문제들을 해소하기 위해 개인들 스스로 해결책을 찾으려는 움직임들이 보이는데 대표적인 것이 '소셜 미디어'이다. 가족을 비롯한 여러 전통 공동체들이 해체되면서 1인 가구가 증가하고 개인들의 자율성은 더 높아졌다. 이 속에서 정보통신 기술의 발달로 집단 구성에 대한 시공간의 제약 또한 적어졌기에 유대감* 형성에 대한 욕구를 소셜 미디어를 통해 해소할 수 있게 되었다. 결국 이익사회도 시간이 지나면서 보완할 부분들이 생기고 공동사회의 일부 장점들을 수용하며 새로운 형태로 변화하고 있는 것이다.

01

윗글에 대한 설명으로 적절하지 <u>않은</u> 것은?

① 특정 공동체의 성격을 대조를 통해 드러내고 있다.
② 사회의 변화에 따라 새로운 공동체가 나타나는 과정을 설명하고 있다.
③ 전문가의 견해에 근거하여 특정 공동체의 장점과 단점을 밝히고 있다.
④ 구체적인 예를 들어 앞으로 변화하게 될 사회의 모습을 전망하고 있다.
⑤ 특정 공동체가 가진 한계를 극복할 수 있는 정보 분야 기술의 의의를 밝히고 있다.

02

㉠과 ㉡을 비교한 내용으로 적절하지 <u>않은</u> 것은?

	비교 기준	㉠	㉡
①	결합 의지	본질적 의지	선택적 의지
②	집단의 형성	자연 발생적	인위적
③	집단의 성격	원초적 집단	수단적 집단
④	구성원들 간의 관계	인격적 관계	계약적 관계
⑤	구성원들의 권리와 의무	명확	불명확

03

윗글의 '퇴니에스'의 입장에서 〈보기〉를 이해한 내용으로 적절하지 <u>않은</u> 것은?

> ┌ 보기 ┐
> 최근에는 즐거운 직장 문화를 만들기 위해 많은 기업들이 자신의 회사 특성에 맞는 다양한 프로그램을 시행하고 있다. 그중 하나가 바로 직장 내 '동호회' 지원이다. 성과를 우선시하는 기업 문화 속에서 목표 달성에 도움이 되지 않는 개인들은 고립되거나 소외되기 쉽다. 또한 경쟁을 부추기는 직장 분위기는 효율성을 저해하는 요인으로 작용할 가능성이 크다. 기업들은 직장 내 동호회 활동을 활성화하는 것이 직원들 간의 소통과 대인관계를 원활하게 하고 구성원들의 소속감을 높이는 데 기여하리라고 기대하고 있다.

① 직장 내 동호회 활동은 구성원들이 서로의 이해관계에 의해 선택적으로 결합체에 소속될 수 있음을 보여 주는군.
② 기업이 직장 동호회를 지원하는 것은 공동사회의 장점들을 수용하여 이익사회의 문제를 해결하려는 움직임으로 볼 수 있군.
③ 직장 내 동호회는 구성원들이 지연이나 혈연 등으로 연결되어 있지 않다는 점에서 원초적 집단과는 조금 다른 형태라고 할 수 있군.
④ 성과를 우선시하는 기업 문화 속에서 목표 달성에 도움이 되지 않는 개인들이 고립되거나 소외되는 것은 이익사회의 폐해로 볼 수 있군.
⑤ 경쟁을 부추기는 직장 분위기가 효율성을 저해하는 것은 구성원들이 공동체의 이익이 아닌 개인의 이익을 우선시하기 때문이라 할 수 있군.

 지문 더보기

|문단 정리|

1문단 사회 구조의 변화에 따른 _____의 변화
2문단 _____ 사회의 특성
3문단 _____ 사회의 특성
4문단 이익사회의 _____과 _____
5문단 _____의 등장과 특징

|주제| 공동사회에서 이익사회로의 _____와 새로운 _____ 유형의 등장

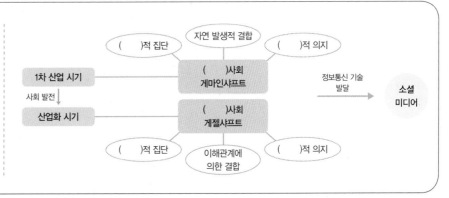

유사 문제로 확장하기

독해 Guide

도입부의 내용만을 보면, 이 글은 서양적 사고의 특징을 기술하는 글이라고 생각할 수 있지. 하지만 전체적인 흐름과 내용을 고려할 때, 이 글이 서양적 사고와 동양적 사고를 비교하는 것임을 알 수 있어. 거시적인 안목으로 두 사고 체계의 특징을 구분해서 이해해야 하며, 각 문단별로 중점을 두고 이야기하는 내용이 무엇인지를 파악하는 것이 중요해.

서양적 사고의 두 가지 경향을 말하면 유대적 사유와 그리스적 사유를 들 수 있다. 전자는 신앙을 근본으로 하는 종교 사상이요, 후자는 이성을 중심으로 한 철학 사상이다. 서양 종교에서 신은 피조물*과는 절대적으로 초월·독립한 존재이다. 어느 것도 이 초월성을 넘어갈 수는 없다. 신의 세계와 인간의 세계는 준엄하게 이분된다. 신의 세계는 완전하고 절대적으로 성스러운 것이며 최고의 선인데 반하여 인간의 세계는 불완전하고 원죄를 타고 나왔고 악한 5 것이다. 따라서 신을 믿고 그 앞에 엎드려 자신의 죄와 악을 회개하지 않고는 인간은 신의 용서를 받을 수 없다. 이것이 유대적 사유이다.

그리스적 사유에서도 이성과 감성을 구별하여 이성은 진리에 대한 인식을 가능하게 하지만 감성은 진리에 대한 판단을 흐리게 한다고 규정함으로써 감성을 억압하고 이성을 고양*시키는 이원적 사고를 지향한다. 이같이 이분적 논리, 대립적 견해는 모든 서양적 사고의 근저*에 깔 10 려 있다. 이 이원성의 논리 구조로 말미암아 모든 대립적 사고가 이로부터 전개된다.

서양적 사고의 근저를 이루는 대립적 이원론은 인간과 자연의 관계를 대립 관계로 보고, 자연을 인간에 의해서 극복되는 대상물로 본다. 인간은 자연을 정복하고 인간에 예속시켜 이용할 것으로 본다. 그러므로 자연을 관찰하고 분석하고 법칙화하려는 노력이 그들의 최대의 관심사이다. 이와 같은 노력의 성과가 서양의 문명과 문화를 형성하였고, 놀라운 자연 과학의 15 발달, 공업 기술의 혁신을 가져오게 하였다.

그러나 동양적 사고는 중국 철학에서 나타나듯이 성향과 본질이 서양과 다르다. 동양도 신을 신봉하지만 서양과 같이 절대적, 초월적 존재로 이분하지는 않는다. 동양적 사고는 주체와 객체의 합일적 경지를 중시한다. 서양적 사고는 이분적으로 쪼개어 명확하게 분석하고 체계적으로 이론화하지만 동양적 사고는 명석함보다는 합일한 것을, 법칙적 이해보다 체험적 파악을 20 보다 추구한다. 따라서 자연과 인간의 관계에서도 상호 보완적 의존 관계를 중시한다. 동양적 사고는 분석보다는 종합을, 이론보다는 직관을 그 특징으로 삼는다.

서양적 사고는 인간을 중심에 두고 자연을 적대적 관계로 인식하여 훼손*하고 정복했지만, 동양적 사고는 인간과 자연의 공존과 조화를 추구하였다. 대표적으로 중국 철학은 자연의 훼손을 최소화하여 인간과의 조화를 추구하려고 하였다. 자연과 인간의 조화를 추구했던 중국 25 철학의 또 하나의 특징은 실용 정신이다. 이는 중국의 기후와 풍토*가 논밭을 경작하지 않고는 생존할 수 없었던 지역적 특성과 관련이 있다. 이런 이유로 중국에서는 실천 사상이 바탕이 된 학문이 발달하였다. 공자와 맹자의 인도주의적 유학 사상, 노자와 장자의 자연주의 사상, 법가의 실천주의 사상 등 제자백가*들의 다양한 학설은 그 주장하는 관점과 태도와 논리가 저마다 다르지만 목적하는 바는 경세치용의 치국평천하 이론이었다. 즉, 인간과 자연의 조 30 화를 바탕으로 현실의 문제를 해결할 수 있는 사상이 가치 있다고 여겨진 것이다.

어휘풀이

- **피조물** 조물주에 의하여 만들어진 모든 것
- **고양** 정신이나 기분 따위를 북돋워서 높임.
- **근저** 사물의 뿌리나 밑바탕이 되는 기초
- **훼손** 헐거나 깨뜨려 못 쓰게 만듦.
- **풍토** 어떤 지역의 기후와 토지의 상태
- **제자백가** 춘추 전국 시대의 여러 학파

01

윗글에서 다룬 내용이 <u>아닌</u> 것은?

① 유대적 사유와 그리스적 사유의 특징
② 동양적 사고와 서양적 사고의 전개 과정
③ 신에 대한 동양적 사고와 서양적 사고의 차이
④ 인간과 자연의 관계에 대한 서양적 사고의 관점
⑤ 동양적 사고의 관점에서 바라본 인간과 자연의 관계

02

윗글에서 알 수 있는 내용으로 적절하지 <u>않은</u> 것은?

① 서양의 종교에서는 신을 완전하고 절대적인 존재로 인식한다.
② 동양적 사고는 자연과 인간의 상호 보완적인 의존 관계를 중시한다.
③ 동양적 사고는 자연을 세심하게 관찰하고 분석하려는 노력을 기울인다.
④ 서양적 사고의 뿌리는 유대적 사유와 그리스적 사유에 있다고 볼 수 있다.
⑤ 서양적 사고는 자연을 극복의 대상으로 보았기 때문에 자연 과학의 발달을 가져왔다.

03

윗글과 〈보기〉를 종합하여 이해한 내용으로 적절하지 <u>않은</u> 것은?

┌ 보기 ┐

제자백가는 정치적 혼란기에 인재를 길러 내는 민간 교육 기관의 성격을 지니고 있었다. 이렇게 형성된 제자백가의 특징은 신과 인간의 이분법적 대립에서 벗어나 조화의 관점에서 인간과 신의 관계를 이해하고 파악하려고 했다는 것이다. 또한 제자백가는 학문의 궁극적 목적을 순수한 학문 탐구보다는 현실 문제의 해결에 두었다. 그렇기 때문에 종교보다는 정치와 윤리에 집중할 수밖에 없었다. 서양에서 신학이 발달한 것과는 달리 동양에서 실천적인 학문이 발달한 것은 제자백가의 이러한 면에 영향을 받았다고 할 수 있다.

① 제자백가는 학문을 바탕으로 현실의 문제를 해결하고자 한 것이군.
② 제자백가는 인재를 양성하여 혼란한 정치적 상황을 극복하고자 했겠군.
③ 제자백가는 신과 인간의 관계에 대해 이분적 논리를 지양하고자 하였군.
④ 제자백가는 합일적 관점에서 현실의 문제에 신학을 접목시키려 한 것이군.
⑤ 제자백가는 정치와 도덕을 강조하며 경세치용의 치국평천하를 목적으로 했겠군.

 지문 더보기

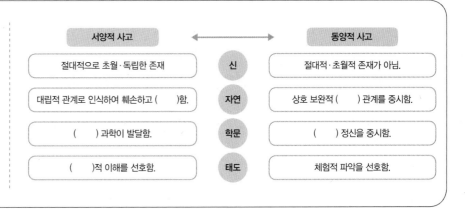

|문단 정리|
1문단 _____의 특징
2문단 그리스적 사유의 특징
3문단 서양적 사고의 근저를 이루고 있는 대립적 _____의 관점
4문단 동양적 사고의 성향과 본질
5문단 대표적인 동양적 사고인 _____ 철학의 특징

|주제| 서양적 사고와 동양적 사고의 성향과 본질 비교

서양적 사고		동양적 사고
절대적으로 초월·독립한 존재	신	절대적·초월적 존재가 아님.
대립적 관계로 인식하여 훼손하고 (　　)함.	자연	상호 보완적 (　　) 관계를 중시함.
(　　) 과학이 발달함.	학문	(　　) 정신을 중시함.
(　　)적 이해를 선호함.	태도	체험적 파악을 선호함.

[01~03] 다음 글을 읽고, 물음에 답하시오.

바이러스는 체내에 들어와 문제를 일으킬 수 있어 주의해야 할 대상이다. 생명체와 달리, 바이러스는 세포가 아니기 때문에 스스로 생장이 불가능하다. 그래서 바이러스는 살아 있는 숙주 세포에 기생*하고, 그 안에서 증식*함으로써 살아간다. 바이러스는 바깥을 둘러싸는 피막의 유무에 따라 구조가 달라진다. 피막이 있는 바이러스는 피막의 바깥에 부착 단백질이 박혀 있고 피막 안에는 캡시드라는 단백질이 있다. 캡시드 안에는 핵산이 있는데, 핵산은 DNA와 RNA 중 하나로만 구성된다. 이러한 구조를 갖는 바이러스는 숙주 세포에 어떻게 감염하는 것일까?

[A] ┌ 바이러스의 감염 가능 여부는 숙주 세포 수용체의 특성에 따라 결정된다. 바이러스는 감염이 가능한 숙주 세포와 접촉한 후 바이러스 피막의 부착 단백질을 이용해 숙주 세포 수용체에 달라붙는다. 달라붙은 부위를 통해 바이러스가 숙주 세포 내부로 침투하고, 바이러스의 핵산이 캡시드로부터 분리되어 숙주 세포 내부로 빠져나온다. 이후 핵산은 효소를 이용하여 복제된다. 핵산이 DNA일 경우 숙주 세포에 있는 효소를 그대로 이용하고, 반면 RNA일 경우 숙주 세포에 있는 효소를 이용해 자신에 맞는 효소를 합성한다. 또한 핵산은 mRNA라는 전달 물질을 통해 단백질을 합성한다. 합성된 단백질의 일부는 캡시드가 되어 복제된 핵산을 둘러싸고 다른 일부는 숙주 세포막에 부착되어 바이러스의 부착 단백질이 될 준비를 한다. 그 후 단백질이 부착된 숙주 세포막이 캡시드를 감싸 피막이 되면서 증식된 바이러스가 숙주 세포 밖으로 └ 로 배출된다.

우리 몸은 주로 위의 과정을 통해 지속감염이 일어나기도 하고 위와는 다른 과정을 거쳐 급성감염이 일어나기도 한다. ⊙급성감염은 일반적으로 짧은 기간 안에 일어나는데, 바이러스는 감염된 숙주 세포를 증식 과정에서 죽이고 바이러스가 또 다른 숙주 세포에서 증식하며 질병을 일으킨다. 시간이 흐르면서 체내의 방어 체계에 의해 바이러스를 제거해 나가면 체내에는 더 이상 바이러스가 남아 있지 않게 된다. 반면 ⊙지속감염은 급성감염에 비해 상대적으로 오랜 기간 동안 바이러스가 체내에 잔류한다. 지속감염에서는 바이러스가 장기간 숙주 세포를 파괴하지 않으면서도 체내의 방어 체계를 회피하며 생존한다. 지속감염은 바이러스의 발현 양상에 따라 잠복감염과 만성감염, 지연감염으로 나뉜다.

잠복감염은 초기 감염으로 증상이 나타난 후 한동안 증상이 사라졌다가 특정 조건에서 바이러스가 재활성화되어 증상을 다시 동반한다. 이때 같은 바이러스에 의한 것임에도 첫 번째와 두 번째 질병이 다르게 발현되기도 한다. 잠복감염은 질병이 재발하기

까지 바이러스가 감염성을 띠지 않고 잠복하게 되는데, 이러한 상태의 바이러스를 프로바이러스라고 부른다. 만성감염은 감염성 바이러스가 숙주로부터 계속 배출되어 항상 검출되고 다른 사람에게 옮길 수 있는 감염 상태이다. 하지만 사람에 따라서 질병이 발현되거나 되지 않기도 하며 때로는 뒤늦게 발현될 수도 있다는 특성이 있다. 지연감염은 초기 감염 후 특별한 증상이 나타나지 않다가, 장기간에 걸쳐 감염성 바이러스의 수가 점진적*으로 증가하여 반드시 특정 질병을 유발하는 특성이 있다.

- **기생** 서로 다른 종류의 생물이 함께 생활하며, 한쪽이 이익을 얻고 다른 쪽이 해를 입고 있는 일 또는 그런 생활 형태
- **증식** 생물이나 조직 세포 따위가 세포 분열을 하며 그 수를 늘려 감. 또는 그런 현상
- **점진적** 조금씩 앞으로 나아가는 것

01

〈보기〉는 특정 바이러스 감염 과정의 일부를 그림으로 나타낸 것이다. [A]를 바탕으로 〈보기〉를 이해한 내용으로 적절하지 않은 것은?

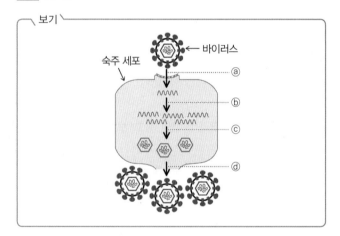

① ⓐ에서 바이러스의 핵산이 숙주 세포 내부로 빠져나오려면, 바이러스 피막의 부착 단백질을 이용하는 과정이 필요하다.
② ⓑ에서 숙주 세포의 효소를 그대로 이용하지 않는다면, 이 바이러스의 핵산은 RNA이다.
③ ⓑ에서 캡시드가 분리되며 빠져나온 효소는 ⓒ에서 다시 캡시드를 형성하는 데 도움을 준다.
④ ⓒ에서 바이러스의 핵산을 둘러싸거나 ⓓ에서 바이러스의 부착 단백질이 되는 물질은 mRNA를 통해 합성된다.
⑤ ⓓ에서는 배출되는 바이러스의 피막이 숙주 세포의 구성 요소를 통해 만들어진다.

· 정답 및 해설 p.07~08

02

㉠과 ㉡에 대한 설명으로 적절한 것은?

① ㉠은 ㉡과 달리 체내에서 감염성 바이러스의 수가 점진적으로 증가한다.

② ㉠은 ㉡에 비해 바이러스가 체내의 방어 체계를 오랫동안 회피한다.

③ ㉡은 ㉠과 달리 바이러스가 증식하는 과정에서 숙주 세포를 소멸시킨다.

④ ㉡은 ㉠에 비해 감염한 바이러스가 체내에 장기간 남아 있게 된다.

⑤ ㉠과 ㉡은 체내의 바이러스가 질병을 발현하는지 여부에 따라 구분된다.

03

윗글을 참고할 때, 〈보기〉에 대한 반응으로 적절하지 <u>않은</u> 것은?

┌ 보기 ┐

• '수두-대상포진 바이러스(VZV)'에 감염되면, 처음에는 미열과 발진성 수포가 생기는 수두가 발병한다. 시간이 지나면 자연적으로 치료되나 'VZV'를 평생 갖고 살아가게 된다. 그러다가 신체의 면역력이 저하되면 피부에 통증과 수포가 생겨날 수 있는데, 이를 대상포진이라 한다.

• 'C형 간염 바이러스(HCV)'에 감염된 환자의 약 80%는 해당 바이러스를 보유하고도 증세가 나타나지 않아 감염 여부를 인지하지 못하다가 우연히 알게 되기도 한다. 하지만 감염 환자의 약 20%는 간에 염증이 나타나고 이에 따른 합병증이 나타나기도 한다.

① 수두를 앓다가 나은 사람은 대상포진이 발병하지 않았을 때 'VZV' 프로바이러스를 갖고 있겠군.

② 'VZV'를 가진 사람의 피부에 통증과 수포가 발생하는 것은 'VZV'가 다시 활성화되는 특정 조건이 되겠군.

③ 'HCV'에 감염된 사람은 간 염증을 앓고 있지 않더라도 타인에게 바이러스를 옮길 수 있겠군.

④ 'HCV'에 감염된 사람은 나이와 상관없이 간 염증이 나타날 수도 있고 전혀 나타나지 않을 수도 있겠군.

⑤ 'VZV'나 'HCV'에 의한 질병이 발현된 상황이라면, 모두 체내에 잔류한 바이러스가 주변 세포를 감염시키고 있겠군.

어휘 점검하기

01~04 주어진 초성과 뜻에 알맞은 말을 빈칸에 넣어 문장을 완성하시오.

01 ㄱ ㅈ : 사물의 뿌리나 밑바탕이 되는 기초
➡ 인간 행동의 _____에는 이유가 존재한다.

02 ㅂ ㅈ : 다른 것과 비교할 때 차지하는 중요도
➡ 건강에서 운동이 차지하는 _____은 매우 크다.

03 ㅅ ㅁ 하다: 쓸쓸하고 막막하다.
➡ 태풍이 지나간 마을은 _____한 기운마저 감돌았다.

04 ㅍ ㅈ ㅁ : 조물주에 의하여 만들어진 모든 것
➡ 소중한 _____인 대자연을 아끼고 보호하자.

05~08 다음 밑줄 친 말의 뜻을 〈보기〉에서 찾아 그 기호를 쓰시오.

┌ 보기 ┐
㉠ 조금씩 앞으로 나아가는 것
㉡ 어떤 지역의 기후와 토지의 상태
㉢ 서로 밀접하게 연결되어 있는 공통된 느낌
㉣ 자연의 힘이 아닌 사람의 힘으로 이루어지는 것

05 이 폭포는 <u>인위적</u>으로 만들어진 것이다. (　　　)

06 회사의 상황은 <u>점진적</u>으로 개선되고 있다. (　　　)

07 그 동아리는 회원 간의 <u>유대감</u>이 돈독하다. (　　　)

08 농사를 지을 때는 그 지역의 <u>풍토</u>를 먼저 파악해야 한다.
(　　　)

09~12 다음 빈칸에 공통으로 들어갈 말을 〈보기〉에서 찾아 쓰시오.

┌ 보기 ┐
고양	기생	증식	훼손

09 명예를 (　　　)하다. / 자연을 (　　　)하다.
➡ _____

10 세균이 (　　　)하다. / 자본을 (　　　)하다.
➡ _____

11 분위기를 (　　　)하다. / 어투가 (　　　)되다.
➡ _____

12 권력에 (　　　)하다. / 다른 생물에 (　　　)하다.
➡ _____

03 지문 구조 살피기
분류와 분석

◎ 개념

어떤 대상을 공통적인 특성을 기준으로 단순한 요소나 부분으로 나누어 설명하는 지문 구조

◎ 글의 유형

• 어떤 대상이나 개념을 요소로 나누어 그 특징 및 특성을 설명하는 글
• 복잡한 구조를 가진 대상을 부분별 특성 및 특징을 중심으로 설명하는 글

◎ 독해 코칭

① 중심 화제 파악
어떤 대상에 대해 설명하고 있는가?

② 분류의 기준 확인
• 대상을 나누는 기준은 무엇인가?
• 대상은 무엇과 무엇으로 나누어지는가?

③ 분류 or 분석한 대상의 특성 확인
나누어진 대상 간의 차이점은 무엇인가?

④ 분류 or 분석한 대상의 특성 파악
분류 or 분석한 대상 각각의 주요 원리, 기능, 장단점 등은 무엇인가?

📖 구조 독해 예시

〔전기레인지〕는 용기를 가열하는 방식에 따라 하이라이트 레인지와 인덕션 레인지로 나눌
　　　　　　　　　　　　　　　　분류의 기준　　　　　　　　　　전기레인지를 두 가지로 분류하였어.
수 있다. 〔하이라이트 레인지〕는 상판 자체를 가열해서 열을 발생시키는 직접 가열 방식이고,
〔인덕션 레인지〕는 상판을 가열하지 않고 전자기 유도 현상을 통해 용기에 자체적으로 열을
　　　　　　　　　　　　▲ 하이라이트는 직접 가열 방식으로, 인덕션은 간접 방식으로 열을 발생시키는군.
발생시키는 유도 가열 방식이다.

> 하이라이트 레인지와 인덕션 레인지를 구분하는 기준은 무엇인지 말해 보자.

〔하이라이트 레인지〕는 주로 니크롬으로 만들어진 열선을 원형으로 배치하고 열선의 열을
통해 그 위의 세라믹글라스 판을 직접 가열한다. 이렇게 발생한 열이 용기에 전달되어 음식
을│조리할 수 있게 된다. 하이라이트 레인지는 비교적 다양한 소재의 용기를 쓸 수 있지만
　하이라이트 레인지의 가열 원리를 설명하고 있어.　　　　　하이라이트 레인지의 장단점을 알아둘 필요가 있겠어.
에너지 효율이 낮아 조리 속도가 느리고 상판의 잔열로 인한 화상의 우려가 있다.

> 하이라이트 레인지의 가열 원리에 대해 말해 보자.

〔인덕션 레인지〕는 표면이 세라믹글라스 판으로 되어 있고 그 밑에 나선형 코일이 설치되
　　　이번엔 인덕션 레인지의 차례로군.　　　　　　　　　　　　　구조적 특징
어 있다. 전원이 켜지면 코일에 2만Hz 이상의 고주파 교류 전류가 흐르면서 그 주변으로 1
　　　　　　　　　　　　　　　　　가열 원리 ①
초에 2만 번 이상 방향이 바뀌는 교류 자기장이│발생하게 되고, 그 위에 도체인 냄비를 놓
으면 교류 자기장에 의해 냄비 바닥에는 수많은 폐회로가 생겨나며 그 회로 속에 소용돌이
　　　　　　　　　가열 원리 ②
형태의 유도 전류인 〔맴돌이전류〕가│발생한다. 이때 흐르는 맴돌이전류가 냄비 소재의 저항
　　　　　　　　　　　　　　　　　　　　　가열 원리 ③
에 부딪혀 줄열 효과가 나타나게 되고 이에 의해 냄비에 열이│발생하게 되는데, 이때 〔맴돌
이전류의 세기〕는 나선형 코일에 흐르는 전류의 세기에 비례한다.
전류에 의해 맴돌이전류가 발생하는 것이므로, 전류의 세기가 크면 맴돌이전류도 세진다고 할 수 있지.

> 인덕션 레인지의 가열 원리를 정리해 보자.

〔인덕션 레인지의 가열 원리〕는 강자성체의 자기 이력 현상과도 관련이 있다. 일반적으로
　　　　　　　　　　　　　　　　인덕션의 가열 원리 하나를 추가로 소개하고 있어.
물체는 자기장의 영향을 받으면 자석의 성질을 갖게 되는데 이것을 〔자화〕라고 하며, 자화된
물체를 〔자성체〕라고 한다. 자성체의 자화 세기는 물체에 가해 준 자기장의 세기에 비례하여
커지다가 일정값 이상으로는 더 이상 커지지 않는데, 이를 〔자기 포화 상태〕라고 한다. 이때

> 인덕션 레인지의 또 다른 가열 원리를 말해 보자.

물체에 가해 준 자기장의 세기를 줄이면 자화의 세기도 줄어들기 시작하며, 외부의 자기장이 사라지면 자석의 성질도 사라진다. 그런데 (강자성체의 경우)에는 외부 자기장의 세기가

자기 이력 현상에 의한 가열 원리 ①

줄어들어도 자화의 세기가 상대적으로 천천히 줄어들게 되고 외부 자기장이 사라져도 어느 정도 자화된 상태를 유지하게 되는데, 이를 자기 이력 현상이라고 하며 자성체에 남아 있는 자화의 세기를 잔류 자기라고 한다. 그리고 처음에 가해 준 외부 자기장의 역방향으로 일정 세기의 자기장을 가해 주면 자화의 세기가 0이 되고, 자기장을 더 세게 가해 주면 반대쪽으

자기 이력 현상에 의한 가열 원리 ②

로 커져 자기 포화 상태가 된다. 이러한 과정을 반복하면 자기장의 세기에 따른 자화의 세

자기 이력 현상에 의한 가열 원리 ③

기는 일정한 곡선을 그리게 되는데 이를 자기 이력 곡선이라고 한다. 이 과정에서 자기 에 너지는 열에너지로 전환되어 자성체의 온도를 높이는데, 이때 발생한 열 에너지는 자기 이

자기 이력 현상이 강한 물체일수록 높은 열 에너지가 발생한다는 말이야.

력 곡선의 내부 면적과 비례한다.

> 강자성체의 자기 이력 현상에 의한 가열 원리를 정리해 보자.

> 자기 이력 현상은 무엇인가?

> 열 에너지와 자기 이력 곡선의 내부 면적의 상관관계를 알아보자.

개념 적용 문제

· 정답 08쪽

01 하이라이트 레인지와 인덕션 레인지를 나누는 분류 기준은 무엇인지 윗글에서 찾아 쓰시오.

_____

02 〈보기〉는 하이라이트 레인지와 인덕션 레인지가 가열되는 과정을 나타낸 것이다. 각각의 과정에 해당하는 기호를 순서대로 나열하시오.

┌─ 보기 ─────────────────────
│ ㉠ 줄열 효과가 나타남.
│ ㉡ 맴돌이전류가 발생함.
│ ㉢ 교류 자기장이 발생함.
│ ㉣ 니크롬 열선에 열이 발생함.
│ ㉤ 세라믹글라스 판을 직접 가열함.
│ ㉥ 나선형 코일에 고주파 전류가 흐름.
│ ㉦ 냄비 바닥에 수많은 폐회로가 생성됨.
└────────────────────────────

(1) 하이라이트: _____ → _____
(2) 인덕션: ㉥ → _____ → _____ → _____ → ㉠

03 다음 진술이 알맞은 것에 ○, 그렇지 않은 것에 ×를 써 넣으시오.

(1) 하이라이트 레인지는 에너지 효율이 낮다는 단점이 있다.
( )

(2) 강자성체는 외부 자기장이 사라지면 그 즉시 자석의 성질이 사라진다. ( )

(3) 하이라이트 레인지와 인덕션 레인지는 모두 세라믹글라스 판을 직접 가열하여 열을 발생시킨다. ( )

(4) 인덕션 레인지의 가열 과정에서 발생하는 맴돌이전류의 세기는 나선형 코일에 흐르는 전류의 세기에 비례한다.
( )

(5) 강자성체에 이전에 가해 준 외부 자기장의 역방향으로 일정 세기의 자기장을 가해 주는 과정을 반복하면 자성체에 열이 발생한다. ( )

소비이론은 소비 행위를 일으키는 원인들을 분석하여 해당 요소들이 실제 소비에 어떤 영향을 미치는가를 경제학적 관점에서 탐구한다. 영국의 경제학자 케인즈가 제시한 '절대소득가설'에 따르면 소비의 수준과 성향은 현재의 처분가능소득*에 의해서 결정된다. 현재의 수입 중 고정적 지출을 제외하고 당장 자유롭게 쓸 수 있는 돈이 얼마인지에 따라 소비의 양상이 결정된다는 것이다. 그러나 그의 가설은 가계의 소비를 현재 소득에 따라 결정되는 수동적인 행위 5 로만 파악했다는 한계가 있었고, 단기적 분석에는 적합했으나 장기적 소비 양상에 대해서는 충분히 설명하지 못했다.

뒤젠 베리는 자신의 '상대소득가설'에서 개인의 소비 양상은 타인의 소비 수준과 일정한 상관관계를 지닌다는 점에 주목하고, 이를 '전시 효과'라고 불렀다. 또한 소득이 예전에 비해 감소하더라도 일정 기간 동안은 과거의 소비 수준으로부터 크게 벗어나지 못한다는 점을 밝혀 10 '톱니 효과'라고 하였다. 뒤젠 베리의 통찰*은 절대소득가설에 비해 소비의 심리적 요인을 보다 입체적으로 다룬 것으로 평가되지만, 장시간에 걸친 소비 양상을 설명하는 데 있어서는 여전히 부족한 한계를 보였다.

한편, 프리드만은 자신의 ㉠'항상소득가설'에서 처분가능소득을 항상소득과 일시소득의 개념으로 세분화하여 장기적 차원*의 소비 성향을 보다 정교하게 설명하였다. 항상소득은 정기 15 적 수입을 의미하고, 일시소득은 영업 실적에 따른 보너스와 같이 일시적 여건*의 변화로 발생하는 소득을 뜻한다. 이 이론에 따르면 소비자는 자신의 항상소득을 기준으로 소비를 비교적 일정한 수준으로 유지하려는 성향을 지닌다. 그리고 일시소득의 변동에 따라서는 소비를 크게 늘리거나 줄이려 하지 않지만, 항상소득의 변화로 소득이 증가할 경우 늘어난 소득 대부분은 소비로 연결된다. 결국 프리드만의 이론은 항상소득의 변화와 일시소득의 변화를 소비 20 결정의 중요한 요인으로 파악했던 것이다.

안도-모딜리아니의 ㉡'생애주기가설'은 소비 양상의 패턴을 좀 더 장기적 관점에서 바라보았다. 이들은 소비자들의 소비 수준은 일생에 걸쳐서 발생하는 소득과 자산의 총량을 고려하여 결정된다고 주장하였다. 소비자들은 소득의 변동이 발생하더라도 가급적 소비를 일정한 수준으로 유지하려고 노력하는 성향을 지니고 있으며, 소득은 중장년기 때 대체로 가장 높고, 25 청년기와 노년기에 상대적으로 낮다는 점에 주목하였다. 이에 따르면 즉 생애주기가설은 소득이 상대적으로 적은 청년기에는 향후* 소득 증대에 대한 기대감으로 자신의 현재 소득보다 더 높은 소비 수준을 보이고, 중장년기에는 일생 중 실제 소득이 가장 높은 편이지만 청년기에 졌던 빚을 상환한다거나 은퇴 후 노후 생활 대비 명목으로 저축 금액을 늘리게 된다. 즉 생애주기가설은 사람들은 생애의 어떤 단계에 놓여 있느냐에 따라 서로 다른 소비 성향을 보이게 30 되고, 결과적으로 소비를 일정 수준으로 유지하게 된다는 것이다.

생애주기가설은 프리드만의 이론과 같이 소비자의 소득에 변동이 발생하더라도 소비는 일정한 수준을 유지하려는 특징을 지녔다고 보았다. 그러나 생애주기가설은 일생에 걸친 소득과 소비 변화 양상에 초점을 맞추고 있다는 점에서 항상소득가설과 차이를 보인다. 프리드만과 안도-모딜리아니의 이론은 소비 결정이 다양한 변수에 따라 영향을 받는다는 점을 입체적으 35 로 포착*하고 설득력 있게 이론화했다는 의의를 지닌다.

01

윗글에서 알 수 있는 내용으로 적절하지 <u>않은</u> 것은?

① 소비이론은 소비의 원인 요소를 분석하여 실제 소비 양상과의 관계를 탐구한다.

② 상대소득가설은 타인의 소비 수준이 개인의 소비 양상에 영향을 미친다고 보았다.

③ 프리드만이 언급한 '일시소득'의 구체적 사례로 영업 실적에 따른 보너스를 들 수 있다.

④ 소득이 상대적으로 적은 청년기에는 은퇴 후 노후 대비를 위한 저축 성향이 강하게 나타난다.

⑤ 생애주기가설은 인생의 주기와 같은 장기적 관점에서 소비 양상의 특징을 파악하고자 하였다.

03

㉠과 ㉡에 대한 설명으로 적절하지 <u>않은</u> 것은?

① ㉠은 처분가능소득을 일시소득과 항상소득의 개념으로 세분화하여 소비 성향을 분석하였다.

② ㉡은 청년기와 노년기에 비해 중장년기의 소득이 대체로 높다는 점에 주목하고 있다.

③ ㉠은 ㉡과 달리 소비자는 비교적 일정한 소비 수준을 유지하려는 성향을 지니고 있다는 점에 초점을 맞추었다.

④ ㉡은 ㉠과 달리 인간의 일생 주기에 따른 소득 및 소비 변화 양상에 초점을 맞추어 연구를 진행하였다.

⑤ ㉠과 ㉡ 모두 장기적 차원에서 소비에 영향을 미치는 다양한 변수들을 탐구하여 설득력 있게 이론화하였다.

02

윗글의 서술 방식으로 가장 적절한 것은?

① 상반된 견해에 대하여 절충적 대안을 제시하고 있다.

② 동일한 주제를 다룬 다양한 이론들을 대비하여 설명하고 있다.

③ 구체적 사례를 제시한 뒤 이를 종합하여 일반적 원리로 설명하고 있다.

④ 일반인이 품고 있는 잘못된 선입견을 논리적으로 비판하고 있다.

⑤ 설득력을 높이기 위해 묻고 답하는 형식으로 글을 전개해 나가고 있다.

 더보기

|문단 정리|

1 문단 _____ 가설의 특징 및 한계
2 문단 _____ 가설의 특징 및 한계
3 문단 _____ 가설의 특징
4 문단 _____ 가설의 특징
5 문단 항상소득가설과 생애주기가설의 공통점 및 차이점과 _____

|주제| 다양한 _____ 이 지니고 있는 주요 특징

소비이론(4가지 이론)

| 단기적 분석 | ① 케인즈 – ( )가설 | → | ② 듀젠 베리 – ( )가설 |
| 장기적 분석 | ③ 프리드만 – ( )가설 | → | ④ ( ) – 생애주기가설 |

항상소득가설과 생애주기가설의 ( ) 및 ( )과 의의

유사 문제로 확장하기

독해 Guide

1문단에서는 행정 서비스의 양과 질을 떨어뜨리지 않고 현재의 예산에서 정부 사업을 제공할 대안으로 '협동 생산'에 대해 언급하고 있어. 이후 협동 생산의 개념을 설명하고, 크게 세 가지 유형의 특성과 한계를 살펴보는 방식으로 글의 흐름이 전개되고 있어. 따라서 협동 생산의 세 가지 유형의 특징 및 한계를 구별하여 이해하는 데 초점을 두고 독해하는 것이 중요해.

어휘풀이

- **요율** 요금의 정도나 비율
- **탈피** 일정한 상태나 처지에서 완전히 벗어남.
- **우려** 근심하거나 걱정함. 또는 그 근심과 걱정
- **치안** 국가 사회의 안녕과 질서를 유지·보전함.
- **간과** 큰 관심 없이 대강 보아 넘김.

정부가 재정 압박을 받을 때마다 손쉽게 생각해 내는 방법은 정부의 기존 사업을 폐지·축소하거나 요율을 인상하는 것이다. 그러나 만일 정부가 폐지·축소하고자 하는 사업이 시민 생활의 질을 위협하거나, 요율의 인상이 시민 생활에 압박을 주게 된다면, 정부의 그러한 대책은 결코 바람직한 것이라 할 수 없을 것이다. 그렇다면 국민에 대한 행정 서비스의 양과 질을 떨어뜨리지 않고도 현재의 예산 범위 안에서 정부 사업을 제공하는 대안적 방법이 있는가? 이 5
에 대해 브루드니는 '협동 생산'이라는 개념을 제시하고 있다.

협동 생산이란 행정부가 서비스를 생산하고 국민은 생산된 서비스를 소비하는 종래의 도식을 탈피하여 행정부와 국민이 협동하여 만드는 새로운 서비스 생산 모형이다. 협동 생산은 종래에 정부가 단독으로 담당했던 서비스 제공 업무에 민간인도 함께 참여한다는 구상에서 출발한다. 브루드니는 이러한 협동 생산이 서비스의 전달과 같은 정책 집행 분야에 큰 효과가 10
있을 것으로 보고 있다.

협동 생산은 그 유형을 세 가지 차원, 즉 개별, 집단, 그리고 집합으로 분류할 수 있다. 먼저
㉠개별적 협동 생산은 개인 자신이 서비스 수혜자인 경우가 있고, 능동적이고 자발적으로 지역 사회를 위해 참여하는 경우도 있다. 교통 신호를 위반한 차량을 스마트폰으로 촬영하여 신고하는 일을 후자의 예로 들 수 있을 것이다. 이런 일들은 비록 시민 참여가 이루어지고는 있 15
으나 개별적으로 이루어지다 보니 협동 생산을 위한 조직과 조정 메커니즘이 없어서 활동이 최소한에 그치는 문제가 발생할 수 있다.

다음으로 ㉡집단적 협동 생산이란 다수의 시민에 의한 능동적, 자발적 참여로서 이는 정부 기관과 시민 집단 간의 공식적 조정 메커니즘을 필요로 한다. 집단적 협동 생산의 예로는 '범죄 감시 주민 신고제'를 들 수 있다. 주민들이 지역 사회에서 발생하거나 발생이 우려되는 범 20
죄 행위를 포함한 주민의 치안 관련 민원을 경찰에 알려 주는 제도이다. 범죄 예방 활동에 지역 주민들이 협력적으로 참여하여 그 혜택을 해당 지역 주민들이 받는 형태이다. 그런데 이런 방식은 선택된 소수의 집단에게만 혜택이 주어지는 경향이 있다.

집단적 협동 생산의 이런 문제점을 극복할 수 있는 방안으로 ㉢집합적 협동 생산이 주목받고 있다. 집합적 협동 생산 활동은 전체 공동체가 향유할 수 있는 결과를 창출한다. 대표적인 25
사례로 '생태 습지 살리기 운동'을 들 수 있다. 환경 운동으로서의 '생태 습지 살리기 운동'은 정부와 민간이 힘을 모아 조직적으로 생태 습지를 살리게 되면, 시민들의 참여도에 관계없이 혜택이 모두에게 공통적으로 돌아가게 된다는 재분배적 사고가 깔려 있다.

그런데 우리는 대체로 협동 생산을 정책의 집행, 즉 서비스 전달에 주로 한정하면서, 협동 생산이 정책 결정의 상황에서도 발생할 수 있다는 사실을 간과하는 경향이 있다. 현실적으로 30
는 행정부의 정책을 결정하는 과정에서도 자발적인 시민 또는 외부 전문가 집단과의 협동이 빈번히 일어날 수 있다는 사실을 염두에 두어야 한다. 한편으로는 협동 생산의 개념을 도입하여 민간 또는 자발적 집단을 행정 과정에 참여하도록 했을 때의 부작용도 고려해야 한다. 민간이 참여하게 되면 시행된 정책에 대한 책임 소재가 모호해질 수 있고, 정책이 실패할 경우 담당자들이 실패를 합리화하거나 정당화하는 구실이 될 수도 있기 때문이다. 35

01

윗글에서 언급하지 <u>않은</u> 것은?

① 협동 생산의 유형
② 협동 생산의 개념
③ 협동 생산의 부작용
④ 협동 생산의 발전 과정
⑤ 협동 생산의 구체적인 사례

02

㉠~㉢에 대한 설명으로 적절한 것은?

① ㉠에 참여한 개인은 모두 혜택을 받을 수 있다.
② ㉠과 ㉡은 모두 정부와 시민 단체 사이의 공식적 소통 과정이 필요하다.
③ ㉡은 ㉢과 달리 협동 생산의 혜택이 소수에게만 주어질 수 있다.
④ ㉢은 ㉡과 달리 다수 시민의 참여가 필수적으로 이루어져야 한다.
⑤ ㉠은 ㉡, ㉢과 달리 행정 서비스의 질을 떨어뜨리지 않고 정부 사업을 유지할 수 있다.

03

윗글을 참고하여 〈보기〉를 이해한 내용으로 적절하지 <u>않은</u> 것은?

┌ 보기 ┐

'○○ 빵집'은 개인이 운영하는 복지 단체에서 설립 계획을 세우고, 지방 자치 단체가 이를 검토하고 지원을 결정하여 운영되고 있다. 지방 자치 단체로부터 일정한 지원금을 받아서 운영되는 '○○ 빵집'은 '빵을 만들기 위해 직원을 고용하는 것이 아니라 직원을 고용하기 위해 빵을 만든다.'라는 취지에서 출발한 비영리 가게이다. 그런데 '○○ 빵집'은 장애인을 직원으로 채용하여 일자리를 제공해 주는 것은 물론 우수한 제빵사를 영입하여 건강에 좋고 맛있는 빵을 만들고 있다. 또한 빵을 저렴하게 판매하고도 영업 이익을 남기고 있고 영업장을 누구나 쉬어 갈 수 있는 쉼터로 제공하여 현재 지역 사회의 명물로 자리 잡아 가고 있다.

① '○○ 빵집'을 세우는 과정에서 해당 복지 단체의 의도가 반영된 것을 볼 수 있군.
② '○○ 빵집'의 사회 서비스는 장애인뿐만 아니라 지역 주민 전반에 혜택이 돌아가도록 이루어지고 있군.
③ '○○ 빵집'이 영업 이익을 남겨서 장애인 복지 기금으로 사용한다면 협동 생산의 취지에 맞지 않게 되겠군.
④ '○○ 빵집'이 질 좋고 맛있는 빵을 개발하지 않고 장애인 고용에만 치중한다면 제한된 대상에게만 혜택이 제공되겠군.
⑤ '○○ 빵집'은 사회 복지에 뜻이 있는 단체와 지방 자치 단체가 공동으로 복지 서비스를 만든 것이므로 협동 생산에 해당하겠군.

지문 더보기

| 문단 정리 |

1 문단 행정 서비스의 바람직한 _____ 방식에 대한 고민
2 문단 _____의 개념과 구상의 출발점
3 문단 _____의 예와 그 한계
4 문단 _____의 예와 그 한계
5 문단 _____의 예와 그 취지
6 문단 행정 과정에 협동 생산을 도입할 때의 유의점

| 주제 | 협동 생산의 세 가지 유형의 특징과 도입 시 유의점

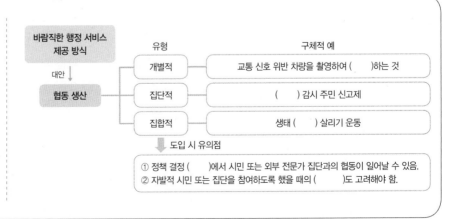

기출문제로 뛰어넘기

[01~04] 다음 글을 읽고, 물음에 답하시오.

터치스크린 패널은 스크린의 특정 지점을 직접 접촉하면 그 위치를 파악하여 해당 위치에 설정된 기능을 직관적으로 조작할 수 있도록 설계된 장치를 말한다. 터치스크린 패널 중 정전용량방식의 패널은 전기가 통하는 전도성 물체를 스크린에 접촉했을 때 발생하는 정전용량●의 변화를 측정하여 접촉된 위치를 파악한다. 터치스크린 패널에 사용되는 정전용량방식에는 일반적으로 표면정전방식과 투영정전방식이 있다.

㉠표면정전방식은 패널의 네 모서리에 있는 각각의 감지●회로가 동시에 정전용량의 변화를 감지하여 전도성 물체의 접촉 위치를 파악하는 방식이다. 표면정전방식에서는 패널의 표면에 덮인 전도성 투명 필름이 전도성 물체의 접촉을 인식하는 센서 역할을 한다. 센서에 전도성 물체가 접촉하게 되면 물체의 전하량과 패널의 전하량의 차이에 의해 전압이 변화하고, 이로 인해 형성된 전기장은 정전용량을 변화시킨다. 네 모서리에 있는 감지회로는 정전용량의 변화된 정도를 측정하여 물체가 접촉된 위치를 파악하는 것이다. 표면정전방식은 투영정전방식에 비해 구조가 단순하고 단가●가 낮다는 장점이 있다. 하지만 접촉된 위치를 대략적으로만 파악할 수 있어 정확도가 낮고 한 번에 하나의 접촉만 인식할 수 있기 때문에 여러 지점을 접촉했을 때 인식이 불가능하다는 단점이 있다.

투영정전방식은 접촉을 감지할 수 있는 센서를 패널의 일정한 구역마다 배치하여 활용하는 방식으로 ㉡자기정전방식과 ㉢상호정전방식으로 나눌 수 있다. 자기정전방식은 패널에 전도성 물체가 접촉하면 물체의 전하량과 패널의 전하량의 차이에 의해 전압이 변화하고, 이때 형성된 전기장에 의해 증가하는 정전용량을 측정하는 방식이라는 점에서 그 원리가 표면정전방식과 유사하다. 하지만 자기정전방식은 표면정전방식과 달리 하나의 층에 여러 개의 행과 열의 형태로 배치된 각각의 센서들을 활용한다. 센서가 특정 지점의 접촉을 인식하면 센서의 각 행과 열의 끝에 배치된 감지회로가 접촉 지점에서 일어난 정전 용량의 변화를 감지하고, 이를 바탕으로 행과 열의 교차점인 접촉 위치를 정교하고 빠르게 파악할 수 있다.

반면 상호정전방식은 가로축으로 배열된 센서인 구동● 라인과 세로축으로 배열된 센서인 감지 라인이 두 개의 층을 이루고 있다. 패널에 전도성 물체와의 접촉이 없을 때 구동 라인에서는 전압에 의해 전기장이 형성되며, 이 전기장은 모두 감지 라인으로 들어가 일정한 크기의 전기장을 유지하여 구동 라인과 감지 라인 사이에 상호 정전용량을 형성한다. 하지만 패널에 전도성 물체가 접촉하게 되면 일정한 크기를 유지하던 전기장의 일부가 접촉된 물체로 흡수된다. 전기장이 물체에 흡수되면 구동 라인과 감지

라인 사이에 형성된 상호 정전용량이 감소하며 전기장의 크기 역시 줄어든다. 이때 접촉이 정확하게 일어날수록 해당 지점에 전기장이 더 많이 줄어들게 된다. 결국 패널에는 접촉 전과는 다른 전기장의 흐름이 나타나 상호 정전용량이 변화하고 구동 라인과 감지 라인의 교차점인 터치좌표쌍이 인식된다. 이때 터치좌표쌍은 구동 라인과 감지 라인이 개별적으로 인식된 교차점이기에 하나의 패널에서는 여러 개의 터치좌표쌍이 만들어질 수 있다.

이후 터치좌표쌍의 정보를 터치 컨트롤러가 디지털 신호로 변환해 이미지로 처리하여 중앙처리장치(CPU)에 전달함으로써 해당 터치스크린 패널은 전도성 물체의 접촉 여부 및 접촉한 위치를 최종적으로 판단하게 된다. 이러한 상호정전방식은 구동 라인과 감지 라인의 교차점을 개별적으로 인식하는 과정을 거치기에 측정 시간이 많이 소요되지만, Ⓐ두 지점을 접촉하는 멀티 터치가 가능하여 최근 스마트폰이나 태블릿과 같은 기기에 많이 활용되는 추세이다.

- ● **정전용량** 물체가 지니고 있는 전기적 성질의 용량
- ● **감지** 느끼어 앎.
- ● **단가** 물건 한 단위(單位)의 가격
- ● **구동** 동력을 가하여 움직임.

01

윗글의 내용과 일치하지 않는 것은?

① 터치스크린 패널은 직접적인 접촉을 통한 직관적 조작이 가능하다.

② 자기정전방식은 접촉점에 해당하는 행과 열의 교차점을 터치 지점으로 인식한다.

③ 표면정전방식을 실현하기 위해서는 스크린에 전도성이 없는 투명 필름을 입혀야 한다.

④ 상호정전방식에서는 수집된 행과 열의 정보가 터치 컨트롤러에서 이미지로 처리된다.

⑤ 투영정전방식은 표면정전방식보다 구조가 복잡하지만 더욱 정교한 좌표 인식이 가능하다.

02

㉠~㉢에 대해 이해한 내용으로 적절하지 않은 것은?

① ㉠~㉢은 모두 전도성 물체의 접촉에 따른 정전용량의 변화를 측정한다.

② ㉠~㉢은 모두 패널에 있는 센서를 이용하여 접촉 부분의 위치를 알아내는 방식이다.

③ ㉠과 달리 ㉡은 하나의 접촉점을 인식하기 위해 두 개 이상의 감지회로를 활용하는 방식이다.

④ ㉡과 달리 ㉢은 센서층이 두 개의 층을 이루고 있다.

⑤ ㉢과 달리 ㉡은 접촉 부분에서 증가하는 정전용량을 감지하는 방식이다.

03

윗글을 읽고 〈보기〉를 이해한 반응으로 적절하지 <u>않은</u> 것은?

┌ 보기 ┐

다음은 터치스크린 패널의 작동 원리를 이해하기 위해 설정된 자료이다. 〈자료 1〉은 터치스크린 패널의 한 종류를 도식화한 것이고, 〈자료 2〉는 〈자료 1〉의 ⓐ~ⓒ 지점에 형성된 전기장의 크기를 나타낸 그래프이다.

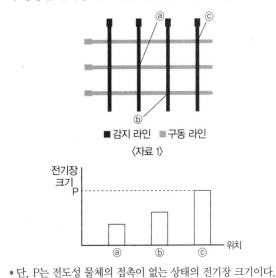

*단, P는 전도성 물체의 접촉이 없는 상태의 전기장 크기이다.
〈자료 2〉

① ⓐ에서 접촉된 물체가 흡수한 전기장의 크기는 ⓑ에서 접촉된 물체가 흡수한 전기장의 크기보다 크겠군.
② 전기장의 크기로 보아 ⓑ보다 ⓐ에서 더 정확한 접촉이 이루어진 것으로 볼 수 있겠군.
③ ⓒ에서는 구동 라인에서 발생한 전기장의 크기와 감지 라인으로 들어가는 전기장의 크기가 일치하겠군.
④ ⓒ와 달리 ⓑ에서는 감지 라인으로 들어가야 할 전기장의 일부가 접촉된 물체로 흘러들어 갔겠군.
⑤ ⓐ와 ⓒ에서는 구동 라인과 감지 라인 사이에서 형성된 상호 정전용량이 감소했겠군.

04

Ⓐ에 대한 이유를 추론한 것으로 가장 적절한 것은?

① 교차점의 위치를 빠르게 측정할 수 있기 때문이다.
② 중앙처리장치가 행과 열의 정보를 분할하기 때문이다.
③ 센서의 행과 열 끝에 감지회로가 배치되어 있기 때문이다.
④ 구동 라인과 감지 라인의 교차점이 개별적으로 인식되기 때문이다.
⑤ 하나의 패널에서 한 개의 터치좌표쌍만 만들어질 수 있기 때문이다.

어휘 점검하기

01~04 다음 밑줄 친 어휘의 뜻으로 알맞은 것의 기호를 고르시오.

01 그는 당시의 <u>여건</u>에서 최선을 다해 공부했다.
➡ (㉠ 주어진 조건 / ㉡ 아직 남아 있는 힘)

02 그 장갑은 <u>단가</u>가 높은 데 비해 보온성이 좋지 않았다.
➡ (㉠ 물건 한 단위의 가격 / ㉡ 시세에 비하여 헐한 값)

03 그는 모든 이의 <u>우려</u>를 극복하고 결국 우승했다.
➡ (㉠ 근심과 걱정 / ㉡ 좋은 일에 힘쓰도록 북돋아 줌.)

04 시인인 그는 <u>향후</u> 소설 집필에도 도전한다고 한다.
➡ (㉠ 어떤 일이 있고 난 바로 다음 / ㉡ 이것에 뒤이어 오는 때나 자리)

05~08 〈보기〉를 활용하여 밑줄 친 말과 바꿔 쓰기에 알맞은 말을 문맥에 맞게 쓰시오.

┌ 보기 ┐
| 간과하다 | 감지하다 | 탈피하다 | 포착하다 |

05 우리 가족은 가난에서 <u>완전히 벗어나기</u> 위해 밤낮없이 일했다. ➡ _____

06 그는 순간의 아름다움을 <u>꼭 붙잡기</u> 위해 사진기를 꺼내 들었다. ➡ _____

07 동물들은 인간보다 먼저 지진 상황을 <u>느끼어 아는</u> 능력을 지녔다고 한다. ➡ _____

08 경찰은 이번 사건과 관련된 중요한 사실을 <u>대강 보아 넘겼다</u>는 것을 깨달았다. ➡ _____

09~12 〈보기〉의 글자 카드를 조합하여 문장의 빈칸에 들어갈 알맞은 말을 쓰시오.

┌ 보기 ┐
| 구 | 동 | 안 | 원 | 차 | 찰 | 치 | 통 |

09 이 장치는 처음 (_____)하는 데 다소 시간이 걸린다.
_{동력을 가하여 움직임.}

10 그의 스케이팅 실력은 (_____)이 다르다고 평가받고 있다.
_{사물을 보거나 생각하는 처지}

11 그는 우리 사회의 문제를 (_____)하는 안목이 뛰어나다.
_{예리한 관찰력으로 사물을 꿰뚫어 봄.}

12 우리나라는 (_____)이 우수한 국가로 세계에 알려져 있다.
_{국가 사회의 안녕과 질서를 유지·보전함.}

04강 흐름과 변화

◉ 개념

시간의 흐름에 따라 사상이나 관점, 사회 문화적 인식과 분위기 등이 변화하는 것을 설명하는 지문 구조

◉ 글의 유형

• 사회의 변화상을 서술하는 글
• 예술의 흐름이나 사상의 변화를 서술하는 글

◉ 독해 코칭

① 변화의 시기 구분

글에서 언급한 대상의 변화는 몇 개의 시기로 구분할 수 있는가?

➡

② 각 시기의 사회적 분위기 파악

• 각 시기의 사회적 분위기는 어떠했는가?
• 각 시기의 사회적 분위기가 대상에 미친 영향은 무엇인가?

➡

③ 시기별 대상의 특성 정리

• 각 시기에 나타나는 대상의 구체적 특성은 무엇인가?
• 각 시기에 나타난 대상의 특성을 특정할 수 있는가?

➡

④ 시기 간 대상의 특성 비교

이전 시기와 비교하여 달라진 대상의 특성은 무엇인가?

📖 구조 독해 예시

(근대 이전)의 (조각)은 고유한 미술 영역의 독립적인 작품으로서가 아니라 신전이나 사원,
　　　　　　　　이 글의 화제로군.
왕궁과 같은 장소의 일부로서 존재했다. 중세 유럽의 성당 곳곳에 성서와 관련 있는 각종
　　　　　　　　　근대 이전 조각의 활용 양상
인물이 새겨지거나 조각상으로 놓였던 것, 왕궁 안에 왕이나 귀족의 인물상들이 놓였던 것
이 그 예이다. 이러한 조각은 그것이 놓여 있는 장소의 성격에 따라 종교적인 분위기를 조
　　　　　　　　　　　　　　　　　　　　　　　　근대 이전 조각의 기능
성하거나 왕의 권력을 상징함으로써 사람들을 감화시키는 기능을 수행하였다.

> 근대 이전 조각의 주요 기능은 무엇이었는지 찾아보자.

조각이 장소와 긴밀한 관련성을 지니고 그 장소의 맥락과 의미를 강조하는 수단으로 활
용되는 경향은 (근대)에 들어서면서 큰 변화를 맞이했다. 종교의 영향력 및 왕권이 약화되면
　　　　　　　　　　　　　　근대에 들어 분위기가 바뀌었군.
서 관련 장소가 지녔던 권위도 퇴색하여, 그 장소에 놓인 조각에 부여되었던 종교적, 정치
　　근대의 사회적 분위기 ①　　　　　　　　　　　　　　　　　　조각의 본래 기능 약화
적 의미도 약해진 것이다. 또 특정 장소의 상징으로서의 조각이 원래의 장소에서 물리적으
로 분리되어 기존의 맥락을 상실하는 경우도 생겨났다. 이러한 상황이 전시 및 교육을 목적
　　　　　　　　　　　　　　　　　　　　　　　　　　　　　　　근대의 사회적 분위기 ②
으로 하는 박물관, 미술관 등 근대적 장소가 출현하는 상황과 맞물리면서 조각에 대한 새로
운 관점이 부각되기 시작했다. 조각이 박물관이나 미술관에 놓이면서 미적 감상의 대상인
　　　　　　　　　　　　　　　　　　　　　조각의 기능이 종교적·정치적인 것에서 예술적인 작품으로 변화하였어.
'작품'으로서의 성격이 강조된 것이다. 사람들은 조각을 예술적인 기법이나 양식 등 순수한
미적 현상이 구현된 독립적인 작품으로 감상하게 되었다.

> 근대에 들어서면서 조각에 대한 인식은 어떻게 바뀌었는지 파악해 보자.

> 근대에 들어서면서 조각에 대한 인식이 변하게 된 사회적 배경은 무엇인지 이해해 보자.

이러한 경향은 (19세기 이후) 미술의 흐름 속에서 더욱 두드러졌고, 작품 외적 맥락에 구속
되기보다는 작품 자체에서 의미의 완결을 추구하는 경우가 많아졌다. 그래서 작품 바깥의
　근대에 들어 시작된 조각에 대한 관점 변화가 19세기 이후 완전히 정착하였군.
대상을 지시하거나 재현하기보다는 감상자의 시선을 작품에만 집중시키는 단순하고 추상화
　　　　　　　　　　　　　　　　　19세기 이후 조각의 특징은 단순화와 추상화라고 할 수 있겠어.
된 작품들이 이 시기부터 많이 등장하였다. 이러한 작품들은 대개 미술 전시장의 전형적인
화이트 큐브, 즉 출입구 이외에는 사방이 막힌 실내 공간 안에서 받침대 위에 놓여 실제적

> 19세기 이후 조각의 두드러진 특징은 무엇인지 정리해 보자.

인 장소나 현실로부터 분리된 느낌을 주었다.

이렇게 조각이 특정 장소로부터 독립해 가는 경향 속에서 (미니멀리즘)이 등장하였다. 미니멀리즘은 1960년대에 미국을 중심으로 발달한 예술 사조로, 작품의 의미가 예술가의 의도에 의해 결정되는 것을 최소화하고 꾸밈과 표현도 최소화하여 극단적으로 단순화된 기하학적 형태를 추구했다. 미니멀리즘 작가들은 가공하지 않은 있는 그대로의 산업 재료들을 사용하는 등의 방법으로 무의도성과 단순성을 구현했기 때문에, 그 결과물은 작품이라기보다는 사물로 인식되기도 하였다. 또한 미니멀리즘 조각은 감상자들이 걸어 다니는 바닥이나 전시실 벽면과 같은 곳에 받침대 없이 놓임으로써 감상자와 작품 간의 거리를 축소하고, 동선에 따라 개별적이고 다양한 경험과 의미 형성이 가능하도록 하였다. 그 결과 미니멀리즘 조각은 단순성과 추상성을 특징으로 한다는 점에서 이전 시기의 추상 조각과 공통점을 지니면서도, 전시장이라는 실제 장소의 물리적 특성을 작품에 의도적으로 결부하여 활용했다는 점에서 차별성을 띠게 되었다.

> 미니멀리즘의 특징은 무엇인지 찾아보자.

> 미니멀리즘 조각과 이전 시기의 추상 조각과의 차별점은 무엇인지 정리해보자.

개념 적용 문제

· 정답 12쪽

01 빈칸을 채워 각 문단의 중심 화제를 완성하시오.

(1) **1문단**: (   )의 조각
(2) **2문단**: (   )의 조각
(3) **3문단**: (   )의 조각
(4) **4문단**: (   ) 미니멀리즘 조각

02 다음 각 시기와 그 사회적 특징을 적절하게 연결하지 못한 것은?

	시기	사회적 분위기
①	근대 이전	종교 시설 및 왕궁의 권위가 매우 강했음.
②	근대	전시 및 교육을 목적으로 박물관, 미술관 등이 생겨남.
③	19세기 이후	이전에 비해 작품의 외적 맥락이 강화됨.
④	1960년대	미니멀리즘이 등장함.

03 다음 진술이 알맞은 것에 ○, 그렇지 않은 것에 ×를 써넣으시오.

(1) 근대에 들어 조각은 미적 감상의 대상인 '작품'으로서의 성격이 강조되었다. (   )
(2) 미니멀리즘은 꾸밈과 표현을 바탕으로 기하학적 형태를 추구하는 특징이 있다. (   )
(3) 미니멀리즘은 산업 재료들을 가공하여 사용함으로써 작품의 의도를 부각하였다. (   )
(4) 근대 이전에 성당이나 왕궁 안에 놓여 있던 조각들은 그 작품이 놓인 장소와의 연관성이 깊었다. (   )
(5) 19세기 이후부터는 감상자의 시선을 작품에만 집중시키는 단순하고 추상화된 작품들이 대거 등장하기 시작하였다. (   )

04 다음은 미니멀리즘 조각과 그 이전 시기 추상 조각의 공통점 및 차이점을 정리한 것이다. 빈칸에 알맞은 말을 써넣으시오.

(1) **공통점**: 단순성과 (   )을/를 특징으로 함.
(2) **차이점**: 미니멀리즘 조각은 전시장과 같은 실제 장소의 (   ) 특성을 작품에 결부하여 활용함.

독해 Guide

1문단의 내용을 볼 때, 이 글은 '빛의 여러 가지 성질을 알아내려는 노력'에 대해 설명하는 것임을 알 수 있어. 이후 서술은 그중에서도 '빛의 속도'에 집중되고 있지. 17세기 갈릴레이의 실험을 시작으로 뢰머, 피조, 마이컬슨의 실험에 이르기까지 빛의 속도를 측정하기 위한 여러 가지 실험들을 소개하고 있어. 이러한 내용이 시간 순으로 서술되고 있는 만큼 각 시기에 따른 실험 형태와 그 특징을 파악하며 독해하는 것이 중요해.

빛의 여러 가지 성질을 알아내려는 노력은 아주 오래전부터 있었다. 그러나 빛의 속도는 인간의 감각보다 훨씬 빨랐으므로, 빛의 속도가 측정°할 수 없을 정도로 무한할 것이라는 생각이 오랫동안 지배적°이었다. 빛의 속도가 유한한 값이라는 가능성을 처음으로 지적하고 실험적으로 이 값을 결정하려고 시도한 사람은 17세기의 갈릴레이였다.

㉠갈릴레이는 램프를 든 두 사람을 멀리 떨어져 있도록 한 다음 한 사람이 상대방 불빛을 5 보면 즉시 자신의 램프 뚜껑을 벗기고 상대방에게 빛을 보낼 수 있도록 하여 빛이 왕복하는 시간을 측정하려고 했다. 물론 이 방법으로 빛의 속도를 측정하기에는 사람의 반응이 너무 느리고 빛의 속도가 너무 빨라서 불가능했다. 그러나 빛의 속도가 유한할 것이라는 그의 생각은 선구적이었다.

[A] 빛의 속도를 과학적인 방법으로 측정한 사람은 덴마크의 천문학자 뢰머였다. 뢰머는 10 1675년 목성의 위성 중 하나인 이오를 오랫동안 관측하는 과정에서 지구의 위치에 따라서 이오의 공전 주기에 차이가 있다는 점을 주목하였다. 이오의 공전 주기는 이오가 목성 뒤로 숨는 월식 현상으로 계산하였다. 즉, 월식이 끝나서 이오가 목성의 그림자에서 빠져나왔을 때부터 다음 월식이 끝날 때까지 걸린 시간을 공전 주기로 보았다. 뢰머는 실제 관측을 통해 지구가 공전하면서 목성에 접근할 때에는 이오의 공전 주기가 짧아지고, 목성 15 에서 멀어질 때에는 공전 주기가 길어진다는 사실을 확인한 것이다. 항상 일정해야 할 이오의 공전 주기가 차이가 난다는 것은 결국 관측을 하는 지구의 위치가 달라졌기 때문이므로, 지구의 공전 지름과 이오의 공전 주기 차이를 이용하여 빛의 속도를 구할 수 있다고 보았다. 그렇게 측정한 빛의 속도는 214,000km/sec로 실제 빛의 속도와 오차°가 컸는데, 이는 당시의 천문학적 거리 측정이 정확하지 않았기 때문이다. 20

천체의 현상이 아닌 지구상의 실험 장치를 이용하여 빛의 속도를 처음 측정한 것은 프랑스의 피조였다. 피조는 고속으로 회전하는 톱니바퀴를 이용해서 8km를 빛이 왕복하는 데 걸리는 시간을 측정하여 빛의 속도를 315,000km/sec라고 했다. 아직 정확한 값은 아니지만 오차는 훨씬 줄어들었다. 빛의 속도를 정확하게 측정한 것은 19세기에 빛의 속도 측정에 전념°한 마이컬슨이었다. 마이컬슨은 회전하는 거울을 이용하여 빛의 속도가 299,792km/sec인 것을 25 밝혀 냈다. ㉡오늘날에는 레이저를 이용하여 달과 같이 먼 거리에 있는 물체 사이에 빛을 왕복시킴으로써 정확한 값을 얻고 있다.

어휘풀이

● 측정 일정한 양을 기준으로 하여 같은 종류의 다른 양의 크기를 잼.
● 지배적 매우 우세하거나 주도적인 것
● 오차 실지로 셈하거나 측정한 값과 이론적으로 정확한 값과의 차이
● 전념 오직 한 가지 일에만 마음을 씀.

01

윗글의 서술상 특징으로 가장 적절한 것은?

① 빛의 속도에 대한 연구의 발전 과정을 보여 주고 있다.

② 빛의 성질에 대한 다양한 견해의 장단점을 밝히고 있다.

③ 빛의 속성에 대한 실험 과정을 단계적으로 제시하고 있다.

④ 빛의 속성에 대한 하나의 이론을 분석적으로 제시하고 있다.

⑤ 빛의 속도에 대한 두 이론의 장단점을 객관적으로 소개하고 있다.

02

[A]를 참고하여 〈보기〉를 이해한 내용으로 적절하지 않은 것은?

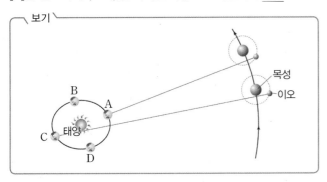

① A~D 중, A에서 측정한 이오의 공전 주기가 가장 짧겠군.

② 이오가 일정한 시간을 주기로 공전한다는 것을 전제로 하겠군.

③ A에서 C까지의 직선 거리를 정확히 측정해야 빛의 속도를 정확히 알 수 있겠군.

④ B와 D에서 측정한 이오의 공전 주기가 빛의 속도를 알기 위한 핵심 단서이겠군.

⑤ 빛의 속도가 무한이라면 A~D 어디에서든 이오의 공전 주기를 측정하여도 같은 결과가 나오겠군.

03

㉠, ㉡에 대한 설명으로 가장 적절한 것은?

① ㉠과 ㉡은 모두 빛의 속도가 무한하다는 전제에서 출발하고 있다.

② ㉠과 ㉡은 모두 빛이 왕복하는 시간을 측정하려고 했다는 점에서 유사하다.

③ ㉠은 결과를 실제로 확인할 수 있는 반면 ㉡은 실제로 확인할 수 없다.

④ ㉠은 천체를 이용한 측정 방식인 반면 ㉡은 지구에서 이루어진 방식이다.

⑤ ㉠을 통해 측정한 빛의 속도는 ㉡을 통해 측정한 빛의 속도보다 더 빠르다.

|문단 정리|

1문단 _____의 속도에 대한 기존의 인식

2문단 램프를 이용해 빛의 속도를 알아내려 한 _____의 실험

3문단 천체 현상을 이용해 빛의 속도를 알아내려 한 _____의 실험

4문단 _____의 실험 장치를 이용해 빛의 속도를 알아내려 한 실험들

|주제| 빛의 _____를 알아내기 위한 노력들

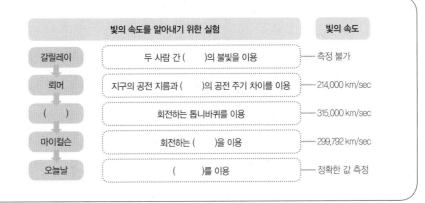

	빛의 속도를 알아내기 위한 실험	빛의 속도
갈릴레이	두 사람 간 ( )의 불빛을 이용	측정 불가
뢰머	지구의 공전 지름과 ( )의 공전 주기 차이를 이용	214,000 km/sec
( )	회전하는 톱니바퀴를 이용	315,000 km/sec
마이컬슨	회전하는 ( )을 이용	299,792 km/sec
오늘날	( )를 이용	정확한 값 측정

유사 문제로 확장하기

독해 Guide

이 글의 앞부분에서는 포도를 소재로 한 우리나라 예술 작품이 점차 회화성을 띠게 되는 과정을 시대별 예술 작품을 소개하며 설명하고 있어. 따라서 이 부분을 독해할 때, 각 시대별로 포도를 소재로 활용한 대표 작품들을 연결 지어 기억해 두는 것이 좋아. 후반부에서는 서술의 초점이 황집중의 「묵포도」에 맞춰지고 있으므로, 그 주요 기법 및 특징, 의의에 대해 파악하는 데 집중해야 돼.

우리의 옛 그림이나 조각과 같은 예술 작품에는 실물을 접하기 어려운 다양한 동식물들이 소재로 등장하곤 했다. 그중에서도 특히 포도는 같은 한자 문화권인 중국, 일본보다 우리나라에서 훨씬 더 사랑받는 소재였다. 많은 알들이 뭉쳐 송이를 이루고 덩굴이 길게 자라는 포도의 특성이 다산°과 장수를 상징한다고 여겼기 때문이다. 이러한 포도의 원산지는 서아시아로 우리나라에는 고려 시대부터 재배된 것으로 보인다.

문양 면에서 포도를 소재로 활용한 예술품은 우리나라에서 오랜 기간에 걸쳐 나타났다. 통일 신라 시대에는 와당°에 새겨진 「포도당초문」이 있었고, 고려 시대에는 무늬를 따라 홈을 파고 흙으로 메꾸는 상감 기법을 활용하여 만들어진 포도 문양의 고려청자인 청자병이 있었다. 조선 시대에는 포도 문양을 활용한 백자로 「백자철사포도문호」가 있었고, 백자 접시 등에서도 포도 문양이 나타났는데, 이때 활용된 포도 문양은 단순한 문양의 차원을 넘어선 회화성을 띠었다. 이러한 경향이 발전하게 되면서 포도는 비로소 그림의 주요한 소재로 인정받게 된다. 포도를 소재로 한 회화 작품으로는 흰 화선지에 먹을 이용하여 그린 수묵화로 「묵포도」가 있다.

묵포도는 중국 원대 13세기 말 원나라 승려 일관에 의해 시작되었다. 이후 선승이나 사대부들이 즐겨 그리긴 하였지만 대표적인 화가가 없었고, 그림을 그리는 데 정해진 틀도 없어서 회화의 한 분야나 양식으로 정형화되지 못했다. 그러나 우리나라 화단에서는 조선 중기인 16세기에 당대 삼절(三絶)로 칭송°받은 황집중의 「묵포도」가 양식상 특징을 지닌 어엿한 화풍으로 자리 잡게 된다.

문인 화가인 황집중의 「묵포도」는 소폭의 작은 그림으로 시계°가 좁고 단순해 보일 것 같지만, 당시 문인 화가들이 즐겨 사용한 사선 구도를 통해 탁월한 화면 구성을 보여 준다. 또한 다양한 형태로 변화를 주어 잎을 표현하고, 과장 없이 포도송이를 그려 냈다. 농담이 강조된 색의 대비와 화선지에 물을 칠한 후 마르기 전에 붓을 대어 몽롱하고 침중한° 느낌을 주는 선염법을 통해 포도송이의 입체감을 드러낸 점도 눈에 띈다. 한편 대상의 외형을 있는 그대로 표현하기보다는 소재의 특징을 잘 포착하여 간략히 나타냄으로써 문인화로서의 격조°가 배어 있는 점도 높이 평가된다.

황집중 이후 묵포도는 홍수주, 심정주 등의 문인 화가에 의해 계승 및 발전되었고, 조선 후기에 이르러서는 최석환과 같은 전문적인 직업 화가에 의해 그려지기까지 하였다. 이국적인 소재로 이해하기 쉬운 포도가 우리의 예술 작품 속에 어떻게 자리를 잡게 되었는지는 다른 나라에서 뚜렷한 예를 찾기 힘든 「묵포도」의 존재를 통해 확인할 수 있다. 화선지와 먹만의 조화로 표현된 묵포도는 그 어떤 소재와 기법을 활용한 그림보다도 조선의 조촐하고 담백한 아름다움을 잘 담아내고 있다는 데 그 의의가 크다.

어휘풀이

● **다산** 아이 또는 새끼를 많이 낳음.

● **와당** 기와의 양쪽 머리 면

● **칭송** 칭찬하여 일컬음. 또는 그런 말

● **시계** 시력이 미치는 범위

● **침중하다** 가라앉고 무게가 있다.

● **격조** 문예 작품 따위에서, 격식과 운치에 어울리는 가락

01

윗글에 대한 설명으로 적절하지 <u>않은</u> 것은?

① 묵포도가 양식으로 정형화된 시기와 대표적인 작가를 소개하고 있다.
② 우리나라 예술 작품의 소재로 등장한 포도에 관한 정보를 소개하고 있다.
③ 조선의 담백한 아름다움을 내포하고 있는 묵포도의 의의를 강조하고 있다.
④ 황집중의 묵포도를 통해 드러나는 예술 기법의 변화 과정을 설명하고 있다.
⑤ 문양으로 활용되던 포도가 그림의 주요한 소재로 인정받게 되었음을 밝히고 있다.

02

윗글의 내용과 일치하는 것은?

① 포도를 소재로 한 작품은 문인 화가에 의해서만 창작되었다.
② 먹만을 사용하여 그린 묵포도는 황집중에 의해 처음 그려졌다.
③ 포도 문양은 고려 시대의 청자나 조선 시대의 백자에도 나타난다.
④ 포도는 고려 시대에 재배되면서부터 그림의 주요한 소재로 인정받게 되었다.
⑤ 우리나라의 옛 그림에 나오는 소재들은 모두 일상생활에서 쉽게 접할 수 있는 것들이었다.

03

윗글을 바탕으로 〈보기〉에서 설명한 그림을 이해한 내용으로 적절하지 <u>않은</u> 것은?

> **보기**
>
> 황집중의 「묵포도」는 사선 구도가 특징인 작품으로, 알알이 영근 포도송이를 바로 눈앞에서 보는 듯한 느낌을 준다. 다양한 형태의 잎과 긴 덩굴의 얽힘을 통해 생동감이 드러나는 것은 물론 차분하고 지적인 느낌도 전해 준다. 특히 먹만을 사용하여 보랏빛 검붉은 색에서부터 투명한 청포도의 맑은 색까지 다양하게 표현함으로써 포도의 풍성함을 입체감 있게 드러냈으며, 줄기와 덩굴손으로 화면에 다양한 변화를 주는 묘미도 일품이다. 또한 이런 다채로운 표현들은 그림의 제재인 포도가 지닌 상징성을 드러내는 데에도 기여한다.

① 사선 구도를 보이는 것은 황집중이 문인 화가라는 점과 관련이 있겠군.
② 알알이 영근 포도가 입체감을 드러낼 수 있는 것은 선염법을 활용한 효과로군.
③ 조선 시대에는 동일한 제재가 화선지 외에 백자에 그려진 경우를 볼 수 있었겠군.
④ 풍성한 포도송이와 긴 덩굴을 통해 다산과 장수를 기원하는 마음을 드러내고 있군.
⑤ 세밀한 관찰을 통해 포도송이를 사실 그대로 표현하려는 목적으로 그린 그림이로군.

 지문 더보기

|문단 정리|
1문단 우리나라 예술 작품의 _____로 사랑받은 포도
2문단 _____를 소재로 한 우리나라 예술 작품의 경향
3문단 우리나라 화단에서 어엿한 화풍으로 자리 잡은 _____의 「묵포도」
4문단 황집중의 「묵포도」가 가진 특징
5문단 묵포도의 발전과 _____

|주제| 포도를 소재로 한 우리나라 _____의 발전

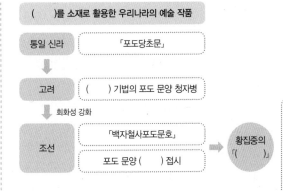

기출문제로 뛰어넘기

[01~04] 다음 글을 읽고, 물음에 답하시오.

18세기에는 열의 실체가 칼로릭(caloric)이며 칼로릭은 온도가 높은 쪽에서 낮은 쪽으로 흐르는 성질을 갖고 있는, 질량이 없는 입자들의 모임이라는 생각이 받아들여지고 있었다. 이를 칼로릭 이론이라 ㉠부르는데, 이에 따르면 찬 물체와 뜨거운 물체를 접촉시켜 놓았을 때 두 물체의 온도가 같아지는 것은 칼로릭이 뜨거운 물체에서 차가운 물체로 이동하기 때문이라는 것이다. 이러한 상황에서 과학자들의 큰 관심사 중의 하나는 증기 기관과 같은 열기관의 열효율 문제였다.

열기관은 높은 온도의 열원에서 열을 흡수하고 낮은 온도의 대기와 같은 열기관 외부에 열을 방출*하며 일을 하는 기관을 말하는데, 열효율은 열기관이 흡수한 열의 양 대비 한 일의 양으로 정의된다. 19세기 초에 카르노는 열기관의 열효율 문제를 칼로릭 이론에 기반*을 두고 ㉡다루었다. 카르노는 물레방아와 같은 수력 기관에서 물이 높은 곳에서 낮은 곳으로 ㉢흐르면서 일을 할 때 물의 양과 한 일의 양의 비가 높이 차이에만 좌우되는 것에 주목하였다. 물이 높이 차에 의해 이동하는 것과 흡사하게 칼로릭도 고온에서 저온으로 이동하면서 일을 하게 되는데, 열기관의 열효율 역시 이러한 두 온도에만 의존한다는 것이었다.

한편 1840년대에 줄(Joule)은 일정량의 열을 얻기 위해 필요한 각종 에너지의 양을 측정하는 실험을 행하였다. 대표적인 것이 열의 일당량 실험이었다. 이 실험은 열기관을 대상으로 한 것이 아니라, 추를 낙하시켜 물속의 날개바퀴를 회전시키는 실험이었다. 열의 양은 칼로리(calorie)로 표시되는데, 그는 역학적 에너지인 일이 열로 바뀌는 과정의 정밀한 실험을 통해 1kcal의 열을 얻기 위해서 필요한 일의 양인 열의 일당량을 측정하였다. 줄은 이렇게 일과 열은 형태만 다를 뿐 서로 전환이 가능한 물리량이므로 등가성을 갖는다는 것을 입증*하였으며, 열과 일이 상호 전환될 때 열과 일의 에너지를 합한 양은 일정하게 보존된다는 사실을 알아내었다. 이후 열과 일뿐만 아니라 화학 에너지, 전기 에너지 등이 등가성을 가지며 상호 전환될 때에 에너지의 총량은 변하지 않는다는 에너지 보존 법칙이 입증되었다.

열과 일에 대한 이러한 이해는 카르노의 이론에 대한 과학자들의 재검토로 이어졌다. 특히 톰슨은 ⓐ칼로릭 이론에 입각한 카르노의 열기관에 대한 설명이 줄의 에너지 보존 법칙에 위배*된다고 지적하였다. 카르노의 이론에 의하면, 열기관은 높은 온도에서 흡수한 열 전부를 낮은 온도로 방출하면서 일을 한다. 이것은 줄이 입증한 열과 일의 등가성과 에너지 보존 법칙에 ㉣어긋나는 것이어서 열의 실체가 칼로릭이라는 생각은 더 이상 유지될 수 없게 되었다. 하지만 열효율에 관한 카르노의 이론은 클라우

지우스의 증명으로 유지될 수 있었다. 그는 카르노의 이론이 유지되지 않는다면 열은 저온에서 고온으로 흐르는 현상이 ㉤생길 수도 있을 것이라는 가정에서 출발하여, 열기관의 열효율은 열기관이 고온에서 열을 흡수하고 저온에 방출할 때의 두 작동 온도에만 관계된다는 카르노의 이론을 증명하였다.

클라우지우스는 자연계에서는 열이 고온에서 저온으로만 흐르고 그와 반대되는 현상은 일어나지 않는 것과 같이 경험적으로 알 수 있는 방향성이 있다는 점에 주목하였다. 또한 일이 열로 전환될 때와는 달리, 열기관에서 열 전부를 일로 전환할 수 없다는, 즉 열효율이 100%가 될 수 없다는 상호 전환 방향에 관한 비대칭성이 있다는 사실에 주목하였다. 이러한 방향성과 비대칭성에 대한 논의는 이를 설명할 수 있는 새로운 물리량인 엔트로피의 개념을 낳았다.

- 방출 입자나 전자기파의 형태로 에너지를 내보냄.
- 기반 기초가 되는 바탕. 또는 사물의 토대
- 입증 어떤 증거 따위를 내세워 증명함.
- 위배 법률, 명령, 약속 따위를 지키지 않고 어김.

01

윗글에서 알 수 있는 내용으로 가장 적절한 것은?

① 열기관은 외부로부터 받은 일을 열로 변환하는 기관이다.
② 수력 기관에서 물의 양과 한 일의 양의 비는 물의 온도 차이에 비례한다.
③ 칼로릭 이론에 의하면 차가운 쇠구슬이 뜨거워지면 쇠구슬의 질량은 증가하게 된다.
④ 칼로릭 이론에서는 칼로릭을 온도가 낮은 곳에서 높은 곳으로 흐르는 입자라고 본다.
⑤ 열기관의 열효율은 두 작동 온도에만 관계된다는 이론은 칼로릭 이론의 오류가 밝혀졌음에도 유지되었다.

02

윗글로 볼 때 ⓐ의 내용으로 가장 적절한 것은?

① 화학 에너지와 전기 에너지는 서로 전환될 수 없는 에너지라는 점
② 열의 실체가 칼로릭이라면 열기관이 한 일을 설명할 수 없다는 점
③ 자연계에서는 열이 고온에서 저온으로만 흐르는 것과 같은 방향성이 있는 현상이 존재한다는 점
④ 열효율에 관한 카르노의 이론이 맞지 않는다면 열은 저온에서 고온으로 흐르는 현상이 생길 수 있다는 점
⑤ 열기관의 열효율은 열기관이 고온에서 열을 흡수하고 저온에 방출할 때의 두 작동 온도에만 관계된다는 점

03

윗글을 바탕으로 할 때, <보기>의 [가]에 들어갈 말로 가장 적절한 것은?

┌ 보기 ┐

줄의 실험과 달리, 열기관이 흡수한 열의 양(A)과 열기관으로부터 얻어진 일의 양(B)을 측정하여 $\frac{B}{A}$ 로 열의 일당량을 구하면, 그 값은 ([가])는 결과가 나올 것이다.

① 열기관의 두 작동 온도의 차이가 일정하다면 줄이 구한 열의 일당량과 같다

② 열기관이 열을 흡수할 때의 온도와 상관없이 줄이 구한 열의 일당량과 같다

③ 열기관이 흡수한 열의 양이 많을수록 줄이 구한 열의 일당량보다 더 커진다

④ 열기관의 두 작동 온도의 차이가 커질수록 줄이 구한 열의 일당량보다 더 커진다

⑤ 열기관이 흡수한 열의 양과 두 작동 온도에 상관없이 줄이 구한 열의 일당량보다 작다

04

윗글의 ⊙~⊙과 같은 의미로 사용된 것은?

① ⊙: 웃음은 또 다른 웃음을 부르는 법이다.

② ⊙: 그는 익숙한 솜씨로 기계를 다루고 있었다.

③ ⊙: 이야기가 엉뚱한 방향으로 흐르고 있다.

④ ⊙: 그는 상식에 어긋나는 일을 한 적이 없다.

⑤ ⊙: 하늘을 보니 당장이라도 비가 오게 생겼다.

어휘 점검하기

01~04 주어진 초성과 뜻에 알맞은 말을 빈칸에 넣어 문장을 완성하시오.

01 ㄱ ㅂ : 기초가 되는 바탕

➡ 그는 달리기로 체력의 _____을 다졌다.

02 ㄱ ㅈ : 격식과 운치에 어울리는 가락

➡ 그의 수필은 _____가 높다고 평가된다.

03 ㅅ ㄱ : 시력이 미치는 범위

➡ 산의 정상에 오르니 _____가 확 트였다.

04 ㅈ ㅂ ㅈ : 매우 우세하거나 주도적인 것

➡ 우리 회사에서는 편안한 옷차림이 _____이다.

05~08 다음 빈칸에 들어갈 말을 <보기>에서 찾아 쓰시오.

┌ 보기 ┐

위배   입증   전념   칭송

05 시민들은 남몰래 큰 액수를 기부한 그를 ( )하였다.
　　　　　　　　　　　　　　　　　　　칭찬하여 일컬음.

06 아인슈타인의 이론은 실제 관측을 통해 ( )되었다.
　　　　　　　　　　　　　　　　어떤 증거 따위를 내세워 증명함.

07 2학년이 되자 모두가 성적을 올리는 데 ( )하게 되었다.
　　　　　　　　　　　　　오직 한 가지 일에만 마음을 씀.

08 공동체의 도덕에 ( )되는 행위를 한 사람은 질타를 받는다.
　　　　　　법률, 명령, 약속 따위를 지키지 않고 어김.

09~12 다음 문장에 어울리는 말을 괄호 안에서 골라 ○표 하시오.

09 열심히 뛰고 나면 열이 몸 밖으로 (방출 / 추출)된다.

10 이번 실험 결과 처음의 계산에 (오차 / 절차)가 있었음이 밝혀졌다.

11 새끼를 많이 낳는 돼지는 (다산 / 생산)을 상징하는 동물로 알려져 있다.

12 세종 때 만들어진 측우기는 강우량을 (관찰 / 측정)하는 세계 최초의 기구이다.

05 원리와 과정

◉ 개념

대상의 작동 방식이나 절차 등을 단계에 따라 서술하는 지문 구조

◉ 글의 유형

- 기계 또는 시스템 등의 작동 절차 등을 설명하는 글
- 생체의 변화나 작용 과정 등을 설명하는 글

◉ 독해 코칭

❶ 중심 화제 파악	❷ 대상의 구성 요소와 그 역할 파악	❸ 과정의 단계·관계 정리	❹ 과정의 결과 파악
• 중심화제는 무엇인가? • 소개하는 대상의 명칭과 개념은 무엇인가?	• 특정 대상을 이루는 구성 요소는 무엇인가? • 구성 요소들의 역할은 무엇인가?	• 작용 과정을 단계별로 구분할 수 있는가? • 작용 과정의 인과 관계를 파악할 수 있는가?	• 조건이나 상황 변화에 따라 결과가 어떻게 달라지는가? • 변수에 따른 문제점을 해결할 방안은 무엇인가?

📖 구조 독해 예시

'식욕'은 음식을 먹고 싶어 하는 욕망으로, 인간이 살아가는 데 필요한 영양분을 얻기 위
▲ 이 글의 중심 화제는 '식욕'이로군.
해서 반드시 필요하다. 식욕은 기본적으로 뇌의 시상 하부*에 있는 식욕 중추*의 영향을 받
식욕은 식욕 중추에서 조절한다는 거야.
는데, 이 중추에는 배가 고픈 느낌이 들게 하는 '섭식 중추'와 배가 부른 느낌이 들게 하는
'포만 중추'가 함께 있다. 우리 몸이 영양분을 필요로 하는 상태가 되면 섭식 중추는 뇌 안의
식욕 중추에는 섭식 중추, 포만 중추가 있고.
다양한 곳에 신호를 보낸다. 그러면 식욕이 느껴져 침의 분비와 같이 먹는 일과 관련된 무
의식적인 행동이 촉진된다. 그러다 영양분의 섭취가 늘어나면, 포만 중추가 작용해서 식욕
이 억제된다.
섭식 중추와 포만 중추가 담당하는 기능은 다르군.
　그렇다면 뇌에 있는 섭식 중추나 포만 중추는 어떻게 몸속 영양분의 상태에 따라 식욕을
이제 섭식 중추나 포만 중추의 식욕 조절 원리가 제시되겠지?
조절하는 것일까? 여기에서 중요한 역할을 하는 것이 혈액 속을 흐르는 영양소인데, 특히
탄수화물에서 분해된 '포도당'과 지방에서 분해된 '지방산'이 중요하다. 먼저 탄수화물은 식
사를 통해 섭취된 후 소장에서 분해되면, 포도당으로 변해 혈액 속으로 흡수된다. 그러면
탄수화물에 의한 자극 과정 ①
혈중 포도당의 농도가 높아지고, 이를 줄이기 위해 췌장에서 '인슐린'이라는 호르몬이 분비
탄수화물에 의한 자극 과정 ②
된다. 이 포도당과 인슐린이 혈액을 타고 시상 하부로 이동하여 포만 중추의 작용은 촉진하
탄수화물에 의한 자극 과정 ③
고 섭식 중추의 작용은 억제한다. 반면에 지방은 피부 아래의 조직에 중성지방의 형태로 저
장되어 있다가 공복 상태가 길어지면 혈액 속으로 흘러가 간(肝)으로 운반된다. 그러면 부
지방에 의한 자극 과정 ①
족한 에너지를 보충하기 위해 간에서 중성지방이 분해되고, 이 과정에서 생긴 지방산이 혈
지방에 의한 자극 과정 ②
액을 타고 시상 하부로 이동하여 섭식 중추의 작용은 촉진하고 포만 중추의 작용은 억제한
지방에 의한 자극 과정 ③
다. 이와 같은 작용 원리에 따라 우리의 식욕은 자연스럽게 조절된다.
탄수화물과 지방이 식욕 중추에 영향을 미치는 과정을 잘 기억해 두자!
　그런데 우리는 온전히 영양분 섭취만을 목적으로 식욕을 느끼는 것은 아니다. 예를 들어,

> ❯ 식욕 중추는 뇌의 어느 부분에 위치하는지 말해 보자.

> ❯ 섭식 중추와 포만 중추가 하는 역할은 무엇인지 파악해 보자.

> ❯ 탄수화물의 섭취가 식욕 중추를 자극하는 과정을 말해 보자.

> ❯ 공복 상태에서 지방이 식욕 중추를 자극하는 과정을 정리해 보자.

'스트레스를 받으니까 매운 음식이 먹고 싶어.'처럼 영양분의 섭취와 상관없이 취향이나 기분에 좌우되는 식욕도 있다. 이와 같은 식욕은 대뇌의 앞부분에 있는 '전두 연합 영역'에서 조절되는데, 본래 이 영역은 정신적이고 지적인 활동을 담당하는 곳이지만 식욕에도 큰 영향을 미친다. 이곳에서는 음식의 맛, 냄새 등 음식에 관한 다양한 감각 정보를 정리해 종합
_{전두 연합 영역의 기능 ①}
적으로 기억한다. 또한 맛이 없어도 건강을 위해 음식을 섭취하는 것과 같이, 먹는 행동을 이성적으로 조절하는 일도 이곳에서 담당하는데, 전두 연합 영역의 지령은 신경 세포의 신
_{전두 연합 영역의 기능 ②}
호를 통해 섭식 중추와 포만 중추로 전해진다.

> ▶ '전두 연합 영역'이 식욕에 미치는 영향이 무엇인지 찾아보자.

- **시상 하부** 사람이 의식적으로 통제하지 못하는 다양한 신체 시스템을 감시하고 조절하는 뇌의 영역
- **중추** 신경 기관 가운데, 신경 세포가 모여 있는 부분

개념 적용 문제

· 정답 15쪽

01 윗글에서 ㉠과 ㉡에 들어갈 말을 찾아 쓰시오.

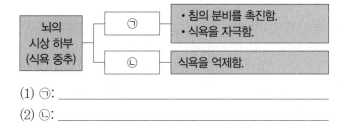

(1) ㉠: _____
(2) ㉡: _____

02 다음 진술이 알맞은 것에 ○, 그렇지 않은 것에 ×를 써 넣으시오.

(1) 지방은 섭취하는 즉시 간에서 분해된다. ( )
(2) 우리의 뇌에서 정신적이고 지적인 활동을 담당하는 곳은 '뇌의 시상 하부'이다. ( )
(3) 취향이나 기분에 좌우되는 식욕은 '섭식 중추'나 '포만 중추'의 영향을 받지 않는다. ( )
(4) 뇌의 식욕 중추가 식욕을 조절하는 데는 '포도당'과 '지방산'이 중요한 역할을 한다. ( )
(5) 음식의 맛, 냄새 등의 감각 정보를 종합적으로 기억하는 일은 '전두 연합 영역'에서 담당한다. ( )

03 [A]~[D]에 들어갈 내용을 〈보기〉에서 찾아 그 기호를 쓰시오.

> 보기
> ⓐ 인슐린 분비
> ⓑ 지방산 생성
> ⓒ 중성 지방 분해
> ⓓ 혈중 포도당 농도 증가

- 공복 상태 → 탄수화물 섭취 → [A] →
  [B] → 포만 중추 촉진
- 지방 저장 → 공복 상태 → [C] →
  [D] → 섭식 중추 촉진

(1) [A]: _____ (2) [B]: _____
(3) [C]: _____ (4) [D]: _____

우주선이 지구 대기에서 벗어났다가 다시 대기권 안으로 진입하는 것을 '재돌입'이라고 한다. 우주선이 재돌입 과정에서 가장 유의해야 할 사항은 1500℃ 이상의 고온을 어떻게 성공적으로 견뎌 낼 것인가의 문제이다. 우주선이 초고속으로 대기 속을 비행하는 과정에서 선체* 앞면의 공기가 급격하게 압축되는 현상이 발생한다. 급격한 압축을 받은 공기는 온도가 상승하게 되고 그 열은 선체에 전달된다. 그 결과 우주선의 선체는 고온 상태로 변화하게 되는 것이다. 이렇게 5 우주선에 부딪치는 초고속 공기의 운동 에너지가 모두 열로 변환되는 것을 '공력 가열'이라고 한다. 우주선은 이러한 공력 가열을 견뎌 내기 위해 어떠한 방법을 사용하고 있을까?

약한 공력 가열을 받는 경우에는 '복사 냉각*'을 이용하는 방법이 사용된다. 우주 왕복선은 S자의 형태로 지구 궤도를 선회*하며 재돌입하기 때문에 비교적 약한 공력 가열을 받게 되는데, 이때 복사 냉각을 이용해 선체의 열을 방출하도록 하는 방법이 사용된다. 고온 상태의 물 10 체가 빛이나 적외선을 강하게 방출하며 열을 잃게 되는 현상을 '열복사'라고 하는데 재돌입 과정에서 열복사가 선체의 온도를 내리는 작용을 하게 된다. 이때 우주 왕복선의 표면에 부착된 특수한 내열* 타일이 우주선의 재돌입을 가능하게 하는 데 결정적 도움을 준다. 선체가 대기권에 진입하면서 1,500℃ 이상의 고온 상태가 될 때, 특수 제작된 내열 타일이 그 온도를 견뎌 내면서 빛이나 적외선을 통해 열을 밖으로 내보내는 역할을 하는 것이다. 15

하지만 일정한 기준값을 넘어서는 높은 공력 가열을 받는 경우라면 앞서 언급한 복사 냉각의 방법을 사용할 수 없고, '어블레이션(ablation)'이라고 불리는 특수한 방법을 사용해야 한다. 어블레이션은 '융제(融除)'라고도 하는데, 우주선 등이 대기권으로 재돌입할 때 구조체 표면을 마찰열에 의해 서서히 용융* 또는 증발*시키는 방법을 의미한다. 즉 어블레이션은 공력 가열에 의해 내열재를 분해시키는 과정에서 열을 흡수시켜 선체의 열을 달아나게 하는 방법을 20 의미한다.

어블레이션에 사용되는 내열재로는 탄소섬유 등을 섞은 강화* 플라스틱을 사용한다. 플라스틱이 가열되는 과정에서 표면에 단단한 탄화층이 형성되는데, 이때 탄화층의 안쪽에서는 플라스틱의 열분해가 진행되어 가스가 발생한다. 발생된 가스는 탄화층의 내부에 있는 많은 구멍을 통해 표면으로 분출되는데, 이 가스를 통해 선체가 직접 가열되는 것을 방지하는 효과를 25 극대화시킬 수 있다. 이처럼 어블레이션은 우주선의 내열재가 분해되어 증발하는 과정에서 열을 흡수하여 달아나게 하는 방식이므로, 이를 위해서는 ㉠선체의 앞쪽에 설치하는 내열재를 충분히 두껍게 처리하는 것이 바람직하다.

01

윗글의 내용 전개 방식에 대한 설명으로 가장 적절한 것은?

① 특정한 가설을 구체적 사례를 통해 증명하고 있다.

② 두 방식의 차이점을 밝히며 작용 원리를 설명하고 있다.

③ 서로 다른 두 이론을 종합하여 새로운 이론을 제시하고 있다.

④ 화제를 소개하고 논란이 되는 핵심 쟁점에 대해 설명하고 있다.

⑤ 유추를 활용한 사례를 제시하고 그와 관련되는 해결 방안을 설명하고 있다.

02

윗글에서 알 수 있는 내용으로 적절하지 않은 것은?

① 우주선은 재돌입 과정에서 고온 상태에 노출된다.

② 열복사는 물체의 온도를 떨어뜨리는 것과 관련된 현상이다.

③ 물체가 빛을 방출하기 위해서는 내열재가 필수적으로 요구된다.

④ 우주선이 고온을 견디기 위해서는 공력 가열의 정도에 따라 다른 방법을 사용해야 한다.

⑤ 우주 왕복선이 S자 궤도를 그리며 선회할 때에는 약한 공력 가열을 받으므로 복사 냉각을 이용하는 방법이 쓰일 수 있다.

03

윗글을 바탕으로 추론한 ㉠의 이유로 가장 적절한 것은?

① 재돌입할 때 구조체 표면에 발생하는 마찰열을 최소화하기 위해서이다.

② 내열재가 가열되는 과정에서 발생하는 탄화층의 강도를 약화시키기 위해서이다.

③ 내열재의 열분해 과정에서 발생하는 가스를 가능한 빨리 제거하기 위해서이다.

④ 강화 플라스틱의 분해 및 증발 작용을 더 빠르게 일어나도록 유도하기 위해서이다.

⑤ 어블레이션 방식을 통해 선체에 높은 열이 직접 가해지는 것을 최대한 방지하기 위해서이다.

|문단 정리|

1문단 _____ 가열의 개념

2문단 약한 공력 가열을 받는 경우의 해결책 – _____

3문단 높은 공력 가열을 받는 경우의 해결책 – _____

4문단 어블레이션의 _____와 활용 시 유의점

|주제| 우주선이 _____을 견디기 위한 방법

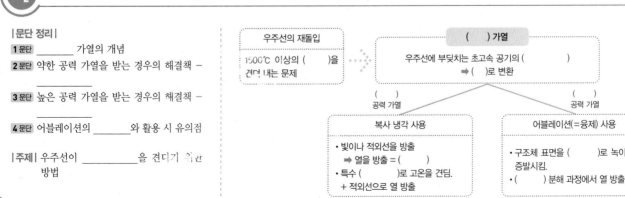

콘크리트는 내구성이 우수하고 성형$^\bullet$이 쉬워 다양한 모양의 건축물을 만들 수 있을 뿐만 아니라 초고층 빌딩과 같은 고강도 구조물을 건설할 수도 있다. 또한 열과 진동에 강하고 시공이 간단하며 구조물을 완성한 뒤에도 유지 보수가 별로 필요 없다는 장점이 있다. 이런 성질 때문에 콘크리트는 댐이나 발전소, 도로, 다리 등을 세울 때 꼭 필요한 재료이다. 그래서 전 세계적으로 콘크리트의 주재료로 쓰이는 시멘트의 제조량이 해마다 늘어나고 있다. 그러나 시 5
멘트는 제조 과정에서 이산화 탄소와 같은 온실가스를 많이 배출하기 때문에 대기 오염의 주범$^\bullet$으로 지적받기도 한다. 이에 시멘트 업계에서는 대기 오염을 줄일 수 있는 친환경 콘크리트를 만들기 위해 다양한 노력을 하고 있다. 시멘트의 제조 과정에서 이산화 탄소의 발생을 줄이는 것이 그 한 가지 방법이다. 또 다른 방법으로는 대기 중에 존재하는 공기 오염 물질을 줄여 대기 환경 개선에 일조하는 친환경 콘크리트를 개발하는 것이다. 이 방법의 대표적인 예 10
로는 스모그와 도로 위의 오염 물질을 제거하는 ㉠광촉매 콘크리트가 있다.

[A]
광촉매 콘크리트는 이산화 타이타늄(TiO_2) 입자를 섞어 만든다. 이산화 타이타늄 입자가 빛을 받아들여 화학 반응을 촉진하는 광촉매 역할을 하기 때문이다. 이 콘크리트에 포함된 이산화 타이타늄 나노 입자는 자외선을 받으면 그 내부에서 에너지 차이가 생기고 이로 인해 전자(e^-)와 정공(h^+)이 발생한다. 그리고 전자와 정공은 이산화 타이타늄 나노 15
입자의 표면으로 확산 이동한다. 이후 정공은 이산화 타이타늄 나노 입자 표면에 있는 물이나 수산화 이온(OH^-)과 반응하여 강력한 살균·탈취$^\bullet$·분해 효과가 있는 친환경 물질인 하이드록시 라디칼($\cdot OH$)을 생성한다. 이때 전자는 공기 중의 산소(O_2)와 반응하여 살균·탈취 기능을 가진 슈퍼 옥사이드 음이온(O_2^-)을 생성한다. 이들이 콘크리트 표면에 부착된 담배 연기, 기름 찌꺼기 등의 유기 물질을 분해하는 것이다. 이후에 물을 좋아하는 20
성질이 있는 이산화 타이타늄이 물을 잡아당기기 때문에 분해된 유기 물질은 물에 씻겨 내려가며 도로를 깨끗하게 만든다.

한편, 스모그의 원인이자 인체에 해로운 대표적인 물질에는 질소 산화물(NO_x)이 있다. 일산화질소(NO), 이산화 질소(NO_2)와 같은 질소 산화물은 하이드록시 라디칼 및 슈퍼 옥사이드 음이온과 반응하여 인체에 무해한 수용성의 질산(HNO_3)이 된다. 따라서 광촉매 콘크리트로 25
도로를 만들 경우 일반 콘크리트를 사용할 때에 비해 인체에 해로운 이산화 질소(NO_2)를 일년에 40%나 줄일 수 있다.

광촉매 콘크리트를 이용하여 한번 포장된 도로는 15년~20년 동안 스모그를 없애는 기능과 세정$^\bullet$ 기능을 유지할 수 있다. 현재 제조 과정에 들어가는 높은 비용을 줄일 수 있다면 실제 적용 사례가 많이 늘어날 것으로 전망된다. 30

어휘풀이

● 성형 일정한 형체를 만듦.

● 주범 어떤 일에 대하여 좋지 아니한 결과를 만드는 주된 원인

● 탈취 냄새를 빼어 없앰.

● 세정 씻어서 깨끗이 함.

01

윗글에서 알 수 있는 내용으로 적절하지 <u>않은</u> 것은?

① 세계적으로 콘크리트의 사용이 늘어나는 추세이다.
② 콘크리트는 내구성이 우수하며 열과 진동에 강하다.
③ 시멘트의 제조 과정에서 대기 오염이 발생할 수 있다.
④ 콘크리트로 지은 구조물은 시공 뒤 유지 보수 비용이 많이 든다.
⑤ 콘크리트는 건축물의 모양을 다양하게 만들기에 적합한 재료이다.

02

윗글의 ㉠과 〈보기〉의 ㉡을 비교하여 이해한 내용으로 적절한 것은?

> ┌ 보기 ┐
> ㉡시멘트 제로 콘크리트는 시멘트 대신 제철 과정에서 나오는 고로 슬래그(쇠 찌꺼기)와 석탄 연소 과정에서 나오는 플라이 애시(석탄재)를 결합재로 사용한다. 그리고 유효 미생물과 인공 경량 골재*를 이용해 생산하기 때문에 제조 과정에서 이산화 탄소가 배출되지 않는다. 뿐만 아니라 기존의 시멘트 콘크리트와 비교해 볼 때 성능과 제조 가격 면에서도 경쟁력이 있어 건축물의 주요 구조 재료로 활용될 전망이다.
>
> • **경량 골재**: 콘크리트의 무게를 줄이기 위한 가벼운 골재

① ㉠은 제조 비용이 저렴한 반면에 ㉡은 비싼 편이다.
② ㉠은 제조된 이후에 친환경성을 띠지만 ㉡은 제조 과정에서 친환경성을 띤다.
③ ㉠은 제조 과정에서 온실가스를 배출하지 않는 반면 ㉡은 제조 과정에서 온실가스를 배출한다.
④ ㉠과 ㉡ 모두 대기 오염 정화 기능과는 관련이 없다.
⑤ ㉠과 ㉡ 모두 제조 과정에서 시멘트를 사용하지 않는다.

03

[A]를 참고하여 이산화 타이타늄 입자의 기능을 도식화한 〈보기〉를 이해한 내용으로 적절하지 <u>않은</u> 것은?

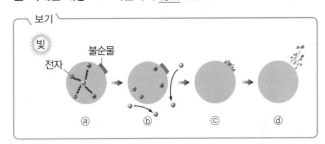

① ⓐ에서 이산화 타이타늄 나노 입자가 빛을 받아들이면 콘크리트 내부에서 전자와 정공이 발생한다.
② ⓑ에서 나노 입자의 표면으로 이동한 전자는 공기 중의 산소와 반응하여 하이드록시 라디칼을 생성한다.
③ ⓒ에서 하이드록시 라디칼과 슈퍼 옥사이드 음이온이 나노 입자 위에 붙은 불순물을 분해한다.
④ ⓓ에서 분해된 불순물은 이산화 타이타늄이 끌어들인 물에 의해 씻겨 내려간다.
⑤ ⓐ~ⓓ의 과정을 통해 콘크리트 표면에 부착된 오염 물질을 제거할 수 있다.

지문 더보기

|문단 정리|

1 문단 _____ 콘크리트를 만들기 위한 노력
2 문단 _____ 콘크리트가 오염 물질을 제거하는 원리
3 문단 광촉매 콘크리트가 _____ 을 정화하는 원리
4 문단 광촉매 콘크리트 이용 시 효과와 상용화를 위한 개발 _____

|주제| _____ 개선에 도움이 되는 광촉매 콘크리트의 작용 원리

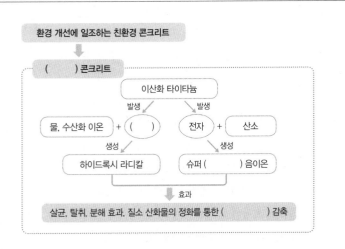

[01~04] 다음 글을 읽고, 물음에 답하시오.

인간의 신경 조직을 수학적으로 모델링하여 컴퓨터가 인간처럼 기억·학습·판단할 수 있도록 구현한 것이 인공 신경망 기술이다. 신경 조직의 기본 단위는 뉴런인데, ⓐ인공 신경망에서는 뉴런의 기능을 수학적으로 모델링한 퍼셉트론을 기본 단위로 사용한다.

ⓑ퍼셉트론은 입력값들을 받아들이는 여러 개의 ⓒ입력 단자와 이 값을 처리하는 부분, 처리된 값을 내보내는 한 개의 출력 단자로 구성되어 있다. 퍼셉트론은 각각의 입력 단자에 할당●된 ⓓ가중치를 입력값에 곱한 값들을 모두 합하여 가중합을 구한 후, 고정된 ⓔ임계치보다 가중합이 작으면 0, 그렇지 않으면 1과 같은 방식으로 ⓕ출력값을 내보낸다.

이러한 퍼셉트론은 출력값에 따라 두 가지로만 구분하여 입력값들을 판정할 수 있을 뿐이다. 이에 비해 복잡한 판정을 할 수 있는 인공 신경망은 다수의 퍼셉트론을 여러 계층으로 배열●하여 한 계층에서 출력된 신호가 다음 계층에 있는 모든 퍼셉트론의 입력 단자에 입력값으로 입력되는 구조로 이루어진다. 이러한 인공 신경망에서 가장 처음에 입력값을 받아들이는 퍼셉트론들을 입력층, 가장 마지막에 있는 퍼셉트론들을 출력층이라고 한다.

㉠어떤 사진 속 물체의 색깔과 형태로부터 그 물체가 사과인지 아닌지를 구별할 수 있도록 인공 신경망을 학습시키는 경우를 생각해 보자. 먼저 학습을 위한 입력값들 즉 학습 데이터를 만들어야 한다. 학습 데이터를 만들기 위해서는 사과 사진을 준비하고 사진에 나타난 특징인 색깔과 형태를 수치화해야 한다. 이 경우 색깔과 형태라는 두 범주를 수치화하여 하나의 학습 데이터로 묶은 다음, '정답'에 해당하는 값과 함께 학습 데이터를 인공 신경망에 제공한다. 이때 같은 범주에 속하는 입력값은 동일한 입력 단자를 통해 들어가도록 해야 한다. 그리고 사과 사진에 대한 학습 데이터를 만들 때에 정답인 '사과이다'에 해당하는 값을 '1'로 설정●하였다면 출력값 '0'은 '사과가 아니다'를 의미하게 된다.

인공 신경망의 작동은 크게 학습 단계와 판정 단계로 나뉜다. 학습 단계는 학습 데이터를 입력층의 입력 단자에 넣어 주고 출력층의 출력값을 구한 후, 이 출력값과 정답에 해당하는 값의 차이가 줄어들도록 가중치를 갱신하는 과정이다. 어떤 학습 데이터가 주어지면 이때의 출력값을 구하고 학습 데이터와 함께 제공된 정답에 해당하는 값에서 출력값을 뺀 값 즉 오차 값을 구한다. 이 오차 값의 일부가 출력층의 출력 단자에서 입력층의 입력 단자 방향으로 되돌아가면서 각 계층의 퍼셉트론별로 출력 신호를 만드는 데 관여한 모든 가중치들에 더해지는 방식으로 가중치들이 갱신된다. 이러한 과정을 다양한 학습 데이터에 대하여 반복하면

출력값들이 각각의 정답 값에 수렴하게 되고 판정 성능이 좋아진다. 오차 값이 0에 근접하게 되거나 가중치의 갱신이 더 이상 이루어지지 않게 되면 학습 단계를 마치고 판정 단계로 전환한다. 이때 판정의 오류를 줄이기 위해서는 학습 단계에서 대상들의 변별●적 특징이 잘 반영되어 있는 서로 다른 학습 데이터를 사용하는 것이 좋다.

● 할당 몫을 갈라 나눔. 또는 그 몫
● 배열 일정한 차례나 간격에 따라 벌여 놓음.
● 설정 새로 만들어 정해 둠.
● 변별 사물의 옳고 그름이나 좋고 나쁨을 가림.

01

윗글에 따를 때, ⓐ~ⓕ에 대한 설명으로 적절하지 않은 것은?

① ⓑ는 ⓐ의 기본 단위이다.
② ⓒ는 ⓑ를 구성하는 요소 중 하나이다.
③ ⓓ가 변하면 ⓔ도 따라서 변한다.
④ ⓔ는 ⓕ를 결정하는 기준이 된다.
⑤ ⓐ가 학습하는 과정에서 ⓕ는 ⓓ의 변화에 영향을 미친다.

02

윗글에 대한 이해로 적절하지 않은 것은?

① 퍼셉트론의 출력 단자는 하나이다.
② 출력층의 출력값이 정답에 해당하는 값과 같으면 오차 값은 0이다.
③ 입력층 퍼셉트론에서 출력된 신호는 다음 계층 퍼셉트론의 입력값이 된다.
④ 퍼셉트론은 인간의 신경 조직의 기본 단위의 기능을 수학적으로 모델링한 것이다.
⑤ 가중치의 갱신은 입력층의 입력 단자에서 출력층의 출력 단자 방향으로 진행된다.

03

윗글을 바탕으로 ㉠에 대해 추론한 것으로 적절하지 않은 것은?

① 학습 데이터를 만들 때는 색깔이나 형태가 다른 사과의 사진을 선택하는 것이 좋겠군.

② 학습 데이터에 두 가지 범주가 제시되었으므로 입력층의 퍼셉트론은 두 개의 입력 단자를 사용하겠군.

③ 색깔에 해당하는 범주와 형태에 해당하는 범주를 분리하여 각각 서로 다른 학습 데이터로 만들어야 하겠군.

④ 가중치가 더 이상 변하지 않는 단계에 이르면 '사과'인지 아닌지를 구별하는 학습 단계가 끝났다고 볼 수 있겠군.

⑤ 학습 데이터를 만들 때 사과 사진의 정답에 해당하는 값을 0으로 설정하였다면, 출력층의 출력 단자에서 0 신호가 출력되면 '사과이다'로, 1 신호가 출력되면 '사과가 아니다'로 해석해야 되겠군.

04

윗글을 바탕으로 〈보기〉를 이해한 내용으로 가장 적절한 것은?

┌ 보기 ┐
　아래의 [A]와 같은 하나의 퍼셉트론을 [B]를 이용해 학습시키고자 한다.

[A]
○ 입력 단자는 세 개(a, b, c)
○ a, b, c의 현재의 가중치는 각각 $W_a=0.5$, $W_b=0.5$, $W_c=0.1$
○ 가중합이 임계치 1보다 작으면 0을, 그렇지 않으면 1을 출력

[B]
○ a, b, c로 입력되는 학습 데이터는 각각 $I_a=1$, $I_b=0$, $I_c=1$
○ 학습 데이터와 함께 제공되는 정답=1
└──────┘

① [B]로 학습시키기 위해서는 판정 단계를 먼저 거쳐야 하겠군.

② 이 퍼셉트론이 1을 출력한다면, 가중합이 1보다 작았기 때문이겠군.

③ [B]로 한 번 학습시키고 나면 가중치 W_a, W_b, W_c가 모두 늘어나 있겠군.

④ [B]로 여러 차례 반복해서 학습시키면 퍼셉트론의 출력값은 0에 수렴하겠군.

⑤ [B]의 학습 데이터를 한 번 입력했을 때 그에 대한 퍼셉트론의 출력값은 1이겠군.

어휘 점검하기

01~04 다음 밑줄 친 말의 뜻을 〈보기〉에서 찾아 그 기호를 쓰시오.

┌ 보기 ┐
　㉠ 높은 열에 견딤.　　　　㉡ 냄새를 빼어 없앰.
　㉢ 씻어서 깨끗이 함.　　　㉣ 일정한 형체를 만듦.
└──────┘

01 이 그릇은 <u>내열</u> 유리로 만들어졌다. 　　(　　)

02 이 샴푸는 <u>세정</u> 효과가 다소 떨어진다. 　　(　　)

03 식사 후에 창문을 열어서 <u>탈취</u>를 하였다. 　　(　　)

04 소비자가 원하는 모양의 제품 <u>성형</u>을 위해 전문 업체를 알아보았다. 　　(　　)

05~08 〈보기〉를 활용하여 밑줄 친 말과 바꿔 쓰기에 알맞은 말을 문맥에 맞게 쓰시오.

┌ 보기 ┐
　배열하다　　변별하다　　설정하다　　할당되다
└──────┘

05 그들은 행사 후에 몫이 <u>갈라져 나뉜</u> 금액을 받고 돌아갔다.
　　◯ _____

06 이번 해 우리 부서의 목표를 <u>새로 만들어 정해 두기</u> 위해 회의를 하였다.
　　◯ _____

07 참석자 명단을 보면서 의자를 일정한 간격에 따라 <u>벌여 놓았다.</u>
　　◯ _____

08 그는 새로 들어온 과일을 신선도에 따라 <u>좋고 나쁨을 가리는</u> 업무를 맡았다.
　　◯ _____

09~12 다음 빈칸에 공통으로 들어갈 말을 〈보기〉에서 찾아 쓰시오.

┌ 보기 ┐
　강화　　　냉각　　　주범　　　증발
└──────┘

09 물이 (　　)되다. / 관계가 (　　)되다.
　　◯ _____

10 경비가 (　　)되다. / 세력이 (　　)되다.
　　◯ _____

11 액체가 (　　)되다. / 사람이 (　　)되다.
　　◯ _____

12 (　　)을 체포하다. / 오염의 (　　)이 되다.
　　◯ _____

문제와 해결

개념

어떤 현상에 대한 문제점 및 과제 등에 대한 해결책을 제시하는 지문 구조

글의 유형

• 일상생활에서 생길 수 있는 궁금증에 대한 답변을 기술한 글
• 사회에서 일어날 수 있는 문제점에 대한 해법과 나아가야 할 방향을 서술한 글

독해 코칭

① 상황 및 문제점 파악
• 어떠한 상황에 대해 이야기하고 있는가?
• 제기한 물음 또는 문제는 무엇인가?

② 용어의 개념 이해
• 구체적으로 설명하기 위해 언급한 용어들이 있는가?
• 이해를 돕기 위해 어떤 사례를 제시하고 있는가?

③ 변수에 따른 결과 확인
• 구체적 상황에 대한 변수나 조건 등이 주어졌는가?
• 변수에 따라 달라지는 점은 무엇인가?

④ 해결 방안 확인
• 글쓴이가 제시하는 해결 방안은 무엇인가?
• 글쓴이가 제시한 해결 방안의 한계 및 문제점은 없는가?

구조 독해 예시

A 씨가 인터넷 쇼핑몰에서 악기를 구입하려고 할 때 어떻게 하면 안전하게 구매할 수 있
(문제는 온라인상에서 물건을 안전하게 구매하는 방법이야.)
을까? 이때 '전자상거래 등에서의 소비자보호법'이 도움을 줄 수 있다. 약칭 '전자상거래소
(그 해법을 바로 제시해 버렸네?)
비자보호법'은 전자상거래나 통신 판매에서 소비자 피해를 예방하고 소비자의 권익을 보호
하기 위한 법이다.

안전한 구매를 위해 A 씨는 이 법률에서 규정하고 있는 여러 보호 장치를 잘 이해하고 확
인할 필요가 있다. 우선 판매자의 신원 정보 확인, 청약확인 등을 거쳐야 한다. 신원 정보
(첫 번째 보호 장치를 소개하고 있군.)
확인이란 판매자의 상호, 사업자등록번호, 연락처 등을 쇼핑몰 초기 화면에서 확인하는 것
을 말한다. 청약확인은 소비자의 계약 체결 의사인 청약의 내용을 확인하는 것으로 대금 결
제 전 특정 팝업창에서 확인할 수 있다. 이러한 팝업창을 통해 소비자의 컴퓨터 조작 실수
(청약확인의 목적)
나 주문 실수를 방지하기 위한 것이다.

또한 에스크로 가입 여부를 확인하는 방법도 있다. 에스크로란 소비자가 지불한 물품 대
(두 번째 보호 장치가 소개되었어.)
금을 은행 등 제3자에게 맡겼다가 물품이 소비자에게 배송 완료된 후 구매 승인을 하면 은
행에서 판매자 계좌로 대금을 입금하는 거래 안전장치로 결제 대금 예치제라고도 하며, 소
비자는 에스크로 가입 여부를 쇼핑몰 초기 화면이나 결제 화면에서 확인할 수 있다. A 씨의
(에스크로 가입 여부의 확인 방법)
경우, 에스크로 가입 여부를 확인하고 악기를 구입하면 안전한 구매를 할 수 있다. 현재 선
불식 현금 거래에서 사업자는 의무적으로 에스크로에 가입해야 한다. ⚠ 신용카드 거래의
(가입이 안 되어 있다면, 거래를 자제하는 것이 좋겠군.) *(이런 예외 사항에 주의!)*
경우 별도의 시스템을 이용하며, 음원처럼 제3자가 배송을 확인하는 것이 불가능한 재화의
경우 제품 배송 여부를 에스크로를 통해 파악할 수 없기 때문에 의무 적용에서 제외된다.
이러한 장치들을 확인하지 않으면 소비자가 피해를 입을 가능성이 생긴다.

❯ 글쓴이는 어떤 상황을 문제 삼고 있는지 말해 보자.

❯ 글쓴이가 제시한 방안은 무엇인지 찾아보자.

❯ '신원 정보 확인'과 '청약확인'이 무엇인지 말해 보자.

❯ 사업자가 에스크로에 의무적으로 가입하지 않아도 되는 경우를 알아보자.

제품 구매 후 소비자 보호 장치로는 청약철회가 있다. 만약 A 씨가 악기를 배송받았는데
마음에 들지 않는다면 제품 하자 여부와 관계없이 청약을 철회할 수 있다. 통상 제품을
받은 날로부터 7일 이내에 청약을 철회해야 한다. 하지만 A 씨처럼 단순 변심일 경우 반송
비를 자신이 부담해야 한다. 제품이 광고 내용과 다를 경우에도 청약을 철회하는 것이 가능
한데, 이때에는 A 씨가 제품을 훼손했더라도 청약철회가 가능할 뿐만 아니라 배송비도 환
불받을 수 있다. 아울러 청약 및 철회에 관한 기록들은 5년 동안 보존되므로 분쟁이 생겼을
때 관련 기록을 열람할 수 있다.

하지만 이 법률이 소비자의 권리만을 보호하는 것은 아니다. 소비자 잘못으로 제품이 훼
손되었거나, 시간 경과나 사용으로 인해 제품 가치가 현저히 떨어진 경우, 서적 등 복제가
가능한 제품의 포장을 훼손한 경우에는 원칙적으로 청약철회가 불가능하다. 이는 소비자가
의도적으로 제도를 악용하는 것을 막아 판매자의 최소한의 권리를 보호하기 위한 것이다.

[여백 주석]
- 세 번째 보호 장치가 되겠군.
- 단순 변심의 경우
- 조건 제시!
- 또 다른 조건!
- 단순 변심에 따른 청약철회의 경우, 두 가지 유의점을 기억해야겠어.
- 거짓·과장 광고의 경우
- 거짓·과장 광고의 경우, 소비자에 대한 보호 장치가 잘 마련되어 있군.
- 추가 정보!
- 청약철회 기록의 보존 기간
- 생산자·판매자의 권리도 보호한다는 거겠지?

[오른쪽 여백]
- ▶ 이 글에서 언급하고 있는, 청약철회가 가능한 두 가지 경우는 무엇인지 정리해 보자.
- ▶ 단순 변심에 의해 청약을 철회할 때 알아야 할 유의 사항 두 가지를 찾아보자.
- ▶ 청약철회가 불가능한 경우에 대해 알아보자.

개념 적용 문제

· 정답 18쪽

01 윗글에 제시된 '문제'와 '해법'을 중심으로 작성한 표제와 부제로 가장 적절한 것은?

① 소비자 피해를 최소화하는 방법
　－ 전자상거래소비자보호법의 보호 대상
② 공정한 온라인 거래를 위한 장치
　－ 소비자가 피해를 입을 가능성을 중심으로
③ 제품 구매 후 소비자를 보호하는 장치
　－ 청약철회의 규정과 조건들
④ 소비자의 권익 보호를 위한 법률 제정의 필요성
　－ 대금 결제에 필요한 장치들
⑤ 온라인상에서 상품을 안전하게 구매하는 방법
　－ 전자상거래소비자보호법에서 규정한 보호 장치들

02 윗글에서 제품을 구매하기 전과 후에 취할 수 있는 전자상거래소비자보호법의 법적 장치를 각각 찾아 쓰시오.

(1) 제품 구매 전: ＿＿＿＿＿＿＿＿＿＿＿＿＿＿＿＿
(2) 제품 구매 후: ＿＿＿＿＿＿＿＿＿＿＿＿＿＿＿＿

03 다음 진술이 알맞은 것에 ○, 그렇지 않은 것에 ×를 써넣으시오.

(1) 전자상거래소비자보호법은 소비자는 물론 판매자의 권익 또한 보호한다. 　　　(　　)
(2) 온라인 쇼핑몰에서 제품을 결제한 지 7일 이내라면 청약을 철회할 수 있다. 　　　(　　)
(3) 거짓 광고에 현혹되어 제품을 구매한 후 이를 훼손했다면 청약철회는 가능하지만 배송비는 환불받을 수 없다. 　　　(　　)

04 〈보기〉에서 원칙적으로 청약철회가 불가능한 경우를 모두 찾아 그 기호를 쓰시오.

┌─ 보기 ─────────────────────┐
ⓐ 소비자의 잘못으로 제품이 훼손된 경우
ⓑ 복제가 가능한 제품의 포장을 훼손한 경우
ⓒ 소비자의 주문 실수 후 3일이 경과한 경우
ⓓ 시간 경과나 사용으로 제품의 가치가 현저히 떨어진 경우
└────────────────────────────┘

＿＿＿＿＿＿＿＿＿＿＿＿＿＿＿＿＿＿＿＿＿

유사 문제로 다지기

독해 Guide

1문단에서는 현대 사회의 갈등 문제에 대해 언급하며, 그 해법을 모색할 필요성에 대해 말하고 있어. 이로 보아, 이 글은 그 해법을 담고 있는 것임을 짐작해 볼 수 있어. 따라서 글쓴이가 주장하는 해법이 무엇인지를 이해하는 데 초점을 맞추어 독해하는 것이 중요하다고 할 수 있지.

현대 사회는 갈수록 복잡한 사회적 양상을 보이고 있다. 사람들은 여러 집단에 다양한 형태로 소속되어 복합적인 인간관계를 형성하고 있다. 그 과정에서 나와 처지와 성격이 다른 대상들을 수없이 만나며 잦은 오해나 극단적 갈등 상황이 발생하고 있다. 예컨대, 정치적 견해 차에 따른 갈등, 이해관계를 둘러싼 생산자와 소비자의 갈등 등이 그것이다. 이웃사촌이란 말이 무색해진 지 오래이며, 아파트 이웃 간의 층간 소음 문제로 사람의 목숨이 오가는 지경이 되 5 었다. 이런 때일수록 현대인이 갖추어야 할 진정한 윤리 의식을 고찰하고, 선인들의 앞선 통찰°과 지혜에 귀 기울여야 한다. 먼저, 다음과 같은 이야기에 주목해 보자.

"옛날 어떤 새가 날아와 노(魯)나라의 교외°에 머물렀다. 왕은 매우 기뻐서 소, 돼지, 양을 갖추어 대접하고, 음악을 연주하여 새를 즐겁게 해 주었다. 그러나 새는 오히려 걱정하고 슬퍼하였으며, 눈이 어지러워져 전혀 먹지도 마시지도 않았다." 춘추 전국 시대에 등장한 『장자』 10 '달생' 편에 나오는 한 이야기이다. 왕은 새에게 극진한 대접을 베풀었다. 맛있는 음식을 제공하고 즐거운 음악을 연주해 새를 기쁘게 하려고 노력했다. 그러나 왕의 기대와 달리 새는 슬퍼하면서 고통을 겪었다. 무엇이 잘못된 것일까? 왕은 자신에게 좋은 것을 새에게 대접하였지만 바로 그것이 가장 큰 문제였다. 즉 새를 자신과 동일시하는 잘못을 저지른 것이다.

왕은 타자(他者)를 타자로서 대접하지 않았다. 여기서 타자란 자신과 다른 특성을 지닌 이질 15 적° 대상을 뜻한다. 장자는 이 문제를 '성심(成心)'이라는 개념으로 설명하였는데, 이것은 종합적이고 균형적인 관점이 아니라 편협한 고정관념을 고집하는 자세를 말한다. 인간은 흔히 성심에 입각하여 자신의 관점을 절대적 판단 기준으로 삼아 '나만이 옳고 남들은 그르다.'는 잘못된 분별에 빠지기도 한다. 만약 성심에 따라 타자를 나로 인식하고자 한다면 타자와의 근본적 소통은 원천적으로 불가능해진다. 20

근본적 소통이 가능하려면 내가 다른 존재가 '되려는' 적극적 노력과 실천이 필요하다. 자기의 정체성을 조금도 양보하지 않고 타인을 충분히 이해하고 배려한다고 말하는 것은 위선°에 가깝다. 그러나 타자가 된다는 것이 자기를 완전히 버리고 타자가 되는 것을 의미하는 것은 아니다. 철호가 지닌 특성이 순희의 것으로 모두 대체될 수는 없으며, ㉠설혹 가능하다고 하더라도 이는 윤리적으로 바람직하지 않다. 이러한 발상은 각각의 독립적 정체성을 전제하고, 25 그 동일성이 뒤바뀐다는 생각을 함축하기 때문이다. 성심의 극복, 즉 진정한 '타자화'의 의미는 오해와 갈등이 첨예하게 충돌하는 각 지점들에서 서로가 균형적, 종합적 관점을 지님으로써 대립적 갈등 상황을 완화, 해소시키는 것을 의미한다.

장자의 사상은 현대 사회의 화두인 '소통'에 중요한 시사점을 제공해 준다. 성심에 머무는 자기중심적 사고방식을 비우고 타자와의 다름을 있는 그대로 인정하고 수용할 수 있을 때 타 30 자와의 실질적 소통이 가능해짐을 알려 주고 있기 때문이다. 장자가 '성심'을 통해 주목한 관계 맺기와 새로운 소통 방식의 가능성은 수많은 갈등을 양산°해 내고 있는 현대 사회의 문제점을 극복하는 데 하나의 지침°이 되어 줄 수 있다.

어휘 풀이

• **통찰** 예리한 관찰력으로 사물을 꿰뚫어 봄.

• **교외** 도시의 주변 지역

• **이질적** 성질이 다른 것

• **위선** 겉으로만 착한 체함. 또는 그런 짓이나 일

• **양산** 많이 만들어 냄.

• **지침** 생활이나 행동 따위의 지도적 방법이나 방향을 인도하여 주는 준칙

01

윗글에 사용된 내용 전개 방식만을 〈보기〉에서 모두 골라 묶은 것은?

보기
ㄱ. 어떤 상황의 원인과 결과를 밝혀 설명하고 있다.
ㄴ. 주요 개념의 뜻을 밝힘으로써 독자의 이해를 돕고 있다.
ㄷ. 두 대상을 견주어 공통점에 초점을 맞추어 진술하고 있다.
ㄹ. 서로 다른 대상들의 유사성을 근거로 주장을 이끌어 내고 있다.
ㅁ. 구체적 예시를 활용하여 설명하고자 하는 바를 쉽게 풀어내고 있다.

① ㄱ, ㄴ
② ㄱ, ㄷ
③ ㄱ, ㄴ, ㄷ
④ ㄱ, ㄴ, ㅁ
⑤ ㄴ, ㄹ, ㅁ

02

윗글의 내용과 일치하지 <u>않는</u> 것은?

① 장자의 '성심'은 대상을 종합적 관점에서 파악하는 자세이다.
② 현대 사회의 사람들은 복합적인 인간관계를 형성하고 있다.
③ 왕은 음식과 음악을 통해 새를 기쁘게 해 주려고 노력하였다.
④ 자신의 정체성을 전혀 양보하지 않으면서 타인을 진정으로 배려하기는 어렵다.
⑤ 장자의 사상은 현대 사회의 주요 과제인 '소통'의 문제를 풀어 나가는 데 긍정적으로 기여할 수 있다.

03

윗글의 문맥상 ㉠의 이유로 가장 적절한 것은?

① 개인의 고유한 정체성 자체를 바꿀 수 있다는 생각은 타당하지 않기 때문이다.
② 스스로 다른 존재가 되고자 적극적 노력을 기울이는 것 자체가 어렵기 때문이다.
③ 한 사람이 지니고 있는 편협한 고정관념을 끝내 극복할 수 없기 때문이다.
④ 자기를 완전하게 버리고 타자로 바뀌는 것이 충분히 가능하기 때문이다.
⑤ 현대 사회의 문제점을 극복하는 데 실질적 도움이 되지 않기 때문이다.

 더보기

|문단 정리|
1문단 현대 사회의 _____와 _____ 양상
2문단 왕이 새를 대접한 _____의 문제점
3문단 장자가 설명한 _____의 기본적 개념
4문단 성심의 극복을 통한 갈등의 완화 및 해소
5문단 장자의 사상이 지니는 현대적 _____

|주제| 장자의 _____을 통해 바라본 현대 사회의 인간관계

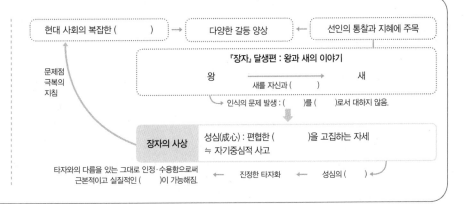

오늘날 NGO(Non-Government Organization)는 '정부와 기업이 아닌 시민들의 자발적 참여를 토대로 공공선을 추구하는 모든 민간단체나 조직'을 가리킨다. NGO라는 개념을 본격적으로 수용하게 된 1987년 이후, 한국의 NGO는 엄청난 양적 성장을 바탕으로 활동 면에서도 두드러진 성장을 보여 주었다. 이러한 NGO의 폭발적인 성장은 세계에서도 그 유례°를 찾기 힘들다. ⁵

NGO의 중요한 역할은 정부와 기업을 비롯한 사회 전반에 대해 비판과 감시의 고삐를 늦추지 않는 것이다. 예를 들어 정부에 새로운 정책을 요구하거나 대안을 제시하고, 정부와 기업을 감시하기 위해 시위, 집회, 캠페인, 공청회, 서명 운동, 불매 운동 같은 다양한 활동을 전개한다. 더불어 반전 운동, 외국의 지진·해일 피해 지원, 기증°받은 물품을 싼값에 되판 수익을 사회에 기부하는 운동, 소비자 권리 보호, 문화재 보호 같은 일도 NGO의 몫이다. NGO의 높 ¹⁰ 아진 위상을 긍정적으로 보는 사람들은 이러한 활동이 시민의 권리를 신장°하여 결과적으로 민주주의의 발전에 크게 기여했다고 주장한다. 특히 이들이 과거에 전개했던 국회의원 총선에서의 낙천·낙선 운동은 '시민운동과 정치 운동의 경계를 흐려 놓고, 유권자의 선택에 영향을 미친 위법 행위'라는 비판 속에서도 정치 개혁에 대한 국민의 공감대가 확산되었음을 보여 준 사례라는 것이다. ¹⁵

하지만 NGO의 이런 긍정적인 효과에도 불구하고 재정° 문제와 관련된 NGO의 도덕성 논란° 또한 지속적으로 제기되고 있다. 국내 NGO는 2만 개가 넘는 상황에 이르렀는데, 끊임없이 반복되는 이 논란의 핵심은 무엇인가? 이를 파악하기 위해서는 논란의 대상이 된 특정 단체에 대한 비방보다 'NGO의 도덕성 시비와 떼려야 뗄 수 없는 재정 문제를 어떤 시각에서 바라볼 것인가?' 하는 문제에 관심을 기울일 필요가 있다. ²⁰

대체로 지명도가 높은 NGO는 폭넓은 회원층을 갖고 있어 회원들의 회비로 재정을 충당할 수 있지만, 지명도가 낮은 다수의 NGO들은 정부 지원금을 받기 위해 정부 프로젝트에 의존할 수밖에 없는 실정이다. 이런 실정을 감안해 볼 때, NGO의 도덕성 시비가 주로 재정 문제에서 비롯된다는 것은 재정 자립을 바탕으로 한 투명한 운영이야말로 NGO의 생명이라는 것을 말해 준다. 그러므로 NGO의 재정 자립은 도덕성 시비를 잠재울 수 있는 가장 실질적이고 근본 ²⁵ 적인 대책이다. 이런 대책이 성공을 거두기 위해서는 NGO뿐 아니라 정부와 기업, 시민 모두의 노력이 필요하다는 점에서, NGO의 도덕성과 재정 자립 문제는 'NGO만의 홀로서기'가 아니라 '시민 사회의 함께 서기'라 할 수 있다.

01

윗글의 집필 의도로 가장 적절한 것은?

① NGO의 속성을 바탕으로 NGO와 기업의 관계를 규명한다.

② NGO의 표면적 성과와 이면적 폐해를 객관적으로 소개한다.

③ NGO의 발생 배경을 살펴보며 NGO의 위상을 새롭게 조명한다.

④ NGO의 역할을 소개한 후 NGO 재정 자립의 필요성을 강조한다.

⑤ NGO가 하는 일을 제시한 후 그 활성화 방안에 대한 논의를 촉구한다.

02

윗글을 읽은 학생들의 반응으로 적절하지 않은 것은?

① NGO는 국내 문제뿐만 아니라 국제 활동에도 관심을 보이겠군.

② 시민들은 자유로운 의사에 따라 NGO 활동에 참여할 수 있겠군.

③ 우리나라의 NGO 활동은 다른 나라에 비해 매우 활발한 편이겠군.

④ NGO가 벌인 일에 대한 사회적 평가는 다르게 나타날 수도 있겠군.

⑤ 정부와 기업, 시민 모두가 참여해야 NGO의 적절한 역할을 결정하고 본래의 취지를 실현할 수 있겠군.

03

윗글을 읽고 〈보기〉의 A 단체를 비유적 표현을 활용해 비판한 내용으로 가장 적절한 것은?

> ┌ 보기 ┐
>
> 시민 단체인 A 단체가 사무실 이전 비용을 마련하기 위한 후원 행사를 준비하면서 850여 기업에 초청장을 보낸 일로 NGO의 도덕성 논란이 야기되었다. '후원의 밤'은 A 단체의 정기 행사였지만, 문제는 초청장을 보낸 시점이 '기업의 편법 상속에 관한 조사 결과' 발표를 이틀 앞둔 날이었다는 데 있었다. A 단체는 몇 달 전부터 국내 대기업과 계열사의 지배 주주 보유 지분과 지분 변동 내역을 조사해 왔다. 따라서 해당 기업들로서는 합법적 통로만 있다면 로비도 마다하지 않았을 것이다.

① 어려울 때 신세를 졌던 친구의 잘못 앞에서 원칙적인 비판이 가능할까요?

② 사은품 때문에 물건을 구입하는 행위를 과연 현명하다고 할 수 있을까요?

③ 나에게 늘 좋은 말만 해 주는 친구를 과연 진정한 친구라고 할 수 있을까요?

④ 상황이 변해도 기존 원칙만을 고수하는 사람을 지도자로 뽑는 것이 옳을까요?

⑤ 경제적인 뒷받침이 있다고 해서 그 사업의 성공 가능성까지 확신할 수 있을까요?

지문 더보기

|문단 정리|

1문단 NGO의 개념과 한국에서의 폭발적인 _____

2문단 NGO의 높아진 _____과 그에 대한 긍정적 시선

3문단 _____ 문제와 관련된 NGO의 도덕성 논란

4문단 도덕성 시비를 잠재우기 위한 NGO 재정 _____의 중요성

|주제| 재정 문제와 관련된 NGO의 도덕성 시비와 그 근본적 _____

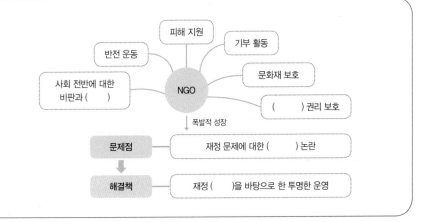

[01~04] 다음 글을 읽고, 물음에 답하시오.

변론술을 가르치는 프로타고라스(P)에게 에우아틀로스(E)가 제안하였다. "제가 처음으로 승소하면 그때 수강료를 내겠습니다." P는 이를 ⓐ받아들였다. 그런데 E는 모든 과정을 수강하고 나서도 소송을 할 기미를 보이지 않았고 그러자 P가 E를 상대로 소송하였다. P는 주장하였다. "내가 승소하면 판결에 따라 수강료를 받게 되고, 내가 지면 자네는 계약에 따라 수강료를 내야 하네." E도 맞섰다. "제가 승소하면 수강료를 내지 않게 되고 제가 지더라도 계약에 따라 수강료를 내지 않아도 됩니다."

지금까지도 이 사례는 풀기 어려운 논리 난제로 거론된다. 다만 법률가들은 이를 해결할 수 있는 사안*이라고 본다. 우선, 이 사례의 계약이 수강료 지급이라는 효과를, 실현되지 않은 사건에 의존하도록 하는 계약이라는 점을 살펴야 한다. 이처럼 일정한 효과의 발생이나 소멸에 제한을 ⓑ덧붙이는 것을 '부관'이라 하는데, 여기에는 '기한'과 '조건'이 있다. 효과의 발생이나 소멸이 장래에 확실히 발생할 사실에 의존하도록 하는 것을 기한이라 한다. 반면 장래에 일어날 수도 있는 사실에 의존하도록 하는 것은 조건이다. 그리고 조건이 실현되었을 때 효과를 발생시키면 '정지 조건', 소멸시키면 '해제 조건'이라 ⓒ부른다.

민사 소송에서 판결에 대하여 상소, 곧 항소나 상고가 그 기간 안에 제기되지 않아서 사안이 종결되든가, 그 사안에 대해 대법원에서 최종 판결이 선고되든가 하면, 이제 더 이상 그 일을 다툴 길이 없어진다. 이때 판결은 확정되었다고 한다. 확정 판결에 대하여는 '기판력(既判力)'이라는 것을 인정한다. 기판력이 있는 판결에 대해서는 더 이상 같은 사안으로 소송에서 다툴 수 없다. 예를 들어, 계약서를 제시하지 못해 매매 사실을 입증하지 못하고 패소한 판결이 확정되면, 이후에 계약서를 발견하더라도 그 사안에 대하여는 다시 소송하지 못한다. 같은 사안에 대해 서로 모순되는 확정 판결이 존재하도록 할 수는 없는 것이다.

확정 판결 이후에 법률상의 새로운 사정이 ⓓ생겼을 때는, 그것을 근거로 하여 다시 소송하는 것이 허용된다. 이 경우에는 전과 다른 사안의 소송이라 하여 이전 판결의 기판력이 미치지 않는다고 보는 것이다. 위에서 예로 들었던 계약서는 판결 이전에 작성된 것이어서 그 발견이 새로운 사정이라고 인정되지 않는다. 그러나 임대인*이 임차인에게 집을 비워 달라고 하는 소송에서 임대차 기간이 남아 있다는 이유로 임대인이 패소한 판결이 확정된 후 시일이 흘러 계약 기간이 만료*되면, 임대인은 집을 비워 달라는 소송을 다시 할 수 있다. 계약상의 기한이 지남으로써 임차인의 권리에 변화가 생겼기 때문이다.

이렇게 살펴본 바를 바탕으로 ㉠P와 E 사이의 분쟁을 해결하는 소송이 어떻게 전개될지 따져 보자. 이 사건에 대한 소송에서는 조건이 성취되지 않았다는 이유로 법원이 E에게 승소 판결을 내리면 된다. 그런데 이 판결 확정 이후에 P는 다시 소송을 할 수 있다. 조건이 실현되었기 때문이다. 따라서 이 두 번째 소송에서는 결국 P가 승소한다. 그리고 이때부터는 E가 다시 수강료에 관한 소송을 할 만한 사유가 없다. 이 분쟁은 두 차례의 판결을 ⓔ거쳐 해결될 수 있는 것이다.

- **사안** 법률이나 규정 따위에서 문제가 되는 일이나 안.
- **임대인** 계약에 따라 돈을 받고 다른 사람에게 물건을 빌려준 사람.
- **만료** 기한이 다 차서 끝남.

01

윗글을 이해한 내용으로 적절하지 않은 것은?

① 승소하면 그때 수강료를 내겠다고 할 때 승소는 수강료 지급 의무에 대한 기한이다.

② 기한과 조건은 모두 계약상의 효과를 장래의 사실에 의존하도록 한다는 점이 공통된다.

③ 계약에 해제 조건을 덧붙이면 그 조건이 실현되었을 때 계약상 유지되고 있는 효과를 소멸시킬 수 있다.

④ 판결이 선고되고 나서 상소 기간이 다 지나가도록 상소가 이루어지지 않으면 그 판결에는 기판력이 생긴다.

⑤ 기판력에는 법원이 판결로 확정한 사안에 대하여 이후에 법원 스스로 그와 모순된 판결을 내릴 수 없다는 전제가 깔려 있다.

02

㉠에 대한 추론으로 적절한 것은?

① 첫 번째 소송에서 P는 계약이 유효하다고 주장하고, E는 계약이 유효하지 않다고 주장할 것이다.

② 첫 번째 소송의 판결문에는 E가 수강료를 내야 할 의무가 있다는 내용이 실릴 것이다.

③ 첫 번째 소송에서나 두 번째 소송에서나 P가 할 청구는 수강료를 내라는 내용일 것이다.

④ 두 번째 소송에서는 E가 첫 승소라는 조건을 달성하지 못한 상태이므로 P는 수강료를 받을 수 있을 것이다.

⑤ 첫 번째와 두 번째 소송의 판결은 P와 E 사이에 승패가 상반될 것이므로 두 판결 가운데 하나는 무효일 것이다.

03

윗글을 바탕으로 〈보기〉의 사례를 검토한 내용으로 적절하지 않은 것은?

┌ 보기 ┐

갑은 을을 상대로 자신에게 빌려 간 금전을 갚아 달라는 소송을 하는데, 계약서와 같은 증거 자료는 제출하지 못했다. 그 결과 (가) 또는 (나)의 경우가 생겼다고 하자.

(가) 갑은 금전을 빌려주었다는 증거를 제시하지 못하여 패소하였다. 이 판결은 확정되었다.

(나) 법원은 을이 금전을 빌렸다는 사실을 인정하면서도, 갚기로 한 날은 2015년 11월 30일이라 인정하여, 아직 그날이 되지 않았다는 이유로 갑에게 패소 판결을 내렸다. 이 판결은 확정되었다.

① (가)의 경우, 갑은 더 이상 상급 법원에 상소하여 다툴 수 있는 방법이 남아 있지 않다.

② (가)의 경우, 갑은 빌려준 금전에 대한 계약서를 발견하더라도 그것을 근거로 하여 금전을 갚아 달라고 소송하는 것은 허용되지 않는다.

③ (나)의 경우, 을은 2015년 11월 30일이 되기 전에는 갑에게 금전을 갚지 않아도 된다.

④ (나)의 경우, 2015년 11월 30일이 지나면 갑이 을을 상대로 금전을 갚아 달라는 소송을 다시 하더라도 기판력에 저촉되지 않는다.

⑤ (나)의 경우, 이미 지나간 2015년 2월 15일이 갚기로 한 날임을 밝혀 주는 계약서가 발견되면 갑은 같은 해 11월 30일이 되기 전에 그것을 근거로 금전을 갚아 달라는 소송을 할 수 있다.

04

문맥상 ⓐ~ⓔ와 바꿔 쓰기에 가장 적절한 것은?

① ⓐ: 수취하였다
② ⓑ: 부가하는
③ ⓒ: 지시한다
④ ⓓ: 형성되었을
⑤ ⓔ: 경유하여

어휘 점검하기

다음 빈칸에 알맞은 말을 채워 어휘의 뜻풀이를 완성하시오.

01 교외: (   )의 주변 지역

02 양산: (   ) 만들어 냄.

03 재정: 개인, 가계, 기업 따위의 (   ) 상태

04 임대인: 계약에 따라 (   )을 받고 다른 사람에게 물건을 빌려준 사람

주어진 초성과 뜻에 알맞은 말을 빈칸에 넣어 문장을 완성하시오.

05 ㄴ ㄹ : 여럿이 서로 다른 주장을 내며 다툼.
➡ 그의 영화는 늘 _____을 일으키곤 한다.

06 ㅅ ㅈ : 세력이나 권리 따위가 늘어남.
➡ 경제 발전이 국력의 _____으로 이어졌다.

07 ㄱ ㅈ : 선물이나 기념으로 남에게 물품을 거저 줌.
➡ 이 도자기들은 작가에게 _____받은 것이다.

08 ㅇ ㅈ ㅈ : 성질이 다른 것
➡ 이 의자의 색깔은 여기 분위기와 _____이다.

〈보기〉의 글자 카드를 조합하여 문장의 빈칸에 들어갈 알맞은 말을 쓰시오.

┌ 보기 ┐

| 례 | 료 | 만 | 사 | 선 | 안 | 위 | 유 |

09 사회자가 오늘 토의에서 다룰 (   )을 소개하였다.
  법률이나 규정 따위에서 문제가 되는 일이나 안

10 이 여권은 (   )되었으므로 새로 발급을 받아야 합니다.
  기한이 다 차서 끝남.

11 이번에 발생한 대규모 지진은 (   )를 찾아보기 힘들다.
  이전부터 있었던 사례

12 박지원의 소설에는 양반들의 (   )과 가식에 대한 풍자가 담겨 있다.
  겉으로만 착한 체하는 일

07강 세부 정보의 파악

◉ 개념

글에 주어진 각종 정보들을 제대로 이해하고 파악하였는지 평가하는 유형

◉ 문항의 형태

• 선택지의 표현이 글의 표현과 단순 일치하는 경우
• 선택지의 표현이 글의 표현과 의미상 일치하는 경우

◉ 풀이 코칭

① 각 문단의 핵심어 체크
글 독해 시, 각 문단은 무엇에 대해 이야기하고 있는가?

② 선택지 키워드 체크
①~⑤ 선택지의 '참/거짓'을 결정지을 만한 주요 키워드는 무엇인가?

③ 관련 내용의 글 위치 확인
선택지의 키워드와 관련 있는 글의 문단 위치는 어디인가?

④ 선택지와 글의 내용 비교
선택지의 내용과 글의 내용이 의미상 동일한가?

유형풀이예시

1 ¹일상에서의 음식 조리 과정은 열전달에 관한 과학적 원리로 설명할 수 있다. ²열전달은 열이 온도가 높은 곳에서 낮은 곳으로 이동하는 현상인데 조리 과정에서는 전도에 의한 열전달이 많이 일어난다. (선택지 ②) ³전도란 물질을 이루는 입자들의 상호 작용을 통해 보다 활동적인 (선택지 ①) 입자로부터 이웃의 덜 활동적인 입자로 열이 전달되는 현상이다. ⁴이러한 전도는 온도 차이 (선택지 ⑤) 가 있는 경우에 일어나는데, 한 물질 내에서 발생하기도 하며 서로 다른 물질들이 접촉하는 경우에도 발생한다.

▸ 1문단에서는 '열전달'과 '전도'의 정의, 그리고 '전도'가 일어나는 조건에 대해 서술하고 있어.

2 ¹열전달 과정에서 단위 시간 동안 열이 전달되는 비율을 열전달률이라고 하는데 열전달 (선택지 ④) 률은 결국 열이 짧은 시간 동안 얼마나 많이 전달되는가를 나타내므로 음식의 조리에서 고려할 중요한 요소가 된다. ²전도에 의한 열전달률은 온도 차이와 면적에 비례하고, 거리에 반비례한다. ³즉, 전도가 일어나는 두 지점 사이의 온도 차이가 커질수록, 열이 전달되는 면적이 커질수록 열전달률은 높아지고, 전도가 일어나는 두 지점 사이의 거리가 멀어질수록 열전달률은 낮아진다. ⁴이러한 현상을 수식으로 처음 정리한 사람이 푸리에이기 때문에 이를 푸리에의 열전도 법칙이라고 부른다.

▸ 2문단에서는 전도에 의한 '열전달률'을 결정하는 조건을 서술하는 데 중점을 두고 있어.

3 ¹그런데 실제로 실험을 해 보면 한 물질 내에서 일어나는 전도의 경우에 다른 조건이 동일하더라도 물질의 종류가 다르면 열전달률이 다르게 나타난다. ²이는 물질이 전도에 의해 열을 전달할 수 있는 능력의 척도, 즉 열전도도가 물질마다 다르기 때문이다. ³따라서 푸리 (선택지 ③) 에의 열전도 법칙에 따르면 다른 조건이 같더라도 열전도도가 높은 경우 열전달률도 높게 나타난다.

▸ 3문단에서는 열을 전달할 수 있는 능력인 열전도도는 물질마다 다른데, 다른 조건이 같더라도 물질의 열전도도가 높다면 '열전달률'도 높게 나타난다는 점을 강조하고 있어.

Q 윗글을 이해한 것으로 적절하지 <u>않은</u> 것은?

① 물질을 이루는 입자들의 상호 작용을 통해 전도가 일어난다. →1문단

② 음식의 조리 과정에서는 전도에 의한 열전달이 많이 일어난다. →1문단

③ 물질이 <u>전도에 의해 열을 전달할 수 있는 능력</u>은 물질마다 다르다. →3문단
　　　　　　　열전도도

④ 음식의 조리에서 <u>단위 시간 동안 열이 전달되는 비율</u>을 고려하는 것은 중요하다. →2문단
　　　　　　　　열전달률

⑤ 열의 전도는 서로 다른 물질들이 접촉하는 경우에만 발생하며 한 물질 안에서는 발생하지 않는다. →1문단

➤ 각 선택지의 키워드와 관련된 서술이 글의 어느 부분에 나타나 있는지를 확인하고, 글과 비교해 선택지의 진술이 적절한지를 따져보면 되는 거야. 예를 들어, 선택지 ④는 '단위 시간 동안 열이 전달되는 비율', 즉 '열전달률'에 대한 것이므로, 이와 관련 있는 2문단에서 해당 내용을 찾아보면 돼.

정답 ⑤

개념 적용 문제

• 정답 21쪽

01 위 문항의 선택지 ①~⑤의 진술과 관련 있는 문단과 번호를 쓰시오.

(1) 선택지 ① ➡ _____문단 _____문장

(2) 선택지 ② ➡ _____문단 _____문장

(3) 선택지 ③ ➡ _____문단 _____문장

(4) 선택지 ④ ➡ _____문단 _____문장

(5) 선택지 ⑤ ➡ _____문단 _____문장

02 다음 중 윗글에서 답변을 찾을 수 있으면 ○, 그렇지 않으면 ×표를 하시오.

(1) 전도란 무엇인가? ( )

(2) 음식의 조리 과정에서 어떤 방식의 열전달이 주로 일어나는가? ( )

(3) 물질의 종류에 따라 열전도도는 달라지는가? ( )

(4) 음식의 조리에서 열전달률은 고려할 만한 요소인가? ( )

(5) 열의 전도가 서로 다른 물질들이 접촉하는 경우에만 발생하는 이유는 무엇인가? ( )

03 윗글과 문항의 선택지 내용이 동일하지 않은 것은?

①
| 윗글 | 전도란 물질을 이루는 입자들의 상호 작용을 통해 … 열이 전달되는 현상이다. |
| 선택지 | 물질을 이루는 입자들의 상호 작용을 통해 전도가 일어난다. |

②
| 윗글 | 조리 과정에서는 전도에 의한 열전달이 많이 일어난다. |
| 선택지 | 음식의 조리 과정에서는 전도에 의한 열전달이 많이 일어난다. |

③
| 윗글 | 물질이 전도에 의해 열을 전달할 수 있는 능력의 척도, 즉 열전도도가 물질마다 다르기 때문이다. |
| 선택지 | 물질이 전도에 의해 열을 전달할 수 있는 능력은 물질마다 다르다. |

④
| 윗글 | 열전달률은 … 음식의 조리에서 고려할 중요한 요소가 된다. |
| 선택지 | 음식의 조리에서 단위 시간 동안 열이 전달되는 비율을 고려하는 것은 중요하다. |

⑤
| 윗글 | 전도는 … 한 물질 내에서 발생하기도 하며 서로 다른 물질들이 접촉하는 경우에도 발생한다. |
| 선택지 | 열의 전도는 서로 다른 물질들이 접촉하는 경우에만 발생하며 한 물질 안에서는 발생하지 않는다. |

19세기 중반까지 유럽에서는 사실주의적 화풍이 중심을 이루고 있었다. 사실주의 화가들은 존재하는 대상이 실재하는 모습을 있는 그대로 보여 주고자 하였다. 그들은 특정한 사건이나 인물을 그림의 주요 소재로 삼았고, 정교한 구도와 뚜렷한 윤곽선을 매우 중요하게 여겼다. 그런데 19세기 후반에 들어 모네, 마네와 같은 화가들을 중심으로 사실주의의 화법을 거부하는 '인상주의' 회화 스타일이 등장하게 되었다.

인상주의의 성공과 확산은 당시에 등장한 몇 가지 기술적 발명들에 의해 가능했다. 먼저 물감 튜브의 발명은 그들의 주요 창작 방식인 '외광(外光) 회화 기법*'을 촉진*하는 결과를 낳았다. 물감 튜브의 혁신적 휴대 간편성으로 인해 야외에서의 그림 작업이 활발해질 수 있었던 것이다. 또한 사진술의 발달이 큰 변수*로 작용했다. 사진으로 인해 그때까지 현장을 똑같이 기록하는 것을 목적으로 삼았던 사실주의 회화의 존재 가치가 흔들리게 되었고, 이에 따라 회화만의 고유한 특성을 확보하려는 양상이 나타나게 된 것이다.

인상주의 화가들은 전통적 회화 양식과 달리 눈에 비친 대상의 순간적 인상을 포착하는 데 중점을 두어 ㉠비교적 거친 선 처리 방식으로 빠르게 그림을 그려 나갔다. 그들은 시간과 장소에 따라 미묘하게 변화하는 '빛'과 '사물' 간의 찰나*적 관계에 주목하였고, 이를 민감하게 포착하여 그림의 주제로 삼았다. 그들은 대상의 색감이나 대상이 자아내는 인상이 '빛'의 각도나 대기의 상태에 따라 다채롭게 변화한다는 과학적 사실을 발견하고 이를 미술 작품 창작에 적극 활용하였던 것이다.

인상주의는 대상에 고유한 색이 내재해* 있다는 기존의 관점마저 거부하였다. 색채 표현에 있어서 시각적인 착시* 효과를 이용한 색채 분할법을 사용한다거나, 윤곽선을 의도적으로 흐리게 처리한다거나, 화면 전체를 미세한 색점(色點)으로 채워 표현하는 '점묘법(點描法)' 등을 시도하며 태양광선의 입체적 효과를 캔버스 위에 생동감 있게 재현하였다. 이와 같은 인상주의의 새로운 실험들은 회화에서의 사실적 재현이 더 이상 의미가 없음을 알리는 것이었다.

인상주의 화가들이 시도한 ㉡빛과 색의 과감한* 실험들은 전에 발견하지 못했던 새로운 미학을 창출함으로써 미술사적 의미를 확보하였다. 또한 이러한 새로운 예술적 시도들은 고갱과 고흐, 세잔 등의 후기 인상주의로 이어졌으며, 프랑스의 야수파와 독일의 표현주의 등 현대 미술의 형성에까지 결정적 영향을 끼치게 되었다.

01

윗글의 내용과 일치하지 <u>않는</u> 것은?

① 사실주의는 정교한 구도를 통해 대상의 사실적 재현을 추구하였다.
② '외광 회화 기법'은 물감 튜브의 혁신적 발명에 의해 활발하게 구사될 수 있었다.
③ 인상주의 화가들은 전통적 미술 기법과 달리 거친 방식으로 그림을 그려냈다.
④ 인상주의는 과학적 사실과 대비되는 '빛'의 미묘한 변화 및 색채감을 중시하였다.
⑤ 모네, 마네와 같은 화가들의 예술적 실험은 후기 인상주의와 독일의 표현주의에 영향을 끼쳤다.

02

㉠에 대한 반응으로 적절하지 <u>않은</u> 것은?

① 사실주의 화가들은 '거친 선 처리' 방식에 반감을 품었겠군.
② 대상의 사실적 재현에 큰 비중을 두고 있지 않음을 알 수 있군.
③ 이 방법을 통해 색채 표현의 시각적 착시 효과를 이끌어 낼 수 있겠군.
④ 빛과 사물 간의 순간적 관계를 중요시함으로써 선택된 회화 기법이겠군.
⑤ 사진술과 달리 회화만이 지니는 고유한 특성을 확보하려는 시도와 관련이 있겠군.

03

㉡의 구체적 사례로 적절하지 <u>않은</u> 것은?

① '나무는 초록색이다.'라는 일반적 통념을 거부하고, 다양한 색감을 연출해 내는 방법을 고안하였다.
② 같은 모양의 사과를 햇빛의 각도 변화를 고려하여 3시간 간격으로 그려 내고 그 차이를 관찰하였다.
③ 외부 풍경의 정교한 구도를 극대화시키기 위해 색채 분할법에 따라 시각적 착시 효과를 유발하였다.
④ 화면 전체를 아주 작은 색감들의 점으로 찍어 표현함으로써 태양이 비추는 대상의 질감을 표현하였다.
⑤ 공기의 온도나 습도 등의 상태 변화에 따라 대상의 색감이 어떻게 달라지는지 여러 차례 그려서 비교하였다.

 지문 더보기

|문단 정리|
1문단 _____의 특징과 인상주의의 등장
2문단 인상주의의 성공과 확산을 가능하게 한 _____ 발명들
3문단 눈에 비친 대상의 _____ 인상을 포착한 인상주의 화가들
4문단 태양광선의 _____ 효과를 생동감 있게 재현한 인상주의 실험들
5문단 인상주의의 미술사적 _____

|주제| 인상주의 회화의 특징과 인상주의의 미술사적 _____

사실주의 (19세기 중반까지)		인상주의 (19세기 후반: 모네, 마네 등)
특징 1. 대상의 ( ) 재현 2. 정교한 구도 3. 뚜렷한 ( )	변화 ⇄ 대조	특징 1. 대상의 순간적 ( ) 포착 2. 빠르고 거친 선 처리 3. ( ) 윤곽선

↓ 빛과 색의 과감한 실험

① 색채 분할법 – ( ) 효과 ② 점묘법 – ( )으로 채워 표현	효과	① 대상의 고유색 개념 부정 ② 태양광선의 입체적 효과

↓ 미술사적 의의

1. ( )과 색에 대한 새로운 미학 창출
2. 후기 인상주의, 야수파, 표현주의에 영향

　　지구에서 특정 천체까지의 거리를 측정하는 것은 천문학의 기본적인 과제였다. 천문학자들은 우리가 하늘을 보고 무엇인가를 알 수 있는 것은 별이나 은하에서 나오는 빛이라는 점에 착안*하여, 빛을 통해 별이나 은하까지의 거리를 알아내는 방법을 고안*했다. 지구에서 특정한 별까지의 거리를 재는 방법에 '연주 시차 측정법'이 있다. 지구는 태양 주위를 1년 주기로 공전하기 때문에, 지구에서 우리가 어떤 별을 바라보는 각도는 6개월 단위로 최대의 차이를 보인 5 다. 어떤 천체를 지구에서 본 방향과 태양에서 동시에 본 방향의 차이를 연주 시차라고 하는데, 지구와 태양 간의 거리(1AU)는 알려져 있으므로 연주 시차를 알면 별까지의 거리를 삼각함수 계산법으로 구할 수 있다. 연주 시차 1초에 해당하는 거리를 1파섹이라고 하는데, 이는 30조 8,400억km에 달하는 거리이다. 이러한 연주 시차로는 멀리 있는 별까지의 거리를 재는 데 한계가 있어서, 100파섹 정도의 거리까지만 믿을 만하다. 10

　　연주 시차 측정법의 한계를 넘어 더 먼 거리에 있는 별까지의 거리를 측정하는 방법에 별빛의 밝기를 이용하는 방법이 있다. 우리는 경험적으로 가까이 있는 불빛이 멀리 있는 불빛보다 더 밝게 보인다는 것을 안다. 같은 거리에서 같은 밝기였던 두 개의 불빛 중 하나를 다른 하나보다 3배 먼 거리에 놓아두면, 밝기가 거리의 제곱에 반비례하므로 1/9로 어두워진다. 그런데 거리를 가늠*하기 힘든 희미한 불빛의 경우 그 불빛이 원래는 밝지만 멀리 있기 때문에 희미한 15 것인지, 가까운 거리에 있지만 원래 어두워서 희미한 것인지 알 수 없다. 우리 눈에 들어오는 빛의 밝기, 즉 '겉보기 밝기'는 그 광원*의 절대 밝기와 거리의 영향을 받기 때문에 빛이 밝은지 어두운지만으로는 그 빛까지의 거리를 알 수 없다. 우리가 별빛의 절대 밝기를 알 수 있다면, 절대 밝기와 겉보기 밝기를 비교해서 별이 절대 밝기의 기준이 되는 거리보다 얼마나 가깝고 먼지 알 수 있을 것이다. 가령, 겉보기 밝기가 절대 밝기보다 9배 어둡다면, 밝기는 거리 20 의 제곱에 반비례하므로 그 별은 절대 밝기의 기준 거리보다 3배 멀리 있는 셈이다.

　　별빛의 절대 밝기는 별빛의 밝기가 주기적으로 변하는 별인 세페이드 변광성을 활용하여 알아낸다. 세페이드 변광성이 밝고 어두워지는 주기와 절대 밝기 사이에는 비례 관계가 있음이 밝혀졌다. 두 세페이드 변광성의 주기를 비교하면, 같은 거리에 있을 때 어느 세페이드 변광성이 더 밝은지 알 수 있다. 여기서 다시 겉보기 밝기를 비교하면 한 별이 다른 별보다 얼마 25 나 가깝거나 먼지 알 수 있고, 이 과정을 반복하면 모든 세페이드 변광성들의 상대적인 거리를 잴 수 있다. 그 다음에는 세페이드 변광성 하나를 골라 지구와의 거리를 재어야 하는데, 이것만 성공하면 세페이드 변광성의 변광 주기를 이용하여 그 성운 안에 있는 다른 세페이드 변광성들까지의 실제 거리를 알 수 있다. 결국, 덴마크의 과학자 헤르츠스프룽이 은하수에 있는 몇몇 세페이드 변광성까지의 거리를 재는 데 성공했다. 그는 더 나아가 우리 은하와 가까운 30 은하인 소마젤란 성운까지의 거리가 약 20만 광년임을 측정했는데, 이것이 외계 은하에 대한 최초의 거리 측정이었다.

01

윗글을 통해 알 수 있는 내용으로 적절하지 <u>않은</u> 것은?

① 세페이드 변광성은 밝기가 변하는 주기가 길수록 절대 밝기가 더 밝아진다.

② 지구에서 별까지의 거리를 측정할 때는 연주 시차나 별빛의 밝기를 이용한다.

③ 우리의 눈에 들어오는 별빛의 밝기는 별의 절대 밝기와 거리의 영향을 받는다.

④ 세페이드 변광성들의 주기와 절대 밝기만 알아내면 별의 실제 거리를 알 수 있다.

⑤ 어떤 별의 겉보기 밝기가 절대 밝기보다 4배 어둡다면 그 별은 절대 밝기의 기준 거리보다 2배 멀다.

02

윗글에 부합하는 내용을 〈보기〉에서 있는 대로 고른 것은?

┌ 보기 ┐
ㄱ. 연주 시차 측정법은 별빛의 밝기를 이용하는 방법과 달리 지구 공전 궤도를 이용한다.
ㄴ. 연주 시차 측정법과 별빛의 밝기를 이용하는 방법은 모두 삼각함수를 활용한다.
ㄷ. 연주 시차 측정법과 별빛의 밝기를 이용하는 방법은 모두 별빛의 밝기에 영향을 받는다.

① ㄱ　　　　　　② ㄱ, ㄴ
③ ㄱ, ㄷ　　　　④ ㄴ, ㄷ
⑤ ㄱ, ㄴ, ㄷ

03

윗글을 참고할 때, 〈보기〉의 ⓐ~ⓓ에 대해 이해한 내용으로 적절하지 않은 것은?

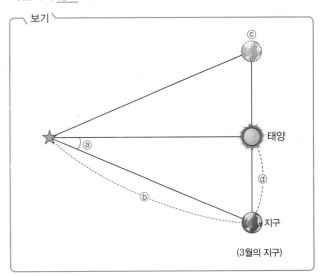

① ⓐ는 별이 지구로부터 멀수록 그 각도가 작아져서 정확한 측정이 어려울 것이다.

② ⓐ와 ⓓ의 값을 알고 있으면 삼각함수 계산법을 활용하여 ⓑ를 알 수 있을 것이다.

③ ⓑ가 100파섹 이상이 되면 연주 시차 대신 별빛의 밝기를 통해 측정해야 할 것이다.

④ ⓒ는 별을 바라보는 각도가 3월과 최대의 차이를 보이는 6개월 후인 9월의 지구일 것이다.

⑤ ⓓ의 값을 지구의 공전에 따라 6개월 단위로 측정하면 ⓐ의 값을 알아낼 수 있을 것이다.

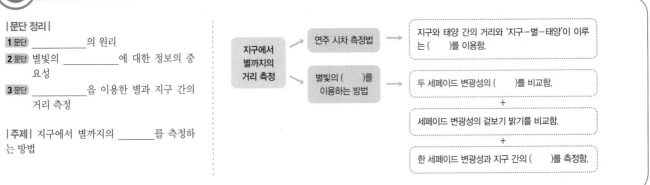

|문단 정리|
1 문단 _____의 원리
2 문단 별빛의 _____에 대한 정보의 중요성
3 문단 _____을 이용한 별과 지구 간의 거리 측정

|주제| 지구에서 별까지의 _____를 측정하는 방법

[01~04] 다음 글을 읽고, 물음에 답하시오.

서양 철학에서는 많은 철학자들이 기억을 중요한 사유로 인식하며 논의해 왔다. 플라톤은 사물의 영원하고 불변하는 본질적 원형인 이데아가 기억을 통해 인식될 수 있다고 하였다. 이데아에 대한 기억이 그것에 대한 망각보다 뛰어난 상태라고 이야기함으로써 둘 사이에 가치론적 이분법을 설정한 것이다. 더 나아가 하이데거는 진리가 망각이 없는 상태, 즉 기억이 지배하는 상태를 의미한다고 강조하였다. 이렇듯 전통적 서양 철학에서 기억은 긍정적인 능력으로, 망각은 부정적인 능력으로 인식되어 온 것이다.

이와 같은 철학적 사유 속에서, 피히테는 '자기의식'이라는 개념을 체계적으로 확대하여 설명하는 과정에서 ㉠기억을 세계 경험에 대한 최고 수준의 기능으로 인식하였다. 그는 어떤 대상에 대해 ㉡A는 A이다'라는 명제에 의거하여 주장을 할 때, '나는 나이다'가 성립해야만 한다고 생각하였다. 이는 동일성을 주장하는 '의자는 의자이다'와 같은 명제로 이해할 수 있다. 예전에 친구와 같이 앉았던 의자를 보았을 때, 우리는 이 의자가 바로 그때의 의자라고 주장할 수 있다. 즉 'A는 A이다'라는 명제는 '과거의 A가 현재의 A이다'라는 주장으로 현실화된다. 이러한 주장이 가능하기 위해서는 과거의 의자를 기억하고 있어야 한다는 것이 전제되어야 하고, 이는 과거 그 의자에 앉았던 자신을 기억하는 것과 마찬가지라는 것이었다. 따라서 그가 주장한 ㉢자기의식은 기억의 능력을 통해 과거의 '나'와 현재의 '나'가 같음을 의식하는 것으로 볼 수 있다. 자기의식을 망각한다면 우리는 친구를 만나도 친구인 줄 모를 것이므로, 그의 입장에서는 기억이 없다면 세계도 존재할 수 없는 것이었다.

한편, 니체는 이와 같은 사유 전통을 거부하며 기억 능력에 대해 비판하였다. 그는 기억이 부정적이고 수동적인 능력이라면, 망각은 능동적이며 창조적인 능력이라고 인식하였다. 그에게 있어 망각은 기억을 뛰어넘고자 하는 치열°한 투쟁이었다. 그는 망각에 대해 긍정하기 위해 신체와 관련된 사례를 제시하였다. 새로운 음식을 먹으려면 위를 비워야 하며 음식물을 배설하지 못한다면 건강한 삶을 살아갈 수 없듯이, 과거의 기억들이 정신에 가득 차 있다면 무언가를 새롭게 인식하는 것은 불가능하다고 주장하였다. 그에 따르면 기억에만 집착하는 사람들은 새로운 것을 낯설고 불편한 것으로 여겨 변화와 차이를 긍정할 수 없기 때문에 현재를 행복하게 살아갈 수 없는 것이었다.

또한 그는 건강한 망각의 역량°을 복원°하기 위해서 궁극적으로 순진무구한 아이와 같은 모습이 되어야 한다고 주장하였다. 예를 들어 아이가 바닷가에 놀러가 모래성을 만들었을 때, 이것이 부서지더라도 슬퍼하기보다는 웃으면서 즐거워할 것이라고

보았다. 아이는 그 자리에 다시 새로운 모래성을 만들 수 있음을 직감하기 때문에 부서진 모래성을 기억하면서 좌절하고 우울해 할 필요가 없다는 것이었다. 이렇듯 니체에게 아이는 망각의 창조적 능력을 되찾은 인간을 상징하였다. 결국 그는 현재를 행복하게 살아가기 위한 능력으로써 망각을 긍정적으로 바라보았던 것이다.

그러나 니체가 인간이 가진 기억 능력 자체를 완전히 제거하자고 주장했던 것은 아니다. 철저한 망각은 현실적으로 불가능할 뿐만 아니라, 현재를 향유°할 수 있도록 어느 정도 지속되는 기억이 필요했기 때문이었다. 마치 음식이 위에서 전혀 머무르지 않고 바로 배설된다면 건강한 삶을 살 수 없는 것처럼 말이다. 그럼에도 불구하고 기억이 주된 사유로 인식되던 서양 철학에서 망각의 능력을 찾아내고자 했다는 점에서 니체의 사유를 주목할 필요가 있을 것이다.

- **치열** 기세나 세력 따위가 불길같이 맹렬함.
- **역량** 어떤 일을 해낼 수 있는 힘
- **복원** 원래대로 회복함.
- **향유** 누리어 가짐.

01

독서의 분야를 고려하여 윗글을 읽는다고 할 때, ㉮에 들어갈 내용으로 가장 적절한 것은?

> 보기
>
> ㉮ _____하며 읽어야겠군.

① 인간의 사상을 탐구하고 있으므로, 글에 담긴 관점을 정확하게 파악

② 사회 현상을 다루고 있으므로, 관련된 배경지식을 적극적으로 활용

③ 삶의 문제를 분석하고 있으므로, 글에 반영된 사회적 요구를 논리적으로 평가

④ 사실과 법칙을 인과적으로 설명하고 있으므로, 용어나 개념을 명확하게 이해

⑤ 연구 성과를 실생활에 응용하고 있으므로, 사용된 자료의 신뢰성을 적절히 판단

02

윗글의 내용과 일치하지 <u>않는</u> 것은?

① 플라톤은 가치론적 이분법을 통해 기억을 설명하였다.

② 하이데거는 기억이 지배하는 상태를 진리로 인식하였다.

③ 니체는 망각을 긍정적인 능력이라고 판단하며 서양 철학의 전통적 사유를 비판하였다.

④ 니체는 음식물이 위에 가득 남아 있는 상황과 정신이 기억으로 가득 찬 상태가 유사하다고 생각하였다.

⑤ 니체는 현재를 행복하게 살아가기 위해 철저한 망각이 필요하다고 판단하였다.

03

㉠~㉢에 대한 이해로 가장 적절한 것은?

① ㉠이 없어도 ㉡에 의거한 주장이 가능하다.

② ㉠이 가능해야만 ㉢도 가능하다.

③ ㉡이 성립해야만 ㉠이 성립한다.

④ ㉢은 ㉠을 위해 존재한다.

⑤ ㉢은 ㉡이 전제되어야 한다.

04

윗글을 바탕으로 〈보기〉에 대해 이해한 내용으로 적절하지 <u>않은</u> 것은?

┌ 보기 ┐
갑: 지갑이 많이 낡았네. 하나 새로 사줄까?
을: 아직은 새로 사기 싫어요. 아빠가 생일 선물로 처음 사 주신 거라서 저한테는 의미가 있고 익숙해서 좋아요.
갑: 그렇구나. 근데 지난번에는 평소와 달리 국어 시험 못 봤다고 했잖아. 이번 시험 준비는 잘 하고 있니?
을: 지난 시험은 지난 시험일 뿐이죠. 잊을 건 잊고 이번 국어 시험도 열심히 준비하고 있어요.
└────────

① 피히테는 을이 선물을 받았던 자신과 현재의 자신이 같음을 기억의 능력을 통해 의식하고 있다고 볼 것이다.

② 피히테는 을의 '지난 시험은 지난 시험이다.'라는 주장은 '시험은 시험이다'라는 명제가 현실화된 것이라고 볼 것이다.

③ 니체는 을이 지갑에 대한 과거의 기억에 집착하여 지갑을 새로 사는 것을 긍정하지 않는다고 볼 것이다.

④ 니체는 을이 국어 시험을 다시 준비하는 것을 보고 기억을 뛰어넘어 현재를 행복하게 살아갈 수 있는 사람이라고 볼 것이다.

⑤ 니체는 을이 지난 시험 결과에 대해 좌절하지 않는 것은 다음 시험에서 좋은 결과를 얻을 수 있을 것임을 직감하기 때문이라고 볼 것이다.

어휘 점검하기

01~04 다음 문장에 어울리는 말을 괄호 안에서 골라 ○표 하시오.

01 그는 훼손된 문화재를 (복원 / 회복)하는 일을 하고 있다.

02 그들은 모두 (의연 / 치열)한 경쟁을 통해 입사한 신입 사원들이다.

03 공공 박물관은 예술을 (지향 / 향유)하려는 대중들에게 항상 개방되어 있다.

04 현시대는 새로운 변화를 (과감 / 과도)하게 받아들이지 않으면 살아남기 어렵다.

05~08 다음 밑줄 친 말의 뜻을 〈보기〉에서 찾아 그 기호를 쓰시오.

┌ 보기 ┐
㉠ 시각적인 착각 현상
㉡ 제 스스로 빛을 내는 물체
㉢ 어떤 일을 해낼 수 있는 힘
㉣ 어떤 상황의 바뀔 수 있는 요인
└────────

05 태양은 지구의 광원이 되어 준다. (　　)

06 이 옷감의 무늬는 착시 효과를 일으킨다. (　　)

07 전 세계 경제 상황이 우리나라 경제 발전에도 변수가 되고 있다. (　　)

08 그는 자신이 회사의 문제를 해결할 역량을 지녔다고 주장하였다. (　　)

09~12 〈보기〉를 활용하여 밑줄 친 말과 바꿔 쓰기에 알맞은 말을 문맥에 맞게 쓰시오.

┌ 보기 ┐
가늠하다　　고안하다　　착안하다　　촉진하다
└────────

09 우리는 여행에 필요한 경비를 어림잡아 헤아려 보았다.
　　　　　　　　　➡ _____

10 제품 판매 활동을 다그쳐 빨리 나아가게 하기 위해 상금을 준비하였다.
　　　　　　　　　➡ _____

11 그는 한 식물의 줄기 모양을 주의하여 보아 발명품을 만들었다.
　　　　　　　　　➡ _____

12 이 약은 우리 회사 연구원들이 오랜 연구 끝에 새로운 안을 생각해 낸 것이다.
　　　　　　　　　➡ _____

08강

문제 유형 살피기
전개 방식의 파악

◉ 개념

글의 흐름이나 전개 방식을 파악하는 유형

◉ 문항의 형태

· 선택지가 글의 전개 방식만을 기술하고 있는 경우
· 선택지가 글의 개괄적 내용과 전개 방식을 함께 기술하고 있는 경우

◉ 풀이 코칭

❶ 중심 화제 파악	❷ 각 문단별 중심 내용 파악	❸ 글의 설명 방식 파악	❹ 선택지의 내용 확인
무엇에 관한 글인가?	문단별 핵심어와 핵심 내용을 찾을 수 있는가?	글에서 정의, 비교, 대조, 분석, 분류, 인과, 예시, 비판 등의 방법 중 활용하고 있는 서술 방식은 무엇인가?	선택지에 언급된 서술 방식이 활용되었는가?

🔖 유형풀이예시

❶ ¹정약용은 조선 후기의 실학자로, 인간의 본성에 대한 탐구를 통해 인간의 선한 행위를
_{정약용의 학문적 성과를 언급하고 있어.}
설명하고자 하였다. ²그는 이전까지 절대적 권위를 가지고 있던 주희(朱熹)의 주자학을 비판
_{정약용은 주희의 주자학을 비판했군.}
하며 인간의 본성에 대한 자신의 이론을 정립했다는 점에서 주희와는 다른 관점을 보여 주
었다.

> ▶ 1문단에서는 정약용이 주희의 주자학을 비판하며 자신의 이론을 정립했음을 밝히고 있어.

❷ ¹주희는 인간의 본성을 '본연지성(本然之性)'과 '기질지성(氣質之性)'으로 설명하였다.
_{주희의 관점을 서술하고 있어.}
²'본연지성'은 인간이 하늘로부터 부여 받은 순수하고 선한 본성이고, '기질지성'은 본연지
성에 사람마다 다른 기질이 더해진 것으로 사람에 따라 다양하게 나타난다. ³그래서 주희는
인간의 기질이 맑으면 선한 행위를 하고 탁하면 악한 행위를 할 수 있다고 보았다. ⁴그러나
_{주희의 주장}
정약용은 선한 행위와 악한 행위의 원인을 기질이라는 선천적 요인으로 본다면 행위에 인간
_{주희에 대한 정약용의 비판 내용}
의 의지가 개입되지 않으므로 악한 행위를 한 사람에게 윤리적 책임을 물을 수 없다고 주희
의 관점을 비판하였다.

> ▶ 2문단에서는 먼저 주희의 관점을 설명하며, 주희의 관점이 지닌 문제점을 정약용이 지적하였음을 이야기하고 있지.

❸ ¹정약용은 인간의 본성을 '기호(嗜好)'라고 보았다. ²기호란 즐기고 좋아한다는 뜻으로,
_{이제부터는 정약용의 관점이 무엇인지를 살펴볼 차례겠군.}
생명이 있는 모든 존재는 각각의 기호를 본성으로 갖는다고 보았다. ³꿩은 산을 좋아하는
경향성을 갖고 벼는 물을 좋아하는 경향성을 갖는 것처럼, 인간도 어떤 경향성을 갖는다는
것이다. ⁴정약용은 인간에게 '감각적 욕구에서 비롯된 기호'와 '도덕적 욕구에서 비롯된 기
호'가 있다고 보았다. ⁵먼저, 감각적 욕구에서 비롯된 기호는 생명이 있는 모든 존재가 지니
는 육체의 경향성으로, 맛있는 것을 좋아하고 맛없는 것을 싫어하는 것을 예로 들 수 있다.
⁶다음으로, 도덕적 욕구에서 비롯된 기호는 인간만이 지니는 영혼의 경향성으로, 선을 좋아
하거나 악을 싫어하는 것을 예로 들 수 있다. ⁷정약용은 감각적 욕구가 생존에 필요하고 삶
의 원동력이 된다는 점에서 일부 긍정했으나, 감각적 욕구에서 비롯된 기호를 제어하지 못할

> ▶ 3문단에서는 정약용의 관점이 무엇인지를 구체적으로 밝히고 있는데, 이를 통해 주희의 관점이 지닌 문제점을 해결할 만한 이론을 내놓은 것으로 볼 수 있어.

경우 악한 행위가 나타날 수 있고, 도덕적 욕구에서 비롯된 기호를 따를 경우 선한 행위가 나타난다고 보았다. [8]정약용은 선한 행위를 하거나 악한 행위를 하는 것이 온전히 인간의 자유 의지에 달려 있으므로, 악한 행위를 한 사람에게 윤리적 책임을 물을 수 있다고 보았다.

정약용은 주희의 관점이 지닌 문제점을 해결할 만한 이론을 정립했다고 볼 수 있어.

Q 윗글의 내용 전개 방식으로 가장 적절한 것은?

① 인간의 본성에 대한 여러 관점이 사회에 미친 영향을 설명하고 있다.

② 인간의 본성에 대한 기존의 관점을 비판하는 다른 관점을 소개하고 있다.

③ 인간의 본성에 대한 관점의 타당성 여부를 다양한 입장에서 분석하고 있다.

④ 인간의 본성에 대한 상반된 관점을 절충한 새로운 관점의 특징을 밝히고 있다.

⑤ 인간의 본성에 대해 대비되는 관점이 등장하게 된 시대적 배경을 설명하고 있다.

> 이 글에는 정약용과 주희의 관점이 소개되어 있어. 내용의 핵심은 정약용이 주희의 관점이 지닌 문제점을 비판하며 자신만의 이론을 정립했다는 거야. 따라서 이 글에서 눈여겨볼 설명 방식은 바로 '비판'이야. 이와 관련된 선택지를 찾으면 답이 바로 보이지?
>
> 정답 ②

개념 적용 문제

· 정답 25쪽

01 1문단에서 알 수 있는, 윗글의 중심 화제를 빈칸을 채워 완성하시오.

> 인간의 (   )에 대한 정약용의 이론

02 빈칸에 핵심어를 넣어 각 문단의 중심 내용을 완성하시오.

(1) **1문단**: 정약용은 주희의 주자학을 (   )하며 인간 본성에 대한 이론을 정립하였다.

(2) **2문단**: 정약용은 인간의 선한 행위와 악한 행위의 원인을 (   )이라는 선천적 요인으로 보는 주희의 관점은 인간의 의지를 간과한 것이라며 비판하였다.

(3) **3문단**: 정약용은 인간이 선한 행위를 하거나 악한 행위를 하는 것은 온전히 인간의 자유 의지에 달린 것으로 보고, (   ) 욕구에서 비롯된 기호를 제어하지 못할 경우 악한 행위가 나타나고 (   ) 욕구에서 비롯된 기호를 따를 경우 선한 행위가 나타난다고 보았다.

03 〈보기 1〉은 윗글의 내용을 구조화한 것이다. (1)~(3)의 구체적 내용에 해당하는 것을 〈보기 2〉의 ⓐ~ⓒ 중에서 고르시오.

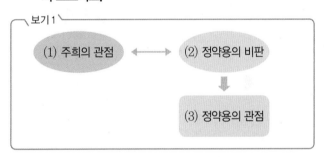

보기1
(1) 주희의 관점 ⟷ (2) 정약용의 비판
↓
(3) 정약용의 관점

보기2
ⓐ 인간의 선한 행위와 악한 행위는 자유 의지에 달린 것이다.

ⓑ 인간의 선천적인 기질이 맑으면 선한 행위를 하고, 그것이 탁하면 악한 행위를 할 수 있다.

ⓒ 선한 행위와 악한 행위의 원인이 기질이라면, 악한 행위를 한 사람에게 윤리적 책임을 물을 수 없다.

(1) 주희의 관점: _____

(2) 정약용의 비판: _____

(3) 정약용의 관점: _____

유사 문제로 다지기

독해 Guide

이 글의 도입부에서는 중심 화제라고 할 수 있는 사회계약론에 대해 언급하고 있어. 이후 국가의 정당성을 논증하기 위해 홉스가 사회계약론을 주장하게 된 근거를 서술하고 있어. 인과 관계를 바탕으로 홉스가 사회계약론을 통한 강력한 주권의 필요성을 언급한 이유를 이해하는 데 독해의 초점을 둘 필요가 있어. 마지막 문단에서 홉스의 사회계약론에 의한 국가 권력 형성의 한계점을 언급하고 있는데, 이는 문제로 출제될 가능성이 높다는 점을 기억해 두자.

르네상스 이후 서양 근대 사회에서 신의 초월적 권위가 약화되는 대신에 인간과 인간이 가진 이성적 능력을 중시하는 경향이 나타났다. 철학자들도 자연스럽게 국가의 권위를 더 이상 신에 기대지 못했고, 스스로 사유하고 자신의 행동을 결정할 수 있는 인간 개체들에 근거해 국가의 정당성을 논증할 수밖에 없게 되었다. 여기서 대의제를 통해 민주주의의 정치적 이데올로기를 정당화하는 중요한 논리적 근거로 작동한 사회계약론이 등장한다. 5

홉스는 『리바이어던』에서 어떠한 국가나 공동체도 없는 자연 상태를 생각해 보는 사유 실험을 시도하였다. 여기서 홉스는 국가가 없는 자연 상태에서의 불안과 불행을 증명해서 국가가 존재하는 문명 상태의 안정과 행복을 강조하려고 한 것이다. 이 불안과 불행을 증명하기 위해 홉스는 사회나 국가가 없는 상태의 인간들, 다시 말해 자기 보존 본능으로 이기적일 수밖에 없는 원자화된 개인들에 대해 살펴보았다. 10

홉스에 따르면 인간의 자연 상태는 만인의 만인에 대한 투쟁 상태이며, 각각의 사람들은 오로지 자신의 이성에 의해서만 행동한다. 또한 인간은 자신의 생명을 자연의 적들로부터 지키고 유지하기 위해 유익한 것으로 생각된다면 자연을 자유롭게 사용할 수 있는 보편적 권리인 자연권을 갖게 된다. 만약 서로의 행동이 서로의 생명에 해가 된다면 인간들 모두가 적이 되고 만물이 싸움에 이용될 것이기에 어떤 인간의 안전도 보장될 수 없을 것이다. 이를 방지하기 위 15 해 서로의 권리를 제한하는 계약을 맺는다고 해도 이기심에 의한 불이행을 우려할 수 있다.

이러한 우려를 제거하기 위해 홉스는 확고한 계약 이행*이 전제되는 사회계약론을 통해 강력한 주권의 필요성을 주장한다. 홉스에게 자연 상태는 악이다. 자유가 아닌 전쟁의 상태로 이해된 자연의 야만적인 상태를 벗어나기 위해 인간들 사이의 약속 이행을 보장하거나 강제할 수 있는 강한 권력이 필요하다고 보았다. 바다 괴물 '리바이어던'으로 묘사된 강력한 국가가 20 탄생한 것은 이런 과정을 통해서였다. 국가는 하나의 인격이고 다수의 인간이 생명 보존을 우선하는 이성적 판단으로 상호 계약을 맺고 자신들의 권력을 한곳으로 모으면서 형성된다. 개개인의 도덕적 의무 또한 보편타당한 것이 아니라 생명 보존을 위해 맺은 상호 계약의 결과로 생겨나게 된다. 자연스럽게 국가라는 공통적 권위에 의해 이기적 투쟁의 무질서는 종식*되고 사회는 '문명 상태'로 이행하게 된다고 본 것이다. 25

하지만 홉스의 전망과 달리 ㉠절대 주권 자체가 오히려 자신에게 권력을 양도*한 개인들의 자기 보존 욕망을 억압하는 일이 근대 이후부터 현대까지 자주 목격된다. 개인과 개인 사이의 갈등은 절대 주권에 의해 줄어들 수도 있고 인간의 이타심으로 해결되기도 한다. 하지만 절대 주권 사이에서 진행되는 갈등은 대규모 전쟁으로 치달으면서 자연 상태의 개인 간 갈등보다 더 비참한 결과를 낳고 있다. 아무런 악감정도 없는 두 개인이 자신의 조국이 다르다는 이유 30 만으로 서로 총을 겨누는 일이 발생하곤 한다. 또한 삶의 방향을 온전히 결정할 수 있는 개인의 권력 역시 주권자에게 양도되기에, 우리는 삶의 주체가 아닌 주권자의 하수인*으로 전락*할 수밖에 없는 것이다.

어휘풀이

● 이행 실제로 행함.
● 종식 한때 매우 성하던 현상이나 일이 끝나거나 없어짐.
● 양도 권리나 재산, 법률에서의 지위 따위를 남에게 넘겨줌. 또는 그런 일
● 하수인 남의 밑에서 졸개 노릇을 하는 사람
● 전락 나쁜 상태나 타락한 상태에 빠짐.

01

윗글의 내용 전개 방식으로 가장 적절한 것은?

① 국가의 정당성에 대한 홉스의 정치 철학을 설명한 후 절대 주권의 폐단에 대해 지적하고 있다.

② 인간의 이기적 투쟁에 대한 홉스의 관점을 설명한 후 이를 해결하기 위한 도덕의 필요성을 강조하고 있다.

③ 국가의 존립 근거에 대한 홉스의 관점을 활용하여 전근대 사회와 이후 사회의 공통점과 차이점을 비교하고 있다.

④ 특정한 상황을 가정하여 홉스의 이론이 가지는 당위성을 설명한 후 그 이론이 지닌 역사적 의의를 평가하고 있다.

⑤ 국가를 구성하는 개인들의 본성에 대한 홉스의 분류를 바탕으로 인간의 다양한 개별적 특성에 대해 설명하고 있다.

02

㉠에 대한 이해로 적절하지 않은 것은?

① 개인의 자연권을 제한하는 계약을 통해 개인에게 강제성을 행사한다.

② 인간의 이기적인 이성의 작용에 의한 폐해를 없애기 위해 등장한다.

③ 자연의 야만적인 상태를 벗어나기 위한 개인들의 필요에 의해 형성된다.

④ 자연권으로 인해 개인의 안전이 보장되지 않기 때문에 그 필요성이 대두된다.

⑤ 인간의 도덕적 의무가 보편타당한 것으로 여겨질 때 더 큰 영향력을 가지게 된다.

03

〈보기〉의 '로크'가 윗글의 '홉스'에게 해 줄 수 있는 말로 적절하지 않은 것은?

> **보기**
>
> 로크에 따르면 권력자의 권력은 위임된 것이다. 또한 국가의 설립 목적은 개인의 자연적인 권리인 자유와 평등을 실현하고 보장하는 데 있다고 보았다. 인간은 이성을 통해 질서 있고 조화로운 삶을 추구하고 자연은 비교적 평화로운 상태이기에 개인의 기본권을 보장하는 것이 가장 중요한 국가의 과제라고 본 것이다. 따라서 권력자는 개인의 자유와 권리를 실현하기 위한 수단에 지나지 않으며 권력자가 이 규칙을 지키지 않고 시민의 기본적인 권리들을 침해한다면, 시민은 권력에 대항하는 저항권을 행사할 수 있다고 하였다. 권력이 시민과의 계약을 어길 수 있지만 개인들이 이성의 힘으로 잘못을 수정할 수 있다고 보았기 때문이다. 로크는 이처럼 권력은 완전한 것이 아니며 인간은 권력에 앞서는 지성과 의지를 갖춘 행위자라고 보았다. 따라서 이러한 인간의 장점들을 활용해 권력은 반드시 분립시켜야 한다고 보았다.

① 삶의 주체적인 행위자인 개인이 권력자의 하수인으로 전락하지 않도록 감시할 필요가 있어.

② 타인의 자유와 권리를 존중하기 위해 권력이 개인의 자연권을 제한할 수 있어야 해.

③ 국가가 개인의 기본적 권리를 보장하지 못할 경우 저항권을 통해 이를 바로잡을 수 있어야 해.

④ 자연 상태의 인간을 이기적 존재가 아니라 이성을 통해 조화로운 삶을 추구하는 존재로 인식해야 해.

⑤ 강한 주권이 개인 간의 갈등보다 더 큰 갈등을 조장할 수도 있기 때문에 인간의 지성과 의지로 그 힘을 분산시키는 것이 중요해.

지문 더보기

|문단 정리|

1 문단 _____의 정당성에 대한 근거로 등장한 사회계약론

2 문단 자연 상태에서의 _____을 증명하려고 한 홉스의 사유 실험

3 문단 홉스의 사상 ① - 인간의 _____ 상태

4 문단 홉스의 사상 ② - 사회계약론을 통한 강력한 _____의 필요성

5 문단 _____을 가진 국가에서 나타날 수 있는 폐해

|주제| 홉스의 _____에 의한 국가의 형성과 그 한계점

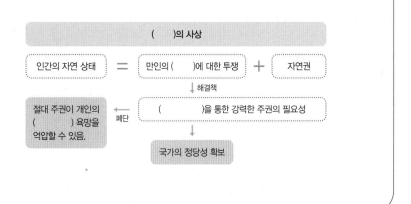

벤야민은 예술사에서 작품의 기능, 작품과 수용자들의 위상학적 관계를 논하면서 '아우라'라는 개념을 제시한다. 아우라를 한마디로 정의할 수 없지만, 아우라는 유일무이한 원작이 전통을 통해서 이룩해 낸 어떤 것임과 동시에 예술품과 수용자의 거리감, 그리고 수용자가 원본에 대해 느끼는 일회적 분위기를 자아낸다*고 정리할 수 있다. 원본은 수용자가 쉽게 다가갈 수 없는 아우라를 갖고 있으며, 그 거리감 때문에 수용자는 쉽게 원본에 다가가기 어렵다는 것이다. 5

예술품의 기술적 복제*는 아우라를 파괴하여 수용자가 원작에 다가갈 가능성을 열어 주는 기능을 한다. 다만, 기술적 복제품과 원작이 같은 것일 수는 없다. 원작은 복제품과의 관계 속에서 권위를 획득하게 되고 진품성이라는 가치를 얻게 된다. 이때 진품이라는 성격은 전통 속에서 이루어진 예술품의 물리적 구조 변화 및 원작에 대한 소유 관계를 포함하여 원천으로부터 전승*될 수 있는 모든 것의 총괄 개념인데, 복제 기술이 아무리 발전한다 할지라도 원작이 10 전통 속에서 지속적으로 획득한 측면까지 복제할 수는 없는 것이다.

하지만 벤야민은 ㉠기술적 복제가 ㉡수공적 복제보다 원작에 더 유사하게 다가갈 수 있게 한다고 보았다. 가령, 예술 수용자는 수공적 복제를 접하기 위해 직접 음악회에 가는 것 대신 기술적 복제품인 음반의 형태로 자신의 방에서 예술품을 감상할 수 있는데, 이는 기술적 복제에 따른 아우라 파괴와 더불어 예술 수용 방식의 변화도 불러온다는 것이다. 즉 수공적 복제 15 가 이루어질 때, 원작은 여전히 수공품에 대한 권위를 유지할 수 있지만, 기술적 복제의 경우 상대적으로 더 큰 독자성을 가질 수 있다. 그리고 기술적 복제는 수공적 복제가 도달할 수 없는 수준의 모사*를 가져다 놓을 수 있다는 점에서 예술품의 성격 또한 변화하게 한다.

벤야민은 이러한 변화를 기술 발전과 더불어 오늘날 수용자의 태도라는 측면에서 설명한다. 즉 사물을 자신에게, 아니 대중에게, 보다 더 '가까이 끌어오려고' 하는 것은, 어떠한 상태에 20 있는 것이든 그것을 복제를 통해 극복하려고 하는 현대인들의 성향이며, 아우라를 파괴하고자 하는 오늘날 현대인들의 특징이라는 것이다. 벤야민은 이러한 오늘날 수용자의 태도를 '동질화하는 감각', '가까이 끌어 오려고 하는 욕망'이라고 표현하며, 기술 복제 시대 예술 수용자의 특징으로 제시하였다.

결과적으로 기술적 복제로 수용자는 더 이상 원작에 대해 숭배감, 거리감을 느끼지 않으며 25 이로써 대상을 쉽게 대하며, 예술품을 일상 속에서 실제로 이용할 수도 있게 되었다고 할 수 있다. 그리고 기술 복제 시대는 특정한 곳에서만 존재하며 제의적인 대상으로 여겨지던 예술품을, 기술적 복제를 통해 이곳저곳에서 전시할 수 있도록 함으로써 그 가치를 변화시켰다고 할 수 있다.

01

윗글에 대한 설명으로 가장 적절한 것은?

① 아우라 개념의 성립과 변천 과정을 순차적으로 밝히고 있다.

② 아우라에 대한 예술가들의 견해를 소개하고 이를 종합하고 있다.

③ 아우라를 드러내는 예술 작품의 특징을 구체적으로 분석하고 있다.

④ 아우라를 다른 개념과 비교하거나 대조하여 그 특성을 강조하고 있다.

⑤ 아우라 개념을 중심으로 예술을 둘러싼 변화 양상에 대해 설명하고 있다.

02

윗글에 제시된 벤야민의 견해에 따라 ㉠과 ㉡을 이해한 내용으로 적절하지 않은 것은?

① ㉠은 ㉡과 달리 예술 수용 방식의 변화를 가져올 수 있다.

② ㉠은 ㉡과 달리 예술품의 가치를 변화시켰다고 할 수 있다.

③ ㉡은 ㉠에 비해서 원작과의 유사성이 더 멀다고 할 수 있다.

④ ㉡은 ㉠에 비해서 원작이 복제품에 대한 권위를 유지하게 한다.

⑤ ㉠과 ㉡은 모두 원작이 전통 속에서 지속적으로 획득한 측면까지 복제한다.

03

윗글을 바탕으로 〈보기〉를 이해한 내용으로 가장 적절한 것은?

> **보기**
>
> 마르셀 뒤샹은 흔히 볼 수 있는 기성품(ready-made)인 '소변기'와 '걸상 위의 자전거 바퀴'를 제시하고, 이것들을 예술품으로 명명하면 예술품이 된다고 하였다. 이는 대상에 주관적으로 접근하여 세계를 주관화시키는 활동으로, 유일성에 기반하고 있는 기존의 전통 예술을 부정하는 반(反)예술적 성격을 보여 주는 것이다.

① 기성품을 예술품으로 명명한 것은 수용자가 원작에 대해서 느끼는 거리감을 확보하려는 시도로 볼 수 있군.

② 흔한 기성품을 대상으로 삼아 예술품으로 제시했다는 점에서 유일무이성에 기반한 아우라의 파괴를 보여 주었다고 볼 수 있군.

③ 수용자의 직접적인 예술품 창작 가능성을 제시했다는 점에서 예술의 상호 작용적인 성격을 현대적으로 제시한 것으로 볼 수 있군.

④ 관념적인 대상을 구체적인 대상으로 재현했다는 점에서 작품의 복제 가능성을 통한 아우라의 지속성을 확보한 것으로 볼 수 있군.

⑤ 기성품을 통해 수공적 복제의 한계를 극복하려 했다는 점에서 원작에 보다 근접한 모사를 가능하게 한 기술에 대한 기대를 드러낸 것으로 볼 수 있군.

 지문 더보기

| 문단 정리 |

1문단 _____의 개념

2문단 기술적 복제품과 _____의 관계 및 차이점

3문단 _____와 기술적 복제의 차이점

4문단 기술 복제 시대의 _____의 특징

5문단 기술적 복제로 인한 예술 수용 양상과 예술품의 _____ 변화

| 주제 | _____로 인한 예술 수용 양상의 변화

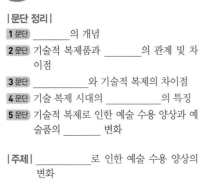
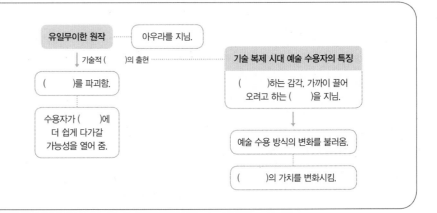

기출문제로 뛰어넘기

[01~03] 다음 글을 읽고, 물음에 답하시오.

분쟁이 예견°되거나 진행 중인 상황에서 후일 상대방이 사실을 번복°하거나 그런 내용을 고지받지 못했다고 주장하는 것을 막기 위해 '내용증명'을 활용할 수 있다. 내용증명이란 누가, 언제, 누구에게, 어떤 내용의 문서를 보냈다는 사실을 우체국에서 공적으로 증명해 주는 특수한 우편 제도로, 이를 활용하면 향후 법적 분쟁의 소지를 줄일 수 있다.

내용증명은 개인 간 채권·채무 관계나 권리·의무를 더욱 명확하게 할 필요가 있을 때 주로 이용된다. 예를 들어 방문 판매를 통해 충동적으로 구입한 화장품, 건강식품 등의 구매 계약을 철회° 기간 내에 취소하고 싶을 때 사용할 수 있다. 특히 판매자와 연락이 되지 않는 등의 사유로 계약을 철회할 수 있는 기간 내에 철회가 불가능한 경우에도 사용한다.

내용증명은 다른 우편물과는 달리 우체국에 같은 내용의 문서 3부를 제출해야 한다. 이는 발신인, 수신인, 우체국 3자가 각각 동일한 내용의 문서를 소지하기 위함이다. 그 결과 발신인이 작성한 어떤 내용의 문서가 언제 누구에게 발송되었는지를 우체국장이 증명할 수 있게 되는 것이다. 그러나 이것이 문서의 내용이 맞다는 것까지 증명하는 것은 아니라는 점에 유의해야 한다. 내용증명 우편이 발송되었다는 사실은 입증하지만 문서 내용의 진위°까지 입증하는 것은 아니므로 그 자체로 문제가 해결되는 것은 아니다.

그렇다면 내용증명은 어떠한 기능을 하는 것일까? 우선, 내용증명은 문서를 발송하였다는 것을 공적으로 증명하는 증거 효력을 갖는다. 만약 법적 대응 과정에서 내용증명을 제출한다면 상대방은 그와 같은 내용의 문서를 언제 받았다는 사실만큼은 문제 삼을 수 없다. 다음으로, 내용증명은 상대방에게 심리적 부담을 주어 그 내용의 이행을 실현하게 하기도 한다. 왜냐하면 내용증명을 보내는 사람이 추후 강력한 법적 대응을 이어갈 의지가 있음을 알리기 때문이다. 예를 들어 A에게 돈을 빌린 B가 채무 이행을 독촉하는 내용증명을 받으면 B는 A가 이후 법적 대응을 할 수도 있다는 심리적 부담을 느껴 자발적으로 돈을 갚을 가능성이 있다는 것이다.

또한 내용증명은 그 자체만으로는 단순히 최고°하는 것에 불과하지만, 소멸시효를 중단시키는 데 중요한 역할을 한다. 채권에는 소멸시효가 있기 때문에 제때 권리 행사를 하지 않으면 소멸시효가 만료되어 그 권리가 소멸된다. 따라서 소멸시효가 만료될 무렵까지 채무 이행이 이루어지지 않고 있다면 채권자는 소멸시효가 더 이상 진행되지 못하도록 중단시켜야 한다. 그러나 내용증명을 발송하였다고 하여 바로 소멸시효가 중단되는 것은 아니다. 내용증명을 보낸 날짜로부터 6개월 이내에 청구나 압류, 가압류, 가처분 등을 해야만 소멸시효가 중단되는 효력이 발생한

다. 이러한 법적 대응을 하게 되면 해당 사안의 소멸시효가 내용증명을 보낸 시점에 중단되는 효력이 발생한다. 이렇게 소멸시효가 중단되면 그때까지 경과한 소멸시효의 기간은 무효가 되고 중단 사유가 종료된 때로부터 소멸시효가 새로이 시작된다.

내용증명을 작성할 때 정해진 양식이 있는 것은 아니지만 특정일에 특정 내용을 전달했다는 증거가 되므로 발신인, 수신인, 제목, 본문, 날짜 등이 순서대로 포함되어야 한다. 기재된 발신인 및 수신인의 주소와 이름은 반드시 봉투 겉면에 작성하는 주소, 이름과 일치하도록 해야 하고, 제목에는 손해 배상° 청구 등과 같이 내용증명의 구체적 목적이 담겨야 한다. 본문에는 계약 경위와 같은 객관적 사실 관계와 요구 사항 등을 분명히 제시해야 한다. 날짜에는 발송 날짜를 쓰고 발신인의 도장을 찍거나 서명을 하도록 한다. 작성하면서 글자나 기호를 정정, 삽입 또는 삭제할 때에는 반드시 '정정', '삽입' 또는 '삭제'라는 문자 및 수정한 글자 수를 여백에 기재하고 그곳에 발송인의 도장 또는 지장을 찍거나 서명을 하여야 한다.

민법의 규정에 따라 문서의 우편 발송은 수신인에게 도달된 때로부터 효력이 발생한다. 그러나 방문 판매 등의 청약 철회를 요청하는 내용증명의 경우에는 수신인의 수취 여부와 상관없이 서면을 발송한 날부터 발생한다. 내용증명으로 발송한 우편물은 3년간 우체국에서 보관한다. 발신인이나 수신인이 이를 분실할 경우 발송 우체국에 특수우편물수령증, 주민등록증 등을 제시해 본인임을 입증하면 보관 중인 내용증명의 열람을 청구할 수 있으며 필요시에는 복사를 요청할 수도 있다.

- **예견** 앞으로 일어날 일을 미리 짐작함.
- **번복** 이리저리 뒤쳐 고침.
- **철회** 이미 제출하였던 것이나 주장하였던 것을 다시 회수하거나 번복함.
- **진위** 참과 거짓 또는 진짜와 가짜
- **최고** 다른 사람에게 일정한 행위를 할 것을 요구하는 통지를 냄.
- **배상** 남의 권리를 침해한 사람이 그 손해를 물어 주는 일

01

윗글에 대한 설명으로 가장 적절한 것은?

① 특정 제도의 특징과 기능을 구체적인 사례를 들어 소개하고 있다.
② 특정 제도의 형성 배경과 발달 과정을 순차적으로 서술하고 있다.
③ 특정 제도가 지닌 문제점과 한계를 다양한 측면에서 고찰하고 있다.
④ 특정 제도가 실시되었을 때 예상되는 장점과 단점을 분석하고 있다.
⑤ 특정 제도의 필요성을 언급한 뒤 그 속성을 유사한 대상에 빗대어 설명하고 있다.

02

윗글의 내용과 일치하지 <u>않는</u> 것은?

① 내용증명을 받은 수신인은 심리적 부담감을 느끼고 문제 해결을 시도할 수 있다.

② 방문 판매의 청약 철회를 요청하는 내용증명의 효력은 서면을 발송한 날부터 발생한다.

③ 내용증명 발송 직후 발신인이 이를 분실한 경우 발송 우체국에서 복사를 요청할 수 있다.

④ 내용증명을 위해 우체국에 같은 내용의 문서를 3부 제출하여 발신인도 그중 하나를 갖는다.

⑤ 계약을 철회할 수 있는 기간이 지난 후 발송한 내용증명도 법적 대응 과정에서 효력을 가질 수 있다.

03

윗글을 바탕으로 〈보기〉의 상황을 이해한 내용으로 가장 적절한 것은?

┌ 보기 ┐

  을은 갑에게 돈을 빌려주었으며, 해당 채무 관계의 소멸시효는 3년으로 2020년 12월 31일에 만료된다. 그런데 갑은 만료일이 다가오도록 을에게 채무를 이행하지 않고 있다. 이에 을은 주변의 조언을 받아 2020년 10월 31일에 채무 이행을 요구하는 내용증명을 보내어 갑에게 도달하였음을 확인하였다.

① 을이 갑에게 내용증명을 보낸 궁극적인 목적은 소멸시효 만료를 알리기 위함이다.

② 을이 보낸 내용증명으로 인해 소멸시효 만료일인 2020년 12월 31일로부터 중단 효력이 발생한다.

③ 을이 내용증명을 소멸시효 만료 2개월 전에 보냈으므로 중단 사유 종료 후 소멸시효가 2개월 연장된다.

④ 을이 이후 법적 대응을 할 뜻이 없다면 을이 돈을 받을 수 있는 권리는 2020년 12월 31일까지만 유지된다.

⑤ 을이 2021년 6월 30일까지 가압류, 가처분 등의 조치를 하면 소멸시효는 2020년 10월 31일에 중단된 것으로 본다.

어휘 점검하기

01~04 주어진 초성과 뜻에 알맞은 말을 빈칸에 넣어 문장을 완성하시오.

01 ㅇ ㅎ : 실제로 행함.

➡ 그는 공약을 _____하겠다고 다짐했다.

02 ㅈ ㅇ : 참과 거짓 또는 진짜와 가짜

➡ 그는 증언의 _____를 가려 사건을 해결했다.

03 ㅂ ㅈ : 본디의 것과 똑같은 것을 만듦.

➡ 의약품 _____ 기술은 날로 발전하고 있다.

04 ㅈ ㄹ 하다: 나쁜 상태나 타락한 상태에 빠지다.

➡ 그는 체포되어 범죄자로 _____하고 말았다.

05~08 다음 빈칸에 들어갈 말을 〈보기〉에서 찾아 쓰시오.

┌ 보기 ┐

| 모사 | 배상 | 양도 | 종식 |

05 생명권은 절대로 남에게 (   )할 수 없다.
권리나 재산, 법률에서의 지위 따위를 남에게 넘겨줌.

06 남의 옷에 음료를 쏟아 (   )을 하게 되었다.
남의 권리를 침해한 사람이 그 손해를 물어 주는 일

07 이 작품은 비록 (   )한 것이지만 값이 꽤 나간다.
원본을 베끼어 씀.

08 우리는 지구상에서 전쟁이 (   )되기를 기원한다.
한때 매우 성하던 현상이나 일이 끝나거나 없어짐.

09~12 다음 문장에 어울리는 말을 괄호 안에서 골라 ○표 하시오.

09 판소리는 오랫동안 입에서 입으로 (상속 / 전승)되어 온 것이다.

10 그들 부부의 갈등은 이미 오래 전부터 (예견 / 예약)된 것이었다.

11 그는 상사와 상담한 후 사표를 낼 의사를 (철수 / 철회)하기로 하였다.

12 우리 대표는 자기가 불리할 때마다 말을 바꾸어 자신의 주장을 (반복 / 번복)하곤 한다.

09강 핵심 정보의 추론

◎ 개념

핵심 정보에 대해 정확하게 이해하고 있는지를 평가하는 유형

◎ 문항의 형태

· 글의 내용만으로 핵심어에 대한 정보를 추론해야 하는 경우
· 〈보기〉에 보조적 자료를 제시하고, 핵심어에 대한 정보를 추론해야 하는 경우

◎ 풀이 코칭

① 발문에서 요구하는 정보 확인
발문에서 묻고 있는 핵심 정보는 무엇인가?

② 선택지의 키워드 체크
①~⑤ 선택지의 '참/거짓'을 결정지을 만한 주요 키워드는 무엇인가?

③ 관련 내용의 글 위치 확인
선택지의 키워드와 관련 있는 문장의 위치는 어디인가?

④ 선택지와 글의 내용 비교
선택지의 내용과 글의 내용이 의미상 동일한가?

유형풀이예시

1 [1]신경작용제는 신경전달물질의 작용에 관여하는 방식으로 사람의 정신이나 행동에 영향을 주는 생물학적 효과를 내는 약이다. [2]하나의 뉴런에서 발생한 전기 신호는 뉴런 말단에 <u>선택지 ①</u> 도달하여 신경전달물질을 분비하게 하고, 이러한 신경전달물질은 연접한 다른 뉴런에 존재하는 수용체에 화학 신호를 전달함으로써 연접한 뉴런 간에 신호를 전달하는 매개체의 역할을 한다. [3]우울증과 관련된 것으로 알려진 <u>신경전달물질인 세로토닌이나 노르에피네프린</u> <u>선택지 ①</u> 은, 보통 후(後)연접 뉴런 수용체에서 기능을 다하고 <u>전(前)연접 뉴런에 재흡수되는 과정을</u> <u>선택지 ①</u> 거치는데, 이 과정에서 <u>뉴런 간 연접 틈새에서 세로토닌이나 노르에피네프린의 농도가 낮</u> <u>선택지 ③, ⑤</u> 아지면 우울증이 나타나는 것으로 알려져 있다. [4]<u>항우울제</u>는 연접 틈새에서 이들 신경전달 <u>선택지 ③</u> 물질의 부족을 해소하는 방식으로 약효를 낸다. [5]<u>TCA 항우울제</u>는 전연접 뉴런의 수용체와 결합하여 신경전달물질의 재흡수가 일어나지 않도록 하는 방식으로, <u>SNRI 항우울제</u>는 신경전달물질의 재흡수를 억제하거나 <u>후연접 뉴런의 수용체와 결합하는 방식</u>으로, 연접 틈새 <u>선택지 ⑤</u> 에서 <u>신경전달물질의 농도가 높아진</u> 것과 같은 효과를 낸다. <u>선택지 ②, ⑤</u>

2 [1]대부분의 약들은 약효가 여러 가지인 경우가 많기 때문에 두 가지 약을 함께 복용하면 이들 약의 일차적인 약효는 서로 다를지라도 이차적인 약효는 같을 수 있어, 공통되는 이차적인 약효가 한층 커질 수 있다. [2]이와 같이 <u>약들이 서로 도와 약효를 높이는 효과를</u> <u>상승효과</u>라 <u>상승효과의 개념</u> 고 한다. [3]한편 약을 장기간 남용하게 되면 수용체의 민감도가 떨어지게 되어, 결과적으로 <u>선택지 ④</u> 기존과 동일한 효과를 내기 위해서 더 많은 약을 필요로 하게 되는 내성이 생길 수 있다.

> 1문단에서는 신경전달물질의 작용을 조절하는 신경작용제에 대해 설명하고 있어. 우울증과 관련된 신경전달물질인 세로토닌과 노르에피네프린의 작용 원리를 설명하고, 우울증을 완화하는 신경작용제인 TCA 항우울제와 SNRI 항우울제의 작용 과정에 대해 이야기하고 있어.

> 2문단에서는 두 가지 약을 함께 복용했을 때 약효가 커지는 상승효과에 대해 설명하는 동시에, 약을 장기간 남용했을 때의 부작용에 대해 언급하고 있어.

Q 〈보기〉는 항우울제의 작용을 이해하기 위한 그림이다. 〈보기〉를 이해한 내용으로 적절하지 않은 것은?

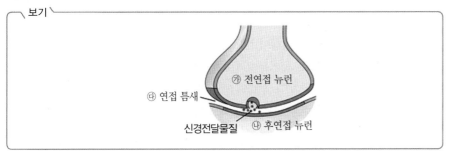

보기

㉮ 전연접 뉴런
㉰ 연접 틈새
신경전달물질 ㉯ 후연접 뉴런

① 보통 ㉮(전연접 뉴런)에서 분비된 **세로토닌이나 노르에피네프린**은 ㉯(후연접 뉴런)에 작용한 후 다시 ㉮(전연접 뉴런)로 **재흡수**된다.

② **SNRI 항우울제**는 ㉯(후연접 뉴런)에 **지속적으로 흡수됨**으로써 ㉰(연접 틈새)에서 **신경전달물질의 농도**가 높아지는 효과를 낸다.

③ **우울증의 치료**를 위해 ㉰(연접 틈새)에서 세로토닌이나 노르에피네프린의 농도가 높아지도록 하는 방식을 활용한다.

④ ㉰(연접 틈새)에서 **신경전달물질의 농도**가 높은 상태로 장기간 유지되면 **수용체의 민감도**가 떨어지게 된다.

⑤ 항우울제는 ㉮(전연접 뉴런)나 ㉯(후연접 뉴런)의 **수용체와 결합**하여 우울증이 발현되는 원인을 완화하는 효과를 낸다.

> 우선 선택지의 ㉮~㉰를 '전연접 뉴런', '후연접 뉴런', '연접 틈새'로 대체하여 살펴야 해. 그러고 나서, 각 선택지의 키워드를 뽑아 그 내용이 글의 어느 부분에 제시되어 있는지를 확인하여 선택지의 참/거짓을 판단할 수 있으면 돼.

정답 ②

개념 적용 문제

• 정답 28쪽

01 윗글에서 설명하고 있는 '항우울제'의 종류 2가지를 찾아 쓰시오.

_____ , _____

02 다음 진술과 관련된 문단과 문장의 번호를 찾아 쓰시오.

선택지 ①

(1) 신경전달물질은 뉴런의 말단에서 발생한다.
➡ _____문단 _____문장

(2) 세로토닌과 노르에피네프린은 신경전달물질이다.
➡ _____문단 _____문장

(3) 세로토닌이나 노르에피네프린은 후연접 뉴런 수용체에 작용한 후 전연접 뉴런으로 재흡수된다.
➡ _____문단 _____문장

선택지 ②

(4) SNRI 항우울제는 신경전달물질의 재흡수를 억제하거나 후연접 뉴런의 수용체와 결합한다.
➡ _____문단 _____문장

(5) SNRI 항우울제는 연접 틈새에서 신경전달물질의 농도가 높아지는 효과를 낸다.
➡ _____문단 _____문장

선택지 ③

(6) 항우울제는 연접 틈새에서 신경전달물질의 부족을 해소하는 방식으로 약효를 낸다.
➡ _____문단 _____문장

선택지 ④

(7) 약을 장기간 남용하게 되면 수용체의 민감도가 떨어지게 된다.
➡ _____문단 _____문장

선택지 ⑤

(8) TCA 항우울제는 전연접 뉴런의 수용체와, SNRI 항우울제는 후연접 뉴런의 수용체와 결합하여 우울증의 원인을 완화한다.
➡ _____문단 _____문장

독해 Guide

이 글은 공기 중의 습기를 직접 제거하는 방식으로 사용되는 제습기에 대해 설명하고 있어. 제습기의 제습 방식을 전자식, 냉각식, 건조식으로 나누어 소개하고 있는데, 각 방식의 특징을 바탕으로 그 차이점을 명확히 이해하는 것이 중요해. 또한 제습 방식의 원리에 대해서도 설명하고 있으므로, 그 원리의 과정을 구분지어 이해해 두는 것이 좋아.

 습도가 적정 수준 이상일 경우 사람의 불쾌지수는 높아지고 건강에도 좋지 않다. 실내 습도가 높으면 곰팡이가 쉽게 피게 되며, 좀이나 벼룩 같은 유해한 벌레들의 번식도 활성화된다. 실내 환경을 쾌적하게* 하기 위해서는 상대습도를 40~60%로 유지하는 것이 좋은데, 포화수증기량*이 많아지거나 대기 중 수증기량이 적어질수록 상대습도는 낮아진다. 포화수증기량은 온도에 따라 높아지게 마련이므로, 공기를 가열하면 포화수증기량을 늘릴 수 있고 이에 따라 상대습도를 줄일 수 있다. 또한 공기 중의 습기를 직접 제거하는 방식으로도 상대습도를 낮출 수 있는데, 이러한 방식으로 상대습도를 조절하여 쾌적한 공기를 만드는 기계를 제습기라고 한다.

 제습기는 전자식, 냉각식, 건조식의 세 가지 방식으로 구분할 수 있다. 먼저, 전자식 제습기는 펠티에 효과를 이용한 방식이다. 서로 다른 두 금속의 양 단면을 연결하고 전류를 통하게 하면, 양 단면에서 발열과 냉각 현상이 동시에 발생하게 되는데 이러한 현상을 펠티에 효과라고 한다. 이 방식은 주요 부품으로 열전반도체 소자를 사용하고, 냉각되는 금속판 쪽에서 공기 중의 수증기가 응축되어 밖으로 배출되는 원리에 따라 제습이 이루어진다. 소형화에 용이하고*, 소음이 적다는 장점을 지니고 있다.

 냉각식 제습기는 공기 안에 떠다니는 수증기를 효율적으로 냉각함으로써 물로 응축시켜 배출하는 방식을 취한다. 수증기는 이슬점* 이하로 냉각될 경우 물로 응축된다는 물리적 특성을 이용한 것이다. 냉각식 제습기는 먼저 팬으로 습한 공기를 빨아들인 뒤 냉매를 이용한 냉각장치를 통해 공기의 온도를 떨어뜨린다. 이슬점에 도달하게 되는 순간 수증기가 물로 변해 별도의 물통에 모이게 된다. 습기가 제거된 공기는 응축기를 거치면서 다시 원래의 온도를 되찾으며 실내로 방출되게 된다.

 건조식 제습기는 특정 화학 물질을 사용하여 공기 중의 습기를 직접 흡수 또는 흡착*시키는 방식이다. 흡습제로는 수분을 흡착하는 성능이 우수한 다공성* 물질이 활용되는데, 고체로는 알루미나겔, 염화칼슘, 실리카겔, 몰레큘러시브가 주로 쓰이고, 액체로는 염화리튬, 트리에틸렌 글리콜 등이 자주 쓰인다. 건조식 제습기는 밀폐된 공간에서 소량의 습기를 제거할 때 유용하며, 흡습제가 습기를 더 이상 흡수하지 못하게 되면 흡습제를 가열하여 습기를 분리시키고 흡습제를 재사용할 수 있다는 장점을 지닌다.

어휘 풀이

● **쾌적하다** 기분이 상쾌하고 즐겁다.

● **포화수증기량** 특정 온도에서 공기 중에 있을 수 있는 최대 수증기량

● **용이하다** 어렵지 아니하고 매우 쉽다.

● **이슬점** 공기가 포화되어 수증기가 응결될 때의 온도. 공기의 온도가 이슬점에 도달할 때 공기 안의 수증기가 액체인 물로 응결됨.

● **흡착** 어떤 물질이 달라붙음.

● **다공성** 내부에 많은 작은 구멍을 가지고 있는 성질. 다공성 재료는 대체로 가벼우며, 단열·흡음 등의 효과가 큼.

01

윗글에 대한 설명으로 가장 적절한 것은?

① 대상을 구분하여 각각의 특성을 설명하고 있다.

② 전문가의 견해를 인용하여 신뢰성을 높이고 있다.

③ 개념을 정의한 후 장·단점을 분석하며 밝히고 있다.

④ 대립되는 이론을 절충하여 새로운 이론을 도출하고 있다.

⑤ 이론의 변화 과정을 시대순으로 정리하여 전개하고 있다.

02

윗글의 내용과 일치하지 <u>않는</u> 것은?

① 공기의 온도를 높이면 포화수증기량이 늘어난다.

② 전자식 제습기는 소음이 적고, 소형화에 용이하다.

③ 이슬점 이하의 온도에서 수증기는 물로 변화하게 된다.

④ 냉각식 제습에서 습기가 제거된 공기는 낮은 온도 상태로 배출된다.

⑤ 건조식 제습에서는 수분 흡착 능력이 우수한 다공성 물질이 주로 활용된다.

03

〈보기〉는 '전자식 제습기'의 작용 원리를 나타낸 것이다. ⓐ~ⓓ에 대한 설명으로 적절하지 <u>않은</u> 것은?

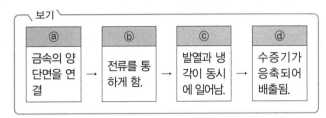

① ⓐ에서는 열전반도체 소자가 사용된다.

② ⓑ~ⓒ에서 전기적 작용이 온도의 차이를 발생시킨다.

③ ⓒ의 발열 및 냉각의 동시 발생은 '펠티에 효과'에 해당한다.

④ ⓐ~ⓓ에서 소음은 크게 발생하지 않으며, 큰 부피가 요구되지 않는다.

⑤ ⓒ~ⓓ에서 발열되는 금속판 쪽에서 수증기가 물로 변화하는 현상이 발생한다.

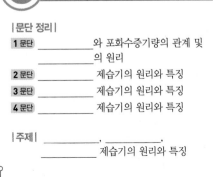

| 문단 정리 |

1문단 _____와 포화수증기량의 관계 및 _____의 원리

2문단 _____ 제습기의 원리와 특징

3문단 _____ 제습기의 원리와 특징

4문단 _____ 제습기의 원리와 특징

| 주제 | _____, _____, _____ 제습기의 원리와 특징

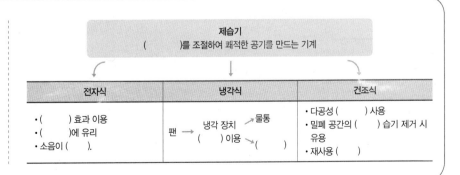

케인즈 경제학자들은 정부의 주도적인 개입으로 경제 안정 정책을 통해 경제를 원하는 방향으로 이끌어 갈 수 있다고 믿었다. 즉 케인즈 경제학자들은 적절한 재정 정책을 통해 불황을 극복해 낼 수 있다고 믿었으며, 이와 같은 믿음은 케인즈 경제학자들의 한 특성이 되었다. 그들은 경기가 침체되었을 때 당시의 경제 상황에 맞게 정부가 정책을 운영하여 총수요를 증가시키고, 경기가 과열되면 그 반대 방향으로 정책을 운영하는 총수요 조절 정책을 통해 경제를 원하는 방향으로 이끌어 갈 수 있다고 믿었다. 이처럼 재정 정책의 방향과 강도를 조절함으로써 경제를 안정된 상태로 유지시키려는 정책을 '경기의 미세 조정'이라고 부른다.

그런데 정부가 아무런 제약도 받지 않고 미세 조정 정책을 수행할 수 있는 것은 아니다. 현실에서 총수요 조절 정책을 통해 경기를 미세 조정해 나가는 과정에서 실업과 물가 사이의 상충 관계라는 제약에 직면하게 되기 때문이다. 예컨대 정책 당국이 실업을 줄이기 위해 총수요 팽창 정책을 쓸 경우에는 물가가 오르는 것을 감수해야 한다. 다시 말해 총수요 조절 정책을 통해 고용 안정과 물가 안정이라는 두 마리 토끼를 동시에 잡을 수는 없다는 뜻이다.

만약 우리가 실업률과 물가 상승률 사이의 상충 관계를 정확하게 알고 있다면, 이 둘의 적절한 조합을 선택함으로써 경제를 바람직한 방향으로 이끌어 갈 수 있을 것이다. ㉠필립스 곡선은 이 문제와 관련해 우리에게 중요한 시사점을 던지고 있다. 필립스는 영국의 통계 자료에서 19세기 중반부터 20세기 중반에 이르는 기간 동안 실업률과 물가 상승률 사이에 안정적인 음(−)의 상관관계가 존재했다는 사실을 발견했다. 다시 말해 실업률이 높을 때는 물가 상승률이 비교적 낮은 한편, 실업률이 낮을 때는 물가 상승률이 비교적 높은 경향이 있음을 발견했던 것이다. 그 뒤를 이어 다른 나라에서도 이와 비슷한 관계가 발견되어 그것이 상당히 보편적인 현상임이 확인되었다.

케인즈 경제학자들은 필립스 곡선이 단순히 실업률과 물가 상승률 사이에서 관찰할 수 있는 통계적인 상관관계를 보여 주는 데 그친다고 보지 않았다. 그들은 이 곡선을 통해 실업률과 물가 상승률 사이에 어떤 구체적인 관계가 있는지 알아내 이를 정책 수립에 활용할 수 있다고 생각했다. 예컨대 필립스 곡선의 모양을 알고 있으면, 미세 조정 정책을 통해 경제를 운영하는 데 효율적이라고 믿었다. 이처럼 당시의 케인즈 경제학자들은 필립스 곡선에 대한 지식이 경제 안정 정책을 수립하는 데 매우 유용하게 활용될 수 있다고 보았다.

01

윗글의 내용 전개 방식으로 적절한 것을 〈보기〉에서 골라 바르게 묶은 것은?

┌ 보기 ┐
ㄱ. 반대되는 견해에 대해 논리적으로 반박하고 있다.
ㄴ. 통념을 비판하면서 새로운 이론을 제시하고 있다.
ㄷ. 용어의 개념을 설명하면서 내용을 구체화하고 있다.
ㄹ. 특정 학자들의 믿음을 바탕으로 내용을 전개하고 있다.

① ㄱ, ㄴ   ② ㄱ, ㄷ   ③ ㄴ, ㄷ
④ ㄴ, ㄹ   ⑤ ㄷ, ㄹ

02

케인즈 경제학자들이 생각한 ㉠의 유용성으로 가장 적절한 것은?

① 물가 상승률의 변동 과정을 통해 해당 국가의 소득을 파악할 수 있다.
② 실업률과 물가 상승률 사이의 상관관계를 통해 경제를 진단할 수 있다.
③ 실업률의 변화 과정을 예측하여 국민들의 복지 조건을 제시할 수 있다.
④ 실업률과 물가 상승률 사이의 상관관계를 통해 환율을 조정할 수 있다.
⑤ 실업률과 물가 상승률을 동시에 상승시킬 수 있는 방안을 제안할 수 있다.

03

〈보기〉를 참고하여 윗글을 이해한 내용으로 가장 적절한 것은?

┌ 보기 ┐
　총수요를 늘리거나 줄임으로써 정부가 경제 상황에 개입하는 정책을 '적극적 정책', 재정적인 측면의 정책보다는 통화량 조절을 통해 대처해 가는 정책을 '소극적 정책'이라고 한다. 또한 정부가 경제 상황에 따라 적절한 정책을 선택해 대응하는 방식을 '재량적 정책'이라고 하고, 사전에 정한 운영 방식에 따라 상황이 변하더라도 그 방식을 고수하는 경우를 '준칙에 의한 정책'이라고 한다.

① 케인즈 경제학자들은 '적극적 정책', '재량적 정책'을 추진했겠군.
② 케인즈 경제학자들은 '소극적 정책', '재량적 정책'을 추진했겠군.
③ 케인즈 경제학자들은 '적극적 정책', '준칙에 의한 정책'을 추진했겠군.
④ 케인즈 경제학자들은 '소극적 정책', '준칙에 의한 정책'을 추진했겠군.
⑤ 케인즈 경제학자들은 '적극적 정책', '재량적 정책'과 '준칙에 의한 정책'을 혼용했겠군.

지문 더보기

| 문단 정리 |
1문단 정부 개입의 중요성에 대한 _____ 경제학자들의 믿음
2문단 정부의 _____ 정책 수행에서 직면하게 되는 제약
3문단 _____이 던지는 시사점
4문단 필립스 곡선을 _____ 수립에 활용하려 한 케인즈 경제학자들

| 주제 | 필립스 곡선에 주목한 케인즈 경제학자들

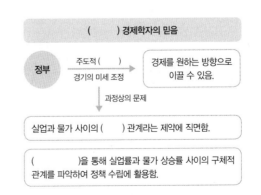

[01~03] 다음 글을 읽고, 물음에 답하시오.

서양의 중세 시대에 인간이 마음의 평정*을 얻는 유일한 방법은 신에게 의지하는 것이었다. 그 결과 인간은 신을 위한 삶을 중요하게 생각하였으며, 진리를 찾으려는 학문의 목적 역시 신의 질서를 파악하는 것이었다. 그런데 명증한 진리는 없어 보인다며 진리에 대해 회의적* 태도를 보이는, 고대 회의주의 철학인 피론주의(Pyrrhonism)가 새롭게 관심을 받게 되면서 신 중심의 세계관이 흔들리게 된다.

ⓐ피론주의자들은 인간들이 진리를 찾을 때 얻을 수 있는 결과를 '진리를 찾았거나, 진리가 없다고 포기하거나, 계속해서 진리를 찾는' 세 가지 경우라고 한정*하였다. 그들은 진리를 찾았다고 주장하는 사람들에 대해 지나친 독단주의라고 비판하면서 계속해서 진리를 찾기 위해 노력하였지만 진리의 존재 여부를 파악할 수 없다는 결론에 이른다.

진리의 존재 여부를 파악할 수 없다는 피론주의자들의 주장은 모순에 빠져 있는 것처럼 보일 수도 있다. 어떤 명제(p)와 그 명제의 부정(~p) 가운데 하나는 반드시 참이라는 배중률을 고려하면 p와 ~p 중 하나는 참이라는 점에서 진리는 존재하기 때문에 피론주의자들의 주장은 거짓이 된다. 또한 피론주의자들의 주장이 옳다면 그 주장 자체가 참이 되어, 적어도 1개 이상의 참인 진리가 존재하는 것이기 때문에 마찬가지로 피론주의자들의 주장은 거짓이 된다.

그렇다면 왜 피론주의자들은 진리를 파악할 수 없는 것으로 인식하였을까? 그들은 어떤 명제가 참인 진리가 되기 위해서는 의심할 바 없이 뚜렷하게 증명되는 명증성을 지녀야 한다고 전제하였다. 그래서 그들은 다양한 명제들을 상충 또는 대립시켜 명증성을 확인하려고 하였고, 지속적으로 진리를 의심하는 방법으로 진리를 찾으려고 하였다. 그러나 이 과정에서 여러 명제들은 대립되고 모순되기 때문에 어느 쪽도 다른 명제에 비해 우월하거나 열등하지 않으므로, 어떤 명제도 명증성을 지닐 수 없다고 보았다. 따라서 그들은 진리를 찾을 수 없다는 회의적 상태에 이르게 되고 결국 진리는 없어 보인다는 결론을 내리게 된 것이다.

피론주의자들은 이처럼 진리를 판단할 수 없는 판단중지 상태를 에포케라고 일컬었다. 에포케는 어떤 명제에 대해 긍정도 부정도 하지 않는 마음의 상태로 그들은 진리에 대해 판단을 중지하면, 진리를 얻기 위한 고뇌*에서 벗어나 마음의 평정 상태인 아타락시아가 오게 된다고 생각했다. 앞서 언급한 것처럼 중세 시대에는 마음의 평정을 얻는 유일한 방법은 신에게 의지하는 것이었다. 하지만 피론주의로 인해 인간 스스로에 의해 마음의 평정을 얻을 수 있는 방법을 알게 되었고, 이는 신 중심의 세계관에서

탈피하여 인간이 주체적으로 사고하는 계기가 되었다.

한편, ⓑ데카르트와 같은 철학자들은 고대 피론주의의 진리의 존재 여부를 파악할 수 없다는 태도를 극복하기 위해 깊이 있게 인간의 인식에 대해 고찰하였다. 근대 철학의 시대가 열리게 된 것이다.

● **평정** 평안하고 고요함. 또는 그런 상태
● **회의적** 어떤 일에 의심을 품는. 또는 그런 것
● **한정** 수량이나 범위 따위를 제한하여 정함. 또는 그런 한도
● **고뇌** 괴로워하고 번뇌함.

01

윗글에 대한 설명으로 가장 적절한 것은?

① 고대 피론주의의 관점에서 근대적 인식론의 한계를 비판하고 있다.

② 고대 피론주의의 형성 배경과 발전, 쇠퇴 과정을 제시하고 있다.

③ 고대 피론주의와 중세에 부각된 피론주의의 차이점을 분석하고 있다.

④ 고대 피론주의를 신 중심의 중세 철학이 계승하게 된 까닭을 밝히고 있다.

⑤ 고대 피론주의가 인간이 주체성을 획득하는 데 미친 영향을 설명하고 있다.

02

〈보기〉에서 '피론주의'에 대한 내용으로 적절한 것을 있는 대로 고른 것은?

> 보기
> ㄱ. 다양한 명제들을 상충 또는 대립시켜 명증성을 확인하려고 하였다.
> ㄴ. 어떠한 명제도 다른 명제에 비해 우월하거나 열등하지 않다고 판단하였다.
> ㄷ. 고뇌에서 벗어나 마음의 평정 상태에 이르면 진리를 파악할 수 있다고 생각하였다.
> ㄹ. 어떤 명제가 진리가 되기 위해서는 의심되지 않는 명증성을 지녀야 한다고 전제하였다.

① ㄱ, ㄷ   ② ㄱ, ㄹ
③ ㄴ, ㄷ   ④ ㄱ, ㄴ, ㄹ
⑤ ㄴ, ㄷ, ㄹ

• 정답 및 해설 p.29~30

03

〈보기〉는 ⓑ에 대한 설명이다. ⓐ와 ⓑ의 공통점으로 가장 적절한 것은?

> ── 보기 ──
> 데카르트는 의심할 수 없는 절대적 확실성을 가진 '기초적 믿음'을 찾기 위해 진리에 대해 의심해 보는 회의적 사고를 통해 진리를 추구하였다. 이러한 방법으로 찾은 기초적 믿음은 사유하는 존재 자체는 의심할 수 없다는 것으로 다른 진리 추구의 토대가 되었다.

① 배중률을 통해 진리를 증명하였다.
② 기초적 믿음이 신의 질서라고 여겼다.
③ 사유의 과정에서 의심의 방법을 사용하였다.
④ 진리는 존재하지만 파악될 수 없다고 인식하였다.
⑤ 진리의 존재를 확신하며 근대 철학의 토대를 마련하였다.

어휘 점검하기

01~04 다음 밑줄 친 어휘의 뜻으로 알맞은 것의 기호를 고르시오.

01 우리는 제품의 성공에 모두 <u>회의적</u>이었다.
 ➡ (㉠ 한쪽으로 치우친 것 / ㉡ 의심을 품는 것)

02 주식 시장이 <u>과열</u>되어 당국이 제재에 나섰다.
 ➡ (㉠ 분수에 넘쳐 있음. / ㉡ 경기가 지나치게 상승함.)

03 그는 마음의 <u>평정</u>을 찾기 위해 명상을 시작했다.
 ➡ (㉠ 평안하고 고요함. / ㉡ 차별 없이 고르고 한결같음.)

04 회사 대표는 주변국들이 무역 규제를 강화한다는 소식을 듣고 <u>고뇌</u>에 빠져 들었다.
 ➡ (㉠ 굳게 믿고 의지함. / ㉡ 괴로워하고 번뇌함.)

05~08 〈보기〉를 활용하여 밑줄 친 말과 바꿔 쓰기에 알맞은 말을 문맥에 맞게 쓰시오.

> ── 보기 ──
> 상충하다   용이하다   직면하다   쾌적하다

05 이곳은 기온과 습도가 적당해서 매우 <u>기분이 상쾌하고 즐겁다</u>.   ➡ _____

06 집단 간의 이해관계가 <u>맞지 아니하고 서로 어긋나</u> 갈등이 계속되었다.   ➡ _____

07 그는 학교를 졸업한 뒤 냉혹한 현실을 <u>직접 당하거나 접하게</u> 되었다.   ➡ _____

08 그는 남들이 힘들어 하는 업무도 <u>어렵지 아니하고 매우 쉽게</u> 처리하곤 했다.   ➡ _____

09~12 다음 빈칸에 들어갈 말을 〈보기〉에서 찾아 쓰시오.

> ── 보기 ──
> 개입   불황   한정   흡착

09 이 소재의 천은 먼지를 잘 (   )한다.
어떤 물질이 달라붙음.

10 형제간의 다툼에 부모의 (   )이 필수적인 것은 아니다.
자신과 직접적인 관계가 없는 일에 끼어듦.

11 현재의 (   )을 극복하기 위해서는 정부와 국민 모두가 힘을 합쳐야 한다.
경제 활동이 일반적으로 침체되는 상태

12 우리 백화점에서는 오늘부터 일주일 동안 하루 100명에 (   )하여 사은품을 증정합니다.
수량이나 범위 따위를 제한하여 정함.

문제 유형 살피기

숨겨진 정보의 추론

◉ 개념

표면에 드러나지 않은 정보를 추론을 통해 파악할 수 있는지를 평가하는 유형

◉ 문항의 형태

- 글의 밑줄 친 부분의 내재적 의미 또는 이유 등을 추론해야 하는 경우
- 글의 내용을 토대로 생략되거나 숨겨진 정보를 추론해야 하는 경우

◉ 풀이 코칭

❶ 발문의 지시 사항 확인	❷ 관련 정보의 의미 파악	❸ 정보의 논리적 관계 파악	❹ 숨겨진 정보 추론
• 발문의 요구 사항은 무엇인가? • 발문을 고려할 때 살펴야 할 정보는 무엇인가?	• 발문에서 지시한 문장의 의미를 정확히 파악하였는가? • 그 앞뒤 문장의 의미를 이해하였는가?	발문에서 지시한 문장과 그 앞 뒤 문장 간의 논리적 관계를 파악하였는가?	발문에서 지시한 문장의 이유 또는 의미로 알맞은 내용이 선택지에 있는가?

📖 유형풀이예시

❶ ¹GPS는 크게 GPS 위성과 GPS 수신기 등으로 구성된다. ²현재 지구를 도는 약 30개의 [GPS의 구성 요소] GPS 위성은 일정한 속력으로 정해진 궤도를 돌면서, 자신의 위치 정보 및 시각 정보를 담은 신호를 지구로 송신한다. ³이 신호를 받은 수신기는 위성에서 신호를 보낸 시각과 자신 [GPS 위성의 역할] 이 신호를 받은 시각의 차이를 근거로, 위성 신호가 수신기까지 이동하는 데 걸린 시간을 [GPS 수신기의 역할] 계산하여 위성과 수신기 사이의 거리를 구한다. ⁴위성이 보낸 신호는 빛의 속력으로 이동하므로, 신호가 이동하는 데 걸린 시간(t)에 빛의 속력(c)을 곱하면 위성과 수신기 사이의 거리(r)를 구할 수 있다. ⁵이를 식으로 표시하면 'r=t×c'이다.

> 1문단에서는 GPS의 구성 요소를 소개하고, GPS 위성과 GPS 수신기 사이의 거리를 구하는 방법에 대해 설명하고 있어.

❷ ¹그런데 GPS가 현재 위치를 정확하게 파악하기 위해서는 상대성 이론을 고려해야 한다. [목적] [방법] ²상대성 이론에 따르면 대상이 빠르게 움직일수록 시간은 느리게 흐르고, 대상에 미치는 중 [전제 ①] 력이 약해질수록 시간은 빠르게 흐른다. ³실제로 위성은 지구의 자전 속력보다 빠르게 지구 [전제 ②] [경우 ①] 주변을 돌고 있기 때문에 지표면에 비해 시간이 느리게 흘러, 위성의 시간은 하루에 약 7,2 μs˙씩 느려지게 된다. ⁴또한 위성은 약 20,000km 이상의 상공에 있기 때문에 중력이 지표 [경우 ②] 면보다 약하게 작용해 지표면에 비해 시간이 하루에 약 45.8μs씩 빨라지게 된다. ⁵그 결과 [결론으로 이어지는군.] ㉠GPS 위성에 있는 원자시계의 시간은 지표면의 시간에 비해 매일 약 38.6μs씩 빨라진다. [결론] ⁶이러한 차이는 하루에 약 11km의 오차를 발생시킨다. ⁷이를 방지하기 위해 GPS는 위성에 탑재된 원자시계의 시간을 지표면의 시간과 일치하도록 조정하여 위성과 수신기 사이의 거리를 정확하게 구하게 된다.

> 2문단에서는 상대성 이론에 따라 GPS 위성과 지표면의 시간에 차이가 있음을 제시하고, 이 오차를 조정해야 GPS 위성의 현재 위치를 정확하게 파악할 수 있음을 이야기하고 있어.

• μs(마이크로초) 1초의 100만분의 1

Q 문맥을 고려할 때, ㉠의 이유로 가장 적절한 것은?

① GPS 위성에는 지구의 중력이 지표면에 비해 강하게 작용하기 때문이다. → 사실과 다름.

② GPS 위성이 지구를 도는 속력이 지구가 자전하는 속력보다 느리기 때문이다.

→ 사실과 다름.

③ GPS 위성이 지구를 도는 방향과 지구가 자전을 하는 방향이 동일하기 때문이다.

→ 언급되지 않음.

④ GPS 수신기가 GPS 위성의 신호를 받는 과정에서 시간의 차이가 생기기 때문이다.

→ ㉠과 직접적 관련이 없는 내용임.

⑤ GPS 위성의 이동 속력으로 인한 시간의 변화보다 중력으로 인한 시간의 변화가 더 크기 때문이다. → 2문단 3~4문장에 언급됨.

▶ ㉠은 GPS 위성에 있는 원자시계의 시간이 지표면의 시간에 비해 빠르게 흘러간다는 거야. 발문은 그 이유를 찾을 것을 요구하고 있어. ㉠의 앞부분에서 그 이유를 설명하고 있는데, 결과적으로 앞부분을 요약한 내용을 선택지에서 찾으면 되는 거야.

정답 ⑤

개념 적용 문제

· 정답 31쪽

01 윗글의 ㉠에 부합하는 내용에 ○, 그렇지 않은 것에 ×를 써 넣으시오.

(1) GPS 위성에 있는 원자시계의 시간은 지표면의 시간보다 빠르게 흐른다. (   )

(2) 지표면의 시간은 GPS 위성에 있는 원자시계의 시간보다 매일 약 $38.6\mu s$씩 느려진다. (   )

02 〈보기〉의 □그 결과□가 나타내는 논리적 관계로 가장 적절한 것은?

┌ 보기 ┐
• 위성의 속력으로 인해, 위성의 시간은 지표면의 시간보다 하루에 약 $7.2\mu s$씩 느려진다.
• 위성의 중력으로 인해, 위성의 시간은 지표면의 시간보다 하루에 약 $45.8\mu s$씩 빨라진다.
• □그 결과□ 위성에 있는 원자시계의 시간은 지표면의 시간보다 매일 약 $38.6\mu s$씩 빨라진다.

① 문장을 병렬적으로 이어 줌.

② 앞의 문장을 받아 예외적인 사항이나 조건을 덧붙임.

③ 화제를 앞의 내용과 관련시키면서 다른 방향으로 이끌어나 감.

④ 앞에서 말한 일이 뒤에서 말할 일의 원인, 근거가 됨을 나타냄.

⑤ 서로 일치하지 아니하거나 상반되는 사실을 나타내는 두 문장을 이어 줌.

03 다음 괄호 안에서 알맞은 말에 ○표를 하여 논리를 완성하시오.

(1) 상대성 이론에 따르면 대상이 빠르게 움직일수록 시간은 느리게 흐른다.
위성은 지구의 자전 속력보다 지구를 (빠르게 / 느리게) 돈다.
따라서 위성의 시간은 지표면의 시간보다 하루에 약 $7.2\mu s$씩 느리게 흐른다.

(2) 상대성 이론에 따르면 대상에 미치는 중력이 약해질수록 시간은 빠르게 흐른다.
위성은 중력이 지표면보다 (강하게 / 약하게) 작용한다.
따라서 위성의 시간은 지표면의 시간보다 하루에 약 $45.8\mu s$씩 빠르게 흐른다.

(3) GPS 위성의 이동 속력으로 인한 시간의 변화보다 중력으로 인한 시간의 변화가 더 (크기 / 작기) 때문에, GPS 위성에 있는 원자시계의 시간은 지표면의 시간에 비해 매일 약 $38.6\mu s$씩 빨라진다.

실제로 우리가 사용하는 말들은 아주 복잡하다. 또 우리는 다양하고 복잡한 문장들을 사용하기도 한다. 그래도 꼼꼼히 따져보면, 다양하고 복잡한 문장들은 가장 기본적인 문장 형태로 정리될 수 있다. 문장 형태에서 보자면, 더 이상 나눌 수 없는 최소 단위는 단순 명제이다. 그런데 따지고 보면 단순 명제에도 그것을 구성하는 요소들이 있다. 단순 명제는 단어들이 결합해 이루어진다. 정언 명제°로 이루어진 정언 논리는 바로 그 구성 요소들의 관계를 통해서 논 5 리 체계를 고찰°한다.

한마디로 정언 논리는 정언 명제로 이루어진 논리 체계이다. 그리고 정언 명제는 주어와 술어, 두 단어의 포함과 배제° 관계를 서술하는 명제이다. 여기서 주어와 술어는 명사나 명사형의 구를 말한다. 다음 명제들을 보자. '장국영은 영화배우이다', '나는 집에 일찍 가는 사람이다'에서 주어 집합이나 술어 집합은 바로 찾아낼 수 있다. 그렇지만 '멸치는 남해에 산다.', '모 10 든 거짓말이 처벌받을 만하지는 않다.'에서는 술어 집합을 찾아내기가 쉽지 않다. 우리는 명제의 의미에 손상°을 주지 않고 이를 '멸치는 남해에 사는 생선이다', '모든 거짓말이 처벌을 받을 만한 언사°는 아니다.'로 변형해 술어 집합을 만들어 낼 수 있다. 이런 명제로 이루어진 논증은 이제 정언 명제의 논리 체계에서 다루어진다.

정언 명제는 주어 집합에 속하는 모든 원소가 술어 집합에 포함되거나 배제된다는 것을 서 15 술하고 있다. 그리고 그 표준 형식은 '㉠A유형', '㉡E유형', '㉢I유형', '㉣O유형'으로 나타낼 수 있다. 모든 종류의 정언 명제는 적어도 이 네 가지 표준 형식으로 구분할 수 있다.

표준 형식의 정언 명제는 양화사, 주어, 술어, 계사로 나뉜다. 주어의 'S'와 술어의 'P'는 각각 논의되는 개념을 가리키며, 명사나 명사형으로 나타낸다. 양화사는 '모든'과 '어떤'이며, 명제에서 주어 집합이 논의되는 범위를 정한다. '모든'은 주어 집합의 모든 원소에 대해 논의함 20 을 의미한다. '어떤'이라는 양화사는 주어 집합에서 적어도 하나 이상의 원소를, 그러나 전부는 아닌 범위에 대해서 논의한다는 것을 의미한다. 그리고 계사는 '이다'와 '아니다'이다.

정언 명제는 양과 질로 구분할 수 있다. 정언 명제의 양(quantity)은 전칭이거나 특칭이다. 어떤 명제가 주어 집합의 모든 원소에 대해 논의하고 있으면 그 명제는 전칭이고, 일부에 대해 논의하고 있으면 특칭이다. 그래서 A유형과 E유형의 명제는 '전칭 명제'이고, I유형과 O유 25 형의 명제는 '특칭 명제'이다. 정언 명제의 질(quality)은 '긍정'이나 '부정'이다. 주어 집합의 원소가 술어 집합에 포함된다고 말하면, 그 명제는 긍정이다. 만약 이와 달리 배제된다고 말하면, 그 명제는 부정이다. 그래서 A유형과 I유형의 명제는 '긍정 명제'이고, E유형과 O유형의 명제는 '부정 명제'이다. 우리가 일상적으로 쓰는 단순 명제들은 대부분 이런 표준 형식으로 표현되어 있지 않다. 이런 명제들을 정언 논리 체계로 다루려면 우선 정언 명제로 변형해야 30 한다.

01

윗글의 내용과 일치하지 <u>않는</u> 것은?

① 표준 형식의 정언 명제의 요소 중 술어는 양화사나 계사를 포함하여 나타낸다.

② 정언 논리를 이루는 명제는 주어와 술어, 두 단어의 포함과 배제 관계를 서술한다.

③ 정언 명제는 양과 질로 구분할 수 있는데 명제의 양은 양화사를 통해 확인할 수 있다.

④ 정언 명제가 전칭 명제인 경우 주어 집합의 모든 원소에 대해 논의하고 있는 것이다.

⑤ 다양하고 복잡한 문장들을 기본적인 문장 형태로 정리할 때 최소 단위는 단순 명제이다.

02

정언 논리 체계에서 다룰 만한 명제로 가장 적절한 것은?

① 모든 학생은 학교에 다닌다.

② 봄에는 대부분의 나무가 꽃을 피운다.

③ 어떤 한국인은 한국에서 태어난 사람이 아니다.

④ 어떤 국가 대표 선수는 민첩성이 뛰어나지 않다.

⑤ 어떤 겨울에는 잦은 폭설로 주민들이 고통을 받는다.

03

㉠~㉣의 명제 형식을 〈보기〉에서 찾아 바르게 정리한 것은?

> 보기
> ㉮ 모든 S는 P이다.
> ㉯ 어떤 S는 P이다.
> ㉰ 모든 S는 P가 아니다.
> ㉱ 어떤 S는 P가 아니다.

	㉠	㉡	㉢	㉣
①	㉮	㉯	㉰	㉱
②	㉮	㉰	㉯	㉱
③	㉯	㉱	㉮	㉰
④	㉯	㉰	㉮	㉱
⑤	㉰	㉱	㉮	㉯

지문 더보기

|문단 정리|

1문단 정언 _____가 논리 체계를 고찰하는 방법

2문단 정언 _____의 개념과 형태

3문단 정언 명제의 특성과 네 가지 _____ 형식

4문단 표준 형식의 정언 명제를 구성하는 요소

5문단 _____과 질에 따른 정언 명제의 구분

|주제| 정언 명제의 개념 및 네 가지 표준 형식과 그 구성 요소

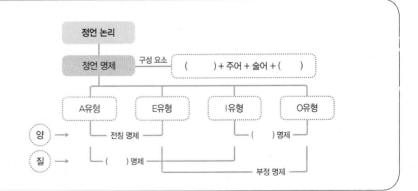

인간은 빛의 삼원색, 즉 빨강, 초록, 파랑을 조합하여 형성되는 모든 색의 대부분을 매우 섬세하게 구분하여 인식할 수 있는데, 이렇게 인간이 색 인식에 있어서 탁월함을 보이는 이유는 바로 망막에 있는 원추세포의 역할 때문이다.

물질에 가해진 빛은 파장에 따라 흡수되기도 하고 반사되기도 하는데 이때 반사된 빛 중에서 가시광선* 영역에 해당하는 빛이 망막을 자극하게 된다. 인간의 망막에는 빛을 감지할 수 있는 간상세포와 원추세포라는 두 시세포가 있는데, 이 중 막대 모양처럼 생긴 간상세포는 명암을 감지하는 역할을 하고, 원뿔 모양처럼 생긴 원추세포는 색깔을 감지하는 역할을 맡는다. 간상세포는 망막의 주변부에 많이 분포*하고 약한 빛에 민감한 특징을 지니며, 명암과 물체의 형태를 인식할 수 있지만 구체적인 색은 인식할 수 없다. 한편, 원추세포는 망막의 중앙부에 많이 분포하고 밝은 빛에 민감한 특징을 지니며, 물체의 색을 모두 인식할 수 있다. 10

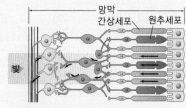

〈망막의 간상세포와 원추세포〉

망막을 거쳐 원추세포에서 감지된 색에 대한 정보는 체계적인 과정을 거쳐 뇌로 전달된다. 원추세포에는 '옵신'이라는 수용체 단백질이 들어 있는데, 이 단백질은 세포 내로 투과*된 특정한 색깔을 띠는 빛 입자인 광자와 충돌하면 모양이 변한다. 모양이 변한 수용체 15 단백질은 근처에 있는 G단백질을 활성화시키고, 활성화된 G단백질의 일부가 세포 안에 있는 효소를 자극하게 된다. 자극된 효소는 세포 내의 Na^+ (나트륨 이온)의 균형을 무너지게 하며 세포를 흥분시킨다. 이러한 세포 내의 미세한 변화는 시신경 세포를 거치며 뇌까지 전달되는데, 이를 통해 우리는 색을 인식하게 된다.

원추세포는 다시 '청원추세포', '녹원추세포', '적원추세포'로 나누어지는데, 이들이 색의 정 20 보를 구분하여 전달하는 과정에서 가장 중추적인 역할을 한다. 각각의 원추세포는 자신이 흡수할 수 있는 색의 파장 범위가 정해져 있는데, 원추세포가 자극될 때 적원추세포, 청원추세포, 녹원추세포에 전달되는 자극의 정도가 다르며, 반응하는 정도 역시 차이를 보인다. 예를 들어 특정한 파장의 빛이 녹원추세포를 자극하면서 적원추세포와 청원추세포를 거의 자극하지 않을 경우 우리의 망막은 녹색으로 인식하게 된다. 또한 특정한 파장의 빛이 원추세포를 25 균등하게 자극하게 되면, 우리는 흰색으로 인식하게 된다. 여기서 녹원추세포와 적원추세포는 그 파장의 범위가 많이 겹친다는 특성을 갖는다.

만일 색깔을 감지하는 원추세포 중 하나라도 제 역할을 하지 못한다면 우리의 색상 인식 능력은 현격*하게 저하될 것이다. 적원추세포가 없는 사람은 청색은 인식할 수 있지만 같은 밝기의 적색과 녹색을 볼 때 녹원추세포만이 자극을 받게 되기 때문에 적색과 녹색을 같은 색이 30 나 유사한 색으로 인식하게 된다. 즉, 우리가 무수히 많은 색들을 정상적으로 미세하게 구분하여 감지할 수 있다면, 그것은 각각의 원추세포가 제 역할을 충분히 해 주고 있음을 의미하는 것이다.

01

윗글의 표제와 부제로 가장 적절한 것은?

① 원추세포의 역할은 무엇인가?
    – 색을 구분하여 인식하는 과정을 중심으로
② 망막의 구성 요소는 무엇인가?
    – 원추세포와 간상세포를 중심으로
③ 원추세포와 간상세포의 차이점은 무엇인가?
    – 색의 전달 과정을 중심으로
④ 원추세포의 역할을 대체할 기술은 무엇인가?
    – 인간의 색상 인식 능력 향상을 중심으로
⑤ 색의 정보가 뇌로 전달되는 과정은 무엇인가?
    – 수용체 단백질의 역할을 중심으로

02

윗글로 미루어 알 수 있는 내용이 아닌 것은?

① 빛의 삼원색을 조합하면 아주 많은 색을 만들 수 있다.
② 인간이 색을 인식하기 위해서는 대상 물질이 빛을 반사해야 한다.
③ 원추세포 내의 Na^+은 다른 자극이 없을 때, 균형적 상태를 유지할 것이다.
④ 어두운 곳에서 사물의 윤곽을 파악할 때는 원추세포 내의 변화가 더욱 빠르게 진행될 것이다.
⑤ 특정한 파장의 빛이 적원추세포를 자극하고, 다른 원추세포를 거의 자극하지 않으면 빨간색을 인식하게 된다.

03

〈보기〉의 밑줄 친 부분에 들어갈 내용으로 가장 적절한 것은?

> ┌ 보기 ┐
> 환자: 선생님, 제가 얼마 전부터 사물의 색을 구분하는 데 어려움을 겪고 있습니다. 최근 들어 신호등을 볼 때 빨간불 상태인지 녹색불 상태인지 명확히 구별이 되질 않네요. 무엇이 문제일까요?
> 의사: 지금 환자분은 _____

① 생리적 균형이 무너지셨군요. 몸 전체 세포의 나트륨 이온이 과다하면 이런 현상이 생깁니다.
② 특정 파장의 빛이 청원추세포를 자극하지 않는 것 같군요. 이런 경우 빨간불과 녹색불의 구분이 어려워집니다.
③ 망막에서 원추세포로 가는 통로가 막혀 있는 것 같습니다. 그 통로에 존재하는 수용체 단백질이 문제가 있는 경우 이런 현상이 일어납니다.
④ 망막에서 빛을 감지하는 과정에 문제가 생긴 것 같습니다. 간상세포와 원추세포의 역할이 제대로 이루어지지 않는 경우에 색의 구분이 힘들 수 있습니다.
⑤ 적원추세포에 문제가 생겨서 신호등의 빨간색과 초록색을 구분하지 못하는 것 같습니다. 그런 경우 같은 밝기라면, 적색과 녹색을 볼 때 구분이 힘들 수 있습니다.

 지문 더보기

|문단 정리|
1 문단 _____을 구분하는 인간의 능력
2 문단 _____와 원추세포의 특징
3 문단 _____의 정보가 _____로 전달되는 과정
4 문단 _____의 종류와 색 인식의 원리
5 문단 원추세포가 하는 _____의 중요성

|주제| 원추세포의 _____과 _____

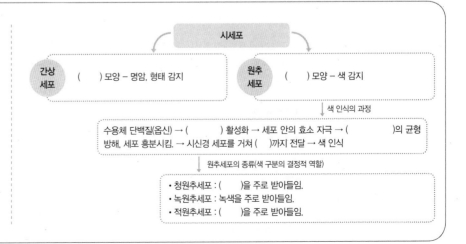

기출문제로 뛰어넘기

[01~04] 다음 글을 읽고, 물음에 답하시오.

우리 주변에 존재하는 생물들 중에는 독을 가진 경우가 흔하다. 이러한 생물들은 위협적인 상대로부터 자신을 보호하거나 종족을 보존하기 위해 독을 이용한다. 특히 동물은 사냥감을 포획하기 위한 수단으로도 독을 사용한다. 이와 같은 독은 식물과 동물에 따라 다양한 특징을 보인다.

식물 독의 주성분은 대부분 알칼로이드라는 물질인데 이는 질소를 함유하는 염기성 유기화합물을 일컫는 것으로, 그 예에는 투구꽃의 '아코니틴'과 흰독말풀의 '아트로핀'이 있다. 아코니틴과 아트로핀은 모두 동물의 신경계에서 '근육에 가해진 자극이나 뇌가 내린 명령'에 관한 정보가 전달되는 것을 방해한다. 먼저 ⊙아코니틴은 신경 세포의 나트륨 이온 통로를 계속 열어 두기 때문에 나트륨 이온을 세포 안으로 다량 유입°시킨다. 이로 인해 이온의 농도 차에 의한 나트륨 이온의 이동이 정상적으로 일어나지 않아, 전기 신호인 활동 전위°가 신경 세포에서 일어나지 못하게 된다. 그러면 아세틸콜린이 분비되지 않아, 결국 호흡 곤란으로 이어질 수 있다. 하지만 적정량을 사용하면 진정 효과 등의 약리 작용이 있기 때문에 아코니틴을 진통제의 성분으로 이용하기도 한다.

한편 아트로핀은 부교감 신경의 시냅스에서 아세틸콜린 대신에 아세틸콜린 수용체와 결합함으로써 아세틸콜린의 작용을 방해한다. 여기서 아세틸콜린은 활동 전위에 의해 신경 세포 말단°에 있는 시냅스 소포에서 분비된 후, 다른 신경 세포로 정보를 전달하는 물질이다. 아세틸콜린의 분비가 억제되거나 아세틸콜린이 아세틸콜린 수용체와 결합하지 못하면 신경의 흥분이 억제되어 근육은 이완°되지만 아세틸콜린이 과잉 분비되면 그 반대 현상이 일어난다. 아트로핀은 아세틸콜린과 화학 구조가 유사하기 때문에 아세틸콜린 수용체와 결합함으로써 시냅스에서 이루어지는 정보 전달을 방해하게 된다. 이를 이용해 아트로핀은 ⓐ일부 독의 해독제로 쓰이기도 한다.

반면 동물 독은 독의 성질이 제각기 다르다. 대표적으로 뱀의 독에는 주로 단백질 계열의 50~60종의 성분이 있으며, 뱀마다 독의 작용에도 큰 차이가 있다. 코브라에게 물리면 '오피오톡신'이 시냅스에서 아세틸콜린 수용체와 결합해 근육으로의 정보 전달이 방해된다. 이와 달리 살무사에게 물리면 '크로탈로톡신'이라는 독이 혈액 내의 혈구 세포와 혈소판 등을 파괴한다. 이로 인해 근육이 괴사°되고 출혈이 멈추지 않아 죽게 된다. 한편 복어는 '테트로도톡신'이라는 알칼로이드 계열의 독소를 가지고 있다. ⓒ테트로도톡신은 신경 세포의 나트륨 이온 통로를 차단함으로써 나트륨 이온이 들어오지 못하게 하기 때문에 활동 전위가 일어나지 않는다. 이로 인해 아세틸콜린이 분비되지 않는다. 특히 테트로

도톡신은 복어가 스스로 만들어 내는 것이 아니라, 복어가 먹이로 섭취한 플랑크톤에 의해 축적되거나 복어 체내에 기생하는 균에 의해 만들어진다는 특징이 있다.

독이 우리 몸에 유입되면 해독제를 신속하게 투여°하는 것이 중요하다. 해독제로는 산과 염기의 반응을 이용한 중화제, 독소 분자를 분해하는 효소, 유입된 독과 서로 반대 작용을 하는 독을 활용할 수 있다.

- **유입** 액체나 기체, 열 따위가 어떤 곳으로 흘러듦.
- **활동 전위** 생물체의 세포나 조직이 활동할 때 일어나는 전압 변화
- **말단** 맨 끄트머리
- **이완** 굳어서 뻣뻣하게 된 근육 따위가 원래의 상태로 풀어짐.
- **괴사** 생체 내의 조직이나 세포가 부분적으로 죽는 일
- **투여** 약 따위를 환자에게 복용시키거나 주사함.

01

윗글에서 답을 찾을 수 있는 질문에 해당하지 않는 것은?

① 아코니틴에 의해 나타나는 증상은 무엇일까?
② 복어의 독소는 무엇에 의해 만들어지는 것일까?
③ 알칼로이드가 질소를 함유하는 이유는 무엇일까?
④ 살무사에게 물리면 출혈이 멈추지 않는 이유는 무엇일까?
⑤ 오피오톡신과 크로탈로톡신의 작용에는 어떤 차이가 있을까?

02

ⓐ의 이유로 가장 적절한 것은?

① 아트로핀이 아세틸콜린을 분해하는 물질의 작용을 방해하기 때문에
② 아트로핀이 아세틸콜린을 소모하여 부교감 신경의 흥분을 유도하기 때문에
③ 아트로핀이 아세틸콜린을 분비시켜 신경계의 정보 전달을 유도하기 때문에
④ 아트로핀이 아세틸콜린의 작용을 방해해 부교감 신경의 흥분을 억제하기 때문에
⑤ 아트로핀이 아세틸콜린의 분비를 억제하고 다른 신경전달물질을 활성화하기 때문에

· 정답 및 해설 p.33~34

03

㉠과 ㉡에 대한 설명으로 가장 적절한 것은?

① ㉠은 ㉡과 달리 나트륨 이온의 농도 차이를 일정하게 유지시킨다.

② ㉠은 ㉡과 달리 세포 안으로 나트륨 이온이 들어오지 못하도록 방해한다.

③ ㉡은 ㉠과 달리 아세틸콜린과 화학 구조가 유사하다.

④ ㉡은 ㉠과 달리 아세틸콜린의 분비에 영향을 미치지 않는다.

⑤ ㉠과 ㉡은 모두 신경 세포에서 활동 전위가 일어나지 못하게 방해한다.

04

윗글을 바탕으로 〈보기〉를 이해한 내용으로 적절하지 않은 것은?

보기
○A의 잎에는 알칼로이드에 속하는 스코폴라민이 포함되어 있는데, 강한 쓴맛 때문에 동물에게 먹히지 않는다. 스코폴라민이 몸속에 들어오면 아세틸콜린 수용체와 결합하므로 멀미약의 성분으로 이용된다.
○B는 꼬리에 있는 독침에서 분비되는 단백질 계열의 카리브도톡신을 이용한다. 카리브도톡신이 먹잇감인 곤충의 몸속에 들어가면 활동 전위가 계속 일어나도록 하기 때문에 시냅스 말단에서는 아세틸콜린이 과잉 분비된다.

① A의 스코폴라민은 시냅스에서 이루어지는 정보 전달을 방해하는 작용을 하겠군.

② B의 카리브도톡신은 신경의 흥분을 억제하므로 근육으로의 정보 전달을 방해하겠군.

③ A의 스코폴라민은 근육을 이완시키고, B의 카리브도톡신은 근육을 수축시키겠군.

④ A의 스코폴라민은 산성 물질을, B의 카리브도톡신은 단백질 분해 효소를 해독제로 활용할 수 있겠군.

⑤ A에게 스코폴라민은 자신을 보호하기 위한, B에게 카리브도톡신은 사냥감을 포획하기 위한 수단이겠군.

어휘 점검하기

01~04 다음 문장에 어울리는 말을 괄호 안에서 골라 ○표 하시오.

01 그는 여러 지방의 방언을 (고찰 / 성찰)하는 일에 힘을 쏟고 있다.

02 그들을 지지하는 사람들이 각 지역에 골고루 (분배 / 분포)하고 있다.

03 우리는 고정 관념을 (배제 / 전제)하고 혁신적인 제품을 개발하기로 하였다.

04 올림픽에 출전한 선수들의 실력에는 (치열 / 현격)한 차이가 존재하지 않는다.

05~08 다음 밑줄 친 말의 뜻을 〈보기〉에서 찾아 그 기호를 쓰시오.

보기
㉠ 말이나 말씨
㉡ 맨 끄트머리
㉢ 생체 내의 조직이나 세포가 부분적으로 죽는 일
㉣ 장애물에 빛이 비치거나 액체가 스미면서 통과함.

05 저 나뭇가지는 말단이 구부러져 있다.　　　(　　)

06 그의 언사는 듣는 사람을 무시하는 듯하다.　(　　)

07 빛의 투과 현상을 이용하면 물체의 내부를 확인할 수 있다.
　　　　　　　　　　　　　　　　　　　(　　)

08 현대 의학의 발달로 상처의 괴사로 인해 환자가 사망하는 일은 줄어들었다.　　　　　　　　　　　(　　)

09~12 다음 빈칸에 공통으로 들어갈 말을 〈보기〉에서 찾아 쓰시오.

보기
손상　　　유입　　　이완　　　투여

09 약을 (　　　)하다. / 자금을 (　　　)하다.
➡ _____

10 인구가 (　　)되다. / 문화가 (　　)되다.
➡ _____

11 근육이 (　　)되다. / 긴장감이 (　　)되다.
➡ _____

12 피부가 (　　)되다. / 전시 상품이 (　　)되다.
➡ _____

11강 문제 유형 살피기
관점의 비교와 평가

◉ 개념
서로 다른 두 관점을 제대로 이해하고 비교할 수 있는지를 평가하는 유형

◉ 문항의 형태
- 글에 제시된 두 입장을 비교·평가해야 하는 경우
- 〈보기〉에 특정 인물의 입장을 제시하고, 이를 글에 드러난 관점과 비교·평가해야 하는 경우

◉ 풀이 코칭

① 선택지 키워드 체크
①~⑤ 선택지의 '참/거짓'을 결정지을 만한 주요 키워드는 무엇인가?

② 키워드에 따라 〈보기〉의 관점 파악
선택지의 키워드에 대한 〈보기〉에서 설명하는 인물의 입장은 무엇인가?

③ 키워드에 따라 글의 관점 파악
선택지의 키워드에 대한 글에서 설명하는 인물의 입장은 무엇인가?

④ 선택지의 적절성 판단
각 선택지는 누구의 입장에 대해 이야기하고 있는가?

💡 유형풀이예시

1 ¹무신론자였던 사르트르는 인간은 사물과 달리 그 본질이나 목적을 가지고 판단할 수 없다고 보았다. ²인간이 신의 뜻에 따라 만들어진 존재라는 기존의 통념을 거부하면서, 인간
_{선택지 ①, ③}
은 우연히 이 세계에 내던져진 채 스스로를 만들어 가는 존재라고 보았다.

> 1문단에서는 인간의 주체성을 중시하는 사르트르의 관점에 대해 서술하고 있어.

2 ¹사르트르는 인간의 자유로운 선택이 타자와 연관된다고 여겼다. ²왜냐하면 내가 주체적
_{인간의 자유로운 선택에 영향을 미칠 수 있는 타자}　　　_{이유가 나왔어!}
의식을 지니고 살아가듯이 타자도 주체적 의식을 지니고 있어서, 내가 아무리 주체성을 지닌 존재라 하더라도 나를 바라보는 다른 사람은 나를 객체화하여 파악할 수 있기 때문이다.
_{인간의 자유로운 선택이 타자와 연관된다고 본 이유}
³그래서 사르트르는 타인의 시선으로 규정되는 인간의 모습을 일컬어 '대타존재(Being for others)'라고 명명하였다.

> 2문단에서는 사르트르의 '대타존재'의 개념에 대해 설명하고 있어. 사르트르는 인간이 자유로운 선택을 함에 있어 타자의 시선이 영향을 미친다고 보았다는 거야.

3 ¹그런데 이런 시선은 타자만 나에게 보내는 것이 아니라 나도 타자에게 보낼 수 있다.
_{화제의 전환}
²왜냐하면 서로가 서로를 대상으로 삼아 객체화하려고 하기 때문이다. ³그래서 사르트르는 나와 타자가 맺는 관계는 공존이 아니라 갈등과 투쟁으로 여겨서, '타자는 지옥이다.'라는 극단적인 표현까지 동원하기도 하였다. ⁴그러나 그는 이렇게 자신이 타자의 시선에 노출되
_{역접}　　　_{주체적 결정과 행동의 지속성 강조}
더라도 자신의 행위를 계속해 나가야 한다고 말한다. ⁵자신의 선택에 따라 행동하며 그것을 타자가 받아들이도록 함으로써 타자를 자신의 선택 속에 끌어들일 수 있는 것이다. ⁶그러니까 인간은 참된 자아를 찾기 위해 타자의 시선을 두려워하거나 피할 것이 아니라 이를 극복
_{선택지 ④}
하고 계속 자신의 행위를 선택하며 살아가야 한다.
_{선택지 ③}

> 3문단에서는 사르트르가 개인과 개인의 관계를 공존이 아닌 갈등으로 보았음을 이야기하고 있어. 나아가 사르트르는 참된 자아를 찾기 위해서 인간은 타자의 시선에 당당히 맞서 이를 극복하고 자신의 선택 속에 타자를 끌어들일 수 있어야 한다는 점을 강조했어.

4 ¹사르트르의 실존주의는 개인이 사회적 관습에 의해 제약을 받는다는 사실을 간과하였
_{선택지 ⑤}
다는 점, 나와 타자가 맺어가는 인간관계를 지나치게 비관적으로 설정하였다는 점 등에서 비판을 받기도 하였다.

> 4문단은 사르트르의 실존주의가 지닌 한계점 2가지를 언급하고 있어.

Q 윗글과 〈보기〉를 활용하여 '사르트르'와 '키르케고르'의 입장을 비교한 내용으로 적절하지 **않은** 것은?

▶ 발문에서는 지문에서 설명하고 있는 '사르트르'와 〈보기〉의 '키르케고르'의 입장을 비교할 것을 요구하고 있어. 먼저 각 선택지가 '사르트르'와 '키르케고르'의 어떤 입장에 대해 이야기하고 있는지를 살펴보고, 키워드를 중심으로 지문과 〈보기〉의 내용을 확인하며 선택지의 적절성을 판단할 수 있어야 돼.

┌─ 보기 ─────────────────────────────────────
[1]유신론적 실존주의자인 키르케고르는 인간은 스스로의 결단을 통해 자신의 삶을
결정할 수 있다고 보았다. 〔선택지 ③〕 [2]그는 참된 자아실현의 과정을 3단계로 나누었다. 〔선택지 ②〕 [3]쾌락을
추구하며 살아가는 '미적 실존'의 단계에서는 끝없는 쾌락의 추구로, 윤리 규범을 준
수하며 살아가는 '윤리적 실존'의 단계에서는 자신의 불완전성으로, 결국 절망을 느끼 〔선택지 ⑤〕
게 된다고 보았다. [4]따라서 이를 극복하고 참된 자아를 찾기 위해서는 신의 명령에 따
라 살아가는 '종교적 실존'의 단계를 스스로 선택해야 한다고 주장하였다. 〔선택지 ①, ④〕
└──

① 키르케고르와 달리 사르트르는 신에 의존하지 않는 삶을 추구했겠군.

② 사르트르와 달리 키르케고르는 자아실현의 과정이 단계별로 진행된다고 생각했겠군.

③ 사르트르와 키르케고르는 모두 인간이 자신의 삶을 주체적으로 결정할 수 있다고 믿었겠군.

④ 사르트르와 키르케고르는 모두 참된 자아를 찾기 위해서 극복해야 할 대상이 있다고 여겼겠군.

⑤ 사르트르와 키르케고르는 모두 윤리 규범과 같은 사회적 관습을 지키는 것이 중요하다고 여겼겠군.

정답 ⑤

개념 적용 문제
· 정답 34쪽

01 다음 진술에 대한 사르트르의 입장이 드러나 있는 문단과 문장의 번호를 쓰시오.

(1) 사르트르는 무신론자이다. ➡ _____문단 _____문장

(2) 사르트르는 나와 타자가 맺은 관계를 갈등과 투쟁으로 여겼다. ➡ _____문단 _____문장

(3) 사르트르는 타인의 시선으로 규정되는 인간의 모습을 '대타존재'라고 명명하였다. ➡ _____문단 _____문장

(4) 사르트르는 인간을 우연히 세계에 내던져져 스스로를 만들어 가는 존재라고 보았다. ➡ _____문단 _____문장

(5) 사르트르의 실존주의는 개인이 사회적 관습에 의해 제약을 받는다는 사실을 간과하였다. ➡ _____문단 _____문장

(6) 사르트르는 인간이 참된 자아를 찾기 위해서는 타자의 시선을 극복하고 자신의 행위를 선택해야 한다고 주장하였다. ➡ _____문단 _____문장

02 다음 질문에 대한 두 인물의 입장을 정리하려고 한다. 긍정이면 ○, 그렇지 않으면 ×를 써 넣으시오.

(1) 신에 의존하지 않는 삶을 추구하는가? ➡ 사르트르 (   ), 키르케고르 (   )

(2) 자아실현의 과정은 단계별로 진행되는가? ➡ 사르트르 (   ), 키르케고르 (   )

(3) 인간은 자신의 삶을 주체적으로 결정할 수 있는가? ➡ 사르트르 (   ), 키르케고르 (   )

(4) 참된 자아를 찾기 위해 극복해야 할 대상이 있는가? ➡ 사르트르 (   ), 키르케고르 (   )

(5) 자아실현의 과정에 윤리 규범과 같은 사회적 관습이 영향을 미치는가? ➡ 사르트르 (   ), 키르케고르 (   )

독일에서 봉건 사회가 무너지기 시작하고 시민 사회로 넘어가던 1820년경부터 1850년 무렵까지의 과도적인 혼돈 시기를 '비더마이어 시대'라고 한다. 비더마이어는 '정직' 또는 '우직하다*'를 뜻하는 '비더'와 '가장 흔한 남자 이름'인 '마이어'의 합성어로, 음악과 미술, 문학 등에서 나타난 예술적 경향이었다. 음악에서의 비더마이어는 밝고 경쾌하다는 긍정적인 평가보다는 저급하다는 부정적인 평가를 받았는데, 그 까닭은 당시의 유행 사조였던 낭만주의와 밀접한 5 관련이 있다.

당시 비더마이어에 대한 올바른 이해를 시도한 대표적인 학자로는 ㉠호이스너가 있다. 그는 리트*의 서정적인 측면과 오페라나 징슈필*에서 보이는 밝고 가벼운 특성을 하나의 음악 양식으로 규정하여 그것을 비더마이어라고 보았다. 그런데 이런 입장은 비더마이어와 자유로운 개성을 추구하는 낭만주의와의 경계를 모호하게 만들어 버리는 문제점을 드러내었다. 10

양식적 측면에서 낭만주의와 비더마이어와의 구분이 불분명해지는 현상이 나타나자 독일의 음악학자 ㉡카를 달하우스는 그 둘을 보다 분명하게 구분하기 위해 기준을 제시했다. 달하우스는 낭만주의는 근본적으로 '정신사'의 입장에서, 그리고 비더마이어는 '제도사'의 입장에서 이해해야 한다고 주장했다. 즉 낭만주의는 예술성을 바탕으로 접근해야 하고, 비더마이어는 음악의 실제 공연 상황과 관련된 제도적 측면을 고려해서 판단해야 한다는 것이다. 15

실제로 비더마이어와 낭만주의는 여러 부문에서 대조적이다. 낭만주의는 당시 유행하며 설립되던 사회적 음악 단체에 반대의 입장을 취했다. 낭만주의 예술관은 독창성을 바탕으로 창작된, 뛰어난 작곡가들의 실험성과 진보성이 담긴 작품을 선호했으며, 이들 작품은 주로 소수의 지적(知的) 수준을 갖춘 청중들에게만 수용되었다. 이에 반해 비더마이어의 작품들은 당시의 시민 계급이 즐겼던 대중적 성격을 지닌 음악 축제나 가정 음악을 염두*에 두고 작곡된 것 20 들이었다. 이들 음악 축제나 가정 음악회는 20세기에서처럼 상업적 중개인에 의해 조직되지 않았으며, 오로지 대중들의 관심과 노력에 의해 자생적*으로 만들어졌다. 음악적 여흥을 위해 작곡된 작품들은 다수 시민 계층의 취향에 부합*했다. 여기에서 연주되거나 불리는 음악은 낭만주의가 요구하는 독창성, 실험성, 진보성을 지닌 것이 아니라 실용성을 지닌 것이었다. 즉 비더마이어 음악은 누구나 이해할 수 있는 표현을 통해 재미를 느끼게 해 주었을 뿐만 아니라 25 음악을 통해 서로 친해질 수 있는 기회를 제공했던 것이다.

비더마이어의 이러한 성격은 당시 지배적이었던 낭만주의의 독창성 미학에 정면으로 배치*되는 것이어서 비판을 받기도 하였다. 하지만 비더마이어는 19세기 중엽까지 하나의 경향으로 굳어졌다. 비더마이어의 맥락에서 작곡된 작품들은 대중들의 여흥 및 사교에 부합했고, 동시에 음악 교육을 널리 확산시키는 데 기여했다는 평가를 받고 있다.

어휘 풀이

• 우직하다 어리석고 고지식하다.

• 리트 독일의 가곡

• 징슈필 18세기 독일에서 유행한 민속 음악극

• 염두 마음의 속

• 자생적 저절로 나거나 생기는

• 부합 부신(符信)이 꼭 들어맞듯 사물이나 현상이 서로 꼭 들어맞음.

• 배치 서로 반대로 되어 어그러지거나 어긋남.

01

윗글의 표제와 부제로 가장 적절한 것은?

① 비더마이어 음악의 성립 과정
　　— 독일 봉건주의와 시민 사회
② 비더마이어 음악의 예술적 의의
　　— 실험성과 진보성을 중심으로
③ 비더마이어 음악과 낭만주의의 관계
　　— 슈만의 사례를 중심으로
④ 비더마이어 음악에 대한 이해
　　— 낭만주의와의 비교를 중심으로
⑤ 독일 시민 사회와 비더마이어 음악의 특징
　　— 음악에 국한되지 않는 보편성

02

㉠, ㉡에 대한 설명으로 가장 적절한 것은?

① ㉠은 작품을 중심으로, ㉡은 작곡가를 중심으로 비더마이어의 특성을 파악했다.
② ㉠은 비더마이어의 부정적인 측면에 주목했고, ㉡은 낭만주의의 긍정적인 측면에 주목했다.
③ ㉠은 비더마이어의 개념을 정립했고, ㉡은 비더마이어의 시대에 따른 발전 양상을 정리했다.
④ ㉠은 비더마이어의 서정적인 측면을 중시했고, ㉡은 비더마이어의 풍자적인 측면을 중시했다.
⑤ ㉠은 양식적인 측면을, ㉡은 정신적·제도적 측면을 중심으로 비더마이어를 낭만주의와 구별하려고 했다.

03

윗글을 참고하여 〈보기〉를 이해한 내용으로 적절하지 않은 것은?

> ┌ 보기 ┐
>
> 이 그림은 모리츠 폰 슈빈트가 그린 것으로, '슈베르티아테', 즉 슈베르트의 음악을 감상하기 위해 슈베르트와 그의 친구들이 모였던 자생적 예술 모임의 모습을 담고 있다. 오늘날 슈베르트는 낭만주의의 선구자로 불리지만 당대에는 그리 높은 평가를 받지 못하였다. 초창기의 슈베르트 연주회는 친구의 집에서 가족과 지인을 중심으로 여흥을 즐기며 실내악을 연주하는 형태였으나, 화가 슈빈트를 비롯하여 빈의 뛰어난 젊은 예술가들과 유명 극작가 그릴파르처 등이 참석하면서 점점 수준 높고 독창성 있는 음악을 연주하는 음악회가 되었다.

① 슈베르트가 당대에 그리 높은 평가를 받지 못했던 것은 그가 비더마이어 시대에 주로 활동한 음악가였기 때문이겠군.
② 슈베르트의 초기 가정 음악회는 자생적인 음악 모임이었다는 점에서 비더마이어로서의 성격을 띠고 있다고 할 수 있겠군.
③ 슈베르트가 후대에 낭만주의의 선구자라고 평가받은 것은 그의 음악에서 독창성과 진보성을 확인할 수 있었기 때문이겠군.
④ 초기의 가정 음악회에서 연주된 슈베르트의 음악은 여흥을 즐기기 위한 음악이었다는 점에서 실용성을 지닌 비더마이어의 성향을 띠고 있었다고 볼 수 있겠군.
⑤ 빈의 뛰어난 예술가와 유명 작가의 참석으로 가정 음악회의 품격이 높아진 후 음악회에서 연주된 슈베르트의 음악은 낭만주의의 음악으로 평가될 수도 있었겠군.

지문 더보기

| 문단 정리 |

1문단 ＿＿＿＿＿＿의 어원과 당대의 평가
2문단 비더마이어에 대한 ＿＿＿＿＿의 견해와 문제점
3문단 낭만주의와 비더마이어의 ＿＿＿＿ 기준을 제시한 카를 달하우스
4문단 비더마이어와 ＿＿＿＿＿의 특성 비교
5문단 비더마이어의 음악사적 ＿＿＿＿

| 주제 | ＿＿＿＿＿와 구분되는 비더마이어의 예술적 경향

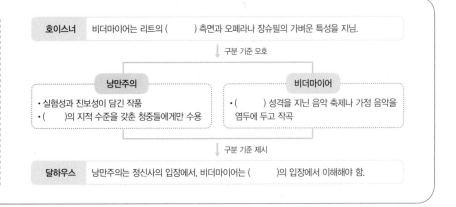

호이스너　비더마이어는 리트의 (　　　) 측면과 오페라나 징슈필의 가벼운 특성을 지님.

↓ 구분 기준 모호

낭만주의
· 실험성과 진보성이 담긴 작품
· (　　　)의 지적 수준을 갖춘 청중들에게만 수용

비더마이어
· (　　　) 성격을 지닌 음악 축제나 가정 음악을 염두에 두고 작곡

↓ 구분 기준 제시

달하우스　낭만주의는 정신사의 입장에서, 비더마이어는 (　　　)의 입장에서 이해해야 함.

유사 문제로 **확장하기**

독해 Guide

1문단의 내용에서 이 글은 동양 유교 사상가들의 욕망 담론을 다룬 것임을 알 수 있어. 이 글은 욕망을 바라보는 공자와 맹자, 순자, 주희의 사상 철학을 설명하는 것이므로, 각 사상 철학자들의 관점이 어떻게 다른지를 확인하며 독해하는 것이 중요해.

동양 철학은 서양의 이성 중심적 금욕주의 못지않게 욕망 담론에 있어 뛰어난 통찰을 보여 주었는데, 대표적인 유교 사상가들의 철학을 통해 이를 확인할 수 있다. 우선 공자의 사상에 대해 살펴보자. 공자의 사상은 인(仁)에 바탕을 두고 있다. 그는 자기를 이겨서 예(禮)로 돌아가는 것이 인이며, 자기를 이기기 위해서는 항상 예에 어긋나지 않도록 해야 한다고 강조하였다. 여기서 '자기'란 몸의 욕망을 가리킨다. 공자는 군자는 욕망을 제압*할 수 있기 때문에 음 5 악을 즐길 수 있는 반면, 소인은 욕망에 이끌리므로 음악을 즐길 수 없다고 주장하며 욕망을 충분히 제압해야만 남을 너그럽게 배려하고 사랑할 수 있고, 더 나아가 음악 같은 예술을 즐길 수도 있음을 역설하였다.

㉠맹자는 사람이 가지고 있는 네 가지 마음씨를 사단(四端)으로 정의하고, 이러한 마음으로 인해 인간의 본성이 선하다고 보았다. 그리고 사단은 누구나 가지고 태어나지만 욕망이 사람 10 의 선한 본성을 가리게 되면 악한 행동을 하게 된다고 하였다. 그는 악에 빠지지 않기 위해서는 마음을 수양*하여 욕망을 제어해야 한다고 하며, 그 방법으로서 과욕(寡慾)*을 제시하였다. 맹자는 인간은 욕망에 휘둘릴 수밖에 없는 존재이지만 본성이 선하기 때문에 선한 본성을 확충하는 마음의 수양을 통하여 욕망을 줄여 나갈 수 있다고 본 것이다.

㉡순자는 인간이 태생적으로 욕망에 사로잡혀 색(色)을 밝힐 뿐만 아니라 만족할 줄도 모른 15 다고 여겼다. 이기적 욕망이 본성이기 때문에 사리를 판단하는 도덕적 능력이 있더라도 이것만으로는 욕망을 감당하기 힘들다고 보았다. 순자는 사람의 본성이 악하기 때문에 인위적으로 선해질 수 있을 뿐인데, 사람이 인위적으로 선해지려면 마음의 수양만으로는 부족하다고 생각했다. 예를 통해 인간의 외면을 강제적으로 규율하지 않으면 본성인 욕망을 길들일 수가 없다고 본 것이다. 이런 점에서 볼 때 순자는 맹자보다 욕망을 더 강력하게 제어*할 필요성을 느꼈 20 다고 볼 수 있다.

㉢주희는 맹자의 성선설을 인정하였지만 맹자가 사람이 악한 쪽으로 기우는 까닭을 충분히 해명*하지 못했다고 여겼다. 그는 사람의 본성을 본연지성(本然之性)과 기질지성(氣質之性)으로 나누어 해명하려 하였다. 본연지성은 순수하고 선하다. 그러나 사람에 따라 차별되는 기질지성은 그 내용이 정욕이므로 악으로 흘러가기 쉽다. 그러므로 사람이 악해지는 것은 기질의 25 치우침 때문이다. 본연지성에 하늘의 이치가 대응하고 기질지성에 사람의 욕심이 대응한다. 하늘의 이치와 사람의 욕심은 서로 용납하지 않기 때문에 한쪽이 이기면 다른 쪽은 물러나기 마련이다. 그러므로 주희는 욕심을 경계하여 매사에 조심스럽고 경건하게 살아갈 뿐만 아니라 하늘의 이치를 투철하게* 밝히는 공부에 힘쓰라고 권고하였다.

주희의 성리학은 맹자의 성선설에서 출발하지만 욕망에 대하여 순자의 예(禮)만큼이나 준엄 30 하기 그지없다. 그런 점에서 유교 철학의 금욕주의는 실질적으로 주희의 성리학에서 완성되었다고 할 수 있다. 그 뒤 성리학의 금욕주의는 양명학으로 이어져 천여 년 동안 동아시아를 지배하였다.

어휘풀이

● **제압** 위력이나 위엄으로 세력이나 기세 따위를 억눌러서 통제함.

● **수양** 몸과 마음을 갈고닦음.

● **과욕** 욕심이 적음. 또는 그 욕심

● **제어** 감정, 충동, 생각 따위를 막거나 누름.

● **해명** 까닭이나 내용을 풀어서 밝힘.

● **투철하다** 사리에 밝고 정확하다.

01

윗글의 내용 전개 방식으로 가장 적절한 것은?

① 설명 대상에 대한 논의의 변화 과정을 공시적 방법으로 제
시하고 있다.

② 설명 대상과 관련한 개념을 정의함으로써 논의의 범위를
명확하게 한정하고 있다.

③ 설명 대상에 대해 대립하는 의견들의 장단점을 분석하여
통합을 시도하고 있다.

④ 설명 대상에 대한 학자들의 주장을 제시하고 주장의 근거
나 이유를 설명하고 있다.

⑤ 설명 대상과 관련된 구체적 사례를 제시함으로써 현실과의
연관성을 보여 주고 있다.

02

윗글을 읽은 학생의 반응으로 적절하지 않은 것은?

① 공자는 자기를 제압하여 예로 돌아간 사람만이 음악을 즐
길 수 있다고 생각하였군.

② 공자는 소인은 몸의 욕망을 이기지 못하는 자로 남을 너그
럽게 배려하지 못하는 존재로 여겼군.

③ 맹자는 인간은 근본적으로 사단을 갖고 있으므로 본성이
선한 존재라고 인식하였군.

④ 주희는 인간의 본성과 이를 제어하는 엄격한 방법에 대해
맹자의 견해를 그대로 계승하고 있군.

⑤ 주희는 욕심에 대응하는 기질지성을 본연지성이 이기게 하
는 방법으로 욕심을 제어할 수 있다고 보았군.

03

**〈보기〉에 대해 ㉠~㉢이 보일 반응을 추론한 내용으로 적절하지
않은 것은?**

┌─ 보기 ┐
　우리는 언론 매체를 통해 경제적으로 부유하면서도 자신
의 현재 상황에 만족하지 않고 더 많은 부를 얻고자 하는
욕망에 사로잡혀 불법적인 일도 서슴지 않다가 결국 발각
되어 법의 심판을 받게 되는 경우를 종종 접하게 된다.
└─────────────────────────────────┘

① ㉠: 자신의 욕망을 위해 불법적인 일을 저질렀지만 언제든
수양을 통하여 욕망을 완전히 제거할 수 있다.

② ㉡: 불법적인 일까지 저지르며 자신의 욕망을 이루려는 모
습은 인간의 악한 본성에 기인한다.

③ ㉡: 욕망을 길들이기 위해서는 불법적인 일을 저지르지 못
하게 하는 강제적인 규율이 필요하다.

④ ㉢: 욕망 실현을 위해 불법적인 일을 저지른 것은 정욕을
내용으로 하는 기질에의 치우침 때문이다.

⑤ ㉢: 하늘의 이치를 투철하게 밝히는 공부를 통해 불법적인
일을 저지르려는 마음을 제어할 수 있다.

 지문 더보기

|문단 정리|

1 문단 욕망에 대한 _____의 담론
2 문단 욕망에 대한 _____의 담론
3 문단 욕망에 대한 _____의 담론
4 문단 욕망에 대한 _____의 담론
5 문단 유교 철학의 금욕주의와 주희의 _____

|주제| 동양 유교 사상가들의 _____에 대한
담론

┌─ 공자 ─┐
• 인(仁)에 바탕을 둠.
• (　　), 즉 몸의 욕망을 이겨 예로 돌아가야 함.
└────────┘

┌─ 순자 ─┐
• 도덕적 능력으로 욕망을 감당할 수 없음.
• 인간의 외면을 (　　)으로 규율해야 함.
└────────┘

┌─ 맹자 ─┐
• 욕망이 사람의 선한 본성을 가림.
• 악에 빠지지 않기 위해서 마음을 (　　)해야 함.
└────────┘

욕망

┌─ 주희 ─┐
• 악해지는 것은 (　　)의 치우침 때문임.
• (　　)의 이치를 밝히는 공부에 힘써야 함.
└────────┘

[01~04] 다음 글을 읽고, 물음에 답하시오.

　미술관에서 오랫동안 움직이지 않고 서 있는 관광객 차림의 부부를 본다면 사람들은 다시 한 번 바라볼 것이다. 그리고 그것이 미술 작품이라는 것을 알면 놀랄 것이다. 이처럼 현실에 존재하는 것을 실재*라고 믿을 수 있도록 재현*하는 유파를 하이퍼리얼리즘이라고 한다.

　관광객처럼 우리 주변에서 흔히 볼 수 있는 것을 대상으로 고르면 ㉠현실성이 높다고 하고, 그 대상을 시각적 재현에 ⓐ기대어 실재와 똑같이 표현하면 ㉡사실성이 높다고 한다. 대상의 현실성과 표현의 사실성을 모두 추구한 하이퍼리얼리즘은 같은 리얼리즘 경향에 ⓑ드는 팝아트와 비교하면 그 특성이 잘 드러난다. 이들은 1960년대 미국에서 발달하여 현재까지 유행하고 있는 유파로, 당시 자본주의 사회의 일상의 모습을 대상으로 삼은 점에서는 공통적이다. 팝아트는 대상을 함축적으로 변형했지만 하이퍼리얼리즘은 대상을 정확하게 재현하려고 하였다. 그래서 팝아트는 주로 대상의 현실성을 추구하지만, 하이퍼리얼리즘은 대상의 현실성뿐만 아니라 트롱프뢰유*의 흐름을 ⓒ이어 표현의 사실성도 추구한다. 팝아트는 대상의 정확한 재현보다는 대중과 쉽게 소통할 수 있는 인쇄 매체를 주로 활용한 반면에, 하이퍼리얼리즘은 새로운 재료나 기계적인 방식을 적극 사용하여 대상을 정확히 재현하는 방법을 추구하였다.

　자본주의 일상을 사실적으로 표현한 하이퍼리얼리즘의 대표적인 작가에는 핸슨이 있다. 그의 작품 ㉢〈쇼핑 카트를 밀고 가는 여자〉(1969)는 물질적 풍요함 속에 매몰되어 살아가는 당시 현대인을 비판적 시각에서 표현한 작품으로 해석할 수 있다. 이 작품의 대상은 상품이 가득한 쇼핑 카트와 여자이다. 그녀는 욕망의 주체이며 물질에 대한 탐욕을 상징하고 있고, 상품이 가득한 쇼핑 카트는 욕망의 객체이며 물질을 상징하고 있다. 그래서 여자가 상품이 넘칠 듯이 가득한 쇼핑 카트를 밀고 있는 구도는 물질적 풍요 속에서의 과잉* 소비 성향을 보여 준다.

　이 작품의 기법을 ⓓ보면, 생활 공간에 전시해도 자연스럽도록 작품을 전시 받침대 없이 제작하였다. 사람을 보고 찰흙으로 형태를 만드는 방법 대신 사람에게 직접 석고를 덧발라 형태를 뜨는 실물 주형 기법을 사용하여 사람의 형태와 크기를 똑같이 재현하였다. 또한 기존 입체 작품의 재료인 청동의 금속재 대신에 합성수지, 폴리에스터, 유리 섬유 등을 사용하고 에어브러시로 채색하여 사람 피부의 질감과 색채를 똑같이 재현하였다. 여기에 오브제*인 가발, 목걸이, 의상 등을 덧붙이고 쇼핑 카트, 식료품 등을 그대로 사용하여 사실성을 ⓔ높였다.

　리얼리즘 미술의 가장 큰 목적은 현실을 포착하고 그것을 효과적으로 전달하는 것이다. 작가가 포착한 현실을 전달하는 표현 방법은 다양하다. 하이퍼리얼리즘과 팝아트 등의 리얼리즘 작가들은 대상들을 그대로 재현하거나 함축적으로 변형하는 등 자신만의 방법으로 현실을 전달하여 감상자와 소통하고 있다.

* **실재** 실로로 존재함.
* **재현** 다시 나타남. 또는 다시 나타냄.
* **트롱프뢰유** '속임수 그림'이란 말로 감상자가 실물처럼 착각할 정도로 정밀하게 재현하는 것
* **과잉** 예정하거나 필요한 수량보다 많아 남음.
* **오브제** 일상 용품이나 물건을 본래의 용도로 쓰지 않고 예술 작품에 사용하는 기법 또는 그 물체

01

㉠과 ㉡을 중심으로 윗글을 이해한 내용으로 적절한 것은?

① 팝아트와 하이퍼리얼리즘은 모두 당시 자본주의의 일상을 대상으로 삼아 ㉠을 높였다.
② 팝아트는 대상을 함축적으로 변형했다는 점에서 하이퍼리얼리즘과 달리 ㉡이 높다고 할 수 있다.
③ 하이퍼리얼리즘이 팝아트와 달리 트롱프뢰유의 전통을 이은 것은 ㉠을 추구하기 위해서이다.
④ 팝아트와 하이퍼리얼리즘이 주로 인쇄 매체를 활용한 것은 ㉡을 추구하기 위한 것이다.
⑤ 팝아트와 하이퍼리얼리즘은 모두 ㉠과 ㉡을 동시에 추구한다는 점에서 리얼리즘 유파에 해당한다.

02

㉢에 대한 설명으로 적절하지 않은 것은?

① 재현한 인체에 실제 사물인 오브제를 덧붙이고 받침대 없이 전시하여 실재처럼 보이게 하였다.
② 찰흙으로 원형을 만들지 않고 사람에게 석고를 덧발라 외형을 뜨는 기법을 사용하여 형태를 정확히 재현하였다.
③ 현실을 효과적으로 전달하기 위해 욕망의 주체는 실물과 똑같은 크기로, 욕망의 객체는 실재 그대로 제시하였다.
④ 인체의 피부 질감을 재현할 수 있었던 것은 합성수지, 폴리에스터, 유리 섬유 따위의 신재료를 사용했기 때문이다.
⑤ 당시 자본주의 사회에서의 합리적인 소비 성향을 반영하기 위해 주변에서 흔히 볼 수 있는 소비자와 상품을 제시하였다.

03

윗글의 '핸슨'의 작품과 〈보기〉의 작품을 바탕으로 할 때, 작가들이 자신의 입장에서 상대를 비평하는 말로 가장 적절한 것은?

┌ 보기 ┐
쿠넬리스는 주변에서 흔히 볼 수 있는 살아 있는 말 12마리를 화랑 벽에 매어 놓고, 감상자가 화랑이라는 환경 안에 놓인 실제 말들의 존재와 말들의 온기와 냄새, 그리고 소리를 체험해서 다양하게 작품의 의미를 만들도록 하였다.
코수스는 '의자의 사진', '실제 의자', '의자의 언어적인 개념' 세 가지 모두를 한 공간에 배치하여, 대상을 나타내는 여러 가지 방식이 존재할 수 있음을 보여 주었다.

쿠넬리스, 〈무제〉　　　코수스, 〈하나, 그리고 세 개의 의자〉

① 핸슨이 쿠넬리스에게: 미술은 시각적인 체험뿐만 아니라 청각, 후각 등 다양한 체험이 감상의 기준이 되어야 한다.
② 핸슨이 코수스에게: 미술에서 대상은 일상적이고 평범한 것이 아니라 역사적으로나 정치적으로 가치 있어야 한다.
③ 쿠넬리스가 핸슨에게: 미술에서 재현의 가장 효과적인 방법은 실물 주형의 기법보다 대상을 그대로 제시하는 것이어야 한다.
④ 쿠넬리스가 코수스에게: 미술에서 작품의 의미는 감상자가 실제 대상을 대면해서 만들어지는 것이 아니라 작가에 의해서 만들어지는 것이어야 한다.
⑤ 코수스가 쿠넬리스에게: 미술에서 대상을 재현할 때는 대상의 이미지보다 그 대상 자체만을 제시해야 한다.

04

문맥상 ⓐ~ⓔ와 가장 가까운 의미로 쓰인 것은?

① ⓐ: 누나가 그린 그림을 벽면 한쪽에 기대어 놓았다.
② ⓑ: 그때는 언니도 노래를 잘 부르는 축에 들었다.
③ ⓒ: 1학년이 출발한 데 이어 2학년도 바로 출발했다.
④ ⓓ: 사무실에는 회계를 보는 직원만 혼자 들어갔다.
⑤ ⓔ: 그는 이번 조치에 대해 비판의 목소리를 높였다.

어휘 점검하기

01~04 다음 밑줄 친 어휘의 뜻으로 알맞은 것의 기호를 고르시오.

01 정신을 수양하는 데는 독서만 한 것이 없다.
◎ ㉠ 몸과 마음을 갈고닦음. / ㉡ 몸과 마음을 굳세게 함.

02 그는 우직하게 자기가 맡은 일에만 충실했다.
◎ ㉠ 순진하고 어설프게 / ㉡ 어리석고 고지식하게

03 그 행사장은 인기 영화 속의 배경을 재현하고 있었다.
◎ ㉠ 다시 나타냄. / ㉡ 다시 되풀이함.

04 마을 뒷산의 너른 풀밭은 자생적으로 생겨난 것이다.
◎ ㉠ 저절로 나거나 생기는 것 / ㉡ 반드시 그렇게 될 수밖에 없는 것

05~08 〈보기〉를 활용하여 밑줄 친 말과 바꿔 쓰기에 알맞은 말을 문맥에 맞게 쓰시오.

┌ 보기 ┐
배치되다　　부합하다　　실재하다　　투철하다

05 그 드라마는 실제로 존재했던 인물의 이야기를 소재로 삼았다. ◎ ＿＿＿＿＿

06 나이가 들면 이상과 현실이 서로 꼭 들어맞지 않는다는 것을 알게 된다. ◎ ＿＿＿＿＿

07 우리 사회의 문제점에 대한 그의 비판은 매우 사리에 밝고 정확한 견해였다. ◎ ＿＿＿＿＿

08 법규와 서로 반대로 되어 어긋나게 되는 행동을 하면 처벌을 받을 수도 있다. ◎ ＿＿＿＿＿

09~12 다음 빈칸에 들어갈 말을 〈보기〉에서 찾아 쓰시오.

┌ 보기 ┐
과잉　　제압　　제어　　해명

09 부부는 아이들을 (　　)보호하지 않으려고 애썼다.
예정하거나 필요한 수량보다 많아 남음.

10 그는 먼저 기합 소리로 상대 선수를 (　　)하였다.
위력이나 위엄으로 세력이나 기세 따위를 억눌러서 통제함.

11 친구는 거짓말한 이유를 (　　)하기 위해 집으로 찾아왔다.
까닭이나 내용을 풀어서 밝힘.

12 화를 스스로 (　　)하지 못하고 드러내면 실수를 하게 된다.
감정, 충동, 생각 따위를 막거나 누름.

문제 유형 살피기
구체적 상황에 적용

◎ 개념
글에 드러난 개념이나 원리를 구체적 상황에 적용하여 추론할 수 있는지를 평가하는 유형

◎ 문항의 형태
- 〈보기〉에 구체적 사례를 제시하고 이를 해석해야 하는 경우
- 글과 〈보기〉의 구체적 사례를 종합하여 결론을 도출해야 하는 경우

◎ 풀이 코칭

① 〈보기〉의 주요 내용 파악
〈보기〉는 무엇에 대해 이야기하고 있는가?

② 글의 관련 내용 확인
글에 〈보기〉와 관련하여 언급되어 있는 내용은 무엇인가?

③ 글의 내용을 〈보기〉에 적용
글의 관점, 원리 등을 〈보기〉에 적용할 때, 도출할 수 있는 새로운 정보는 무엇인가?

④ 선택지의 적절성 판단
새롭게 도출한 정보를 바탕으로 각 선택지의 적절성을 판단할 수 있는가?

유형풀이예시

1 ¹수요의 가격탄력성은 가격이 변할 때 수요량이 변하는 정도를 나타내는 지표다. ²가격
수요의 가격탄력성의 개념
변화에 따른 수요량의 변화가 민감하면 탄력적이라 하고, 가격 변화에 따른 수요량의 변화
가 민감하지 않으면 비탄력적이라고 한다.

2 ¹수요의 가격탄력성에 영향을 주는 대표적인 요인에는 세 가지가 있다. ²첫째, 대체재의
요인 ①
존재 여부이다. ³어떤 상품에 밀접한 대체재가 있으면, 소비자들은 그 상품 대신에 대체재
를 사용할 수 있으므로 그 상품 수요의 가격탄력성은 탄력적이다. ⁴둘째, 필요성의 정도이
요인 ②
다. ⁵필수재 수요의 가격탄력성은 대체로 비탄력적인 반면에, 사치재 수요의 가격탄력성은
대체로 탄력적이다. ⁶셋째, 소득에서 지출이 차지하는 비중이다. ⁷해당 상품을 구매하기 위
요인 ③
한 지출이 소득에서 차지하는 비중이 높을수록 수요의 가격탄력성은 커진다. ⁸소득에서 차
지하는 비중이 큰 상품의 가격이 인상되면 개인의 소비 생활에 지장을 초래할 수 있으므로
그만큼 가격 변화에 민감하게 반응할 수밖에 없다.

3 ¹그렇다면 수요의 가격탄력성은 어떻게 계산할 수 있을까? ²수요의 가격탄력성은 수
요량의 변화율을 가격의 변화율로 나눈 값이다.
수요의 가격탄력성의 계산식

[A]

$$\text{수요의 가격탄력성} = \left| \frac{\text{수요량의 변화율}}{\text{가격의 변화율}} \right| = \left| \frac{\text{수요량 변화분 / 기존 수요량}}{\text{가격 변화분 / 기존 가격}} \right|$$

³예를 들어 아이스크림 가격이 10% 인상되었는데, 아이스크림 수요량이 20% 감소했다
고 하자. ⁴이 경우 수요량의 변화율이 가격 변화율의 2배에 해당하므로 수요의 가격탄
력성은 2가 된다. ⁵일반적으로 수요의 가격탄력성이 1보다 크면 탄력적, 1보다 작으면
비탄력적이라 하고, 수요의 가격탄력성이 1이면 단위탄력적이라 한다.

> 1문단에서는 이 글의 주요 화제인 수요의 가격탄력성의 개념을 언급하고 있어. 수요의 가격탄력성이 탄력적인 경우와 비탄력적인 경우의 개념을 잘 알아둬야 해.

> 2문단에서는 수요의 가격탄력성에 영향을 주는 요인 세 가지를 설명하고 있어. 첫째, 둘째, 셋째와 같은 표지를 기준으로 내용을 이해하면 돼.

> 3문단에서는 수요의 가격탄력성의 계산식을 제시하고 있어. 수요의 가격탄력성은 결국 가격의 변화에 대한 수요량의 변화율을 나타내는 것으로, 가격탄력성이 탄력적인 경우와 비탄력적인 경우는 문제로 출제될 가능성이 크니 정리해서 기억해 두는 것이 좋아.

Q 〈보기〉는 김밥과 영화 관람권의 가격 인상 이후 하루 동안의 수요량 감소를 나타낸 표이다. [A]를 바탕으로 〈보기〉를 탐구한 내용으로 적절한 것은?

▶ 선택지의 내용이 복잡해 보이지만, 결과적으로 김밥과 영화 관람권 수요의 가격탄력성만 구하면 해결되는 문제야. 우선 문제와 관련하여 [A]의 핵심 정보나 원리를 이해하는 것이 중요해. [A]의 수요의 가격탄력성을 구하는 공식을 적용해 선택지에서 언급한 내용을 정리하고 선택지의 적절성을 확인해 보자.

보기

구분	김밥	영화 관람권
기존 가격	2,000원	10,000원
가격 변화분	500원	2,000원
기존 수요량	100개	2,500장
수요량 변화분	20개	1,000장

※ 단, 김밥과 영화 관람권의 가격과 수요량에 영향을 끼치는 다른 요인은 없는 것으로 한다.

① 김밥은 가격의 변화율이 수요량의 변화율보다 작다.
　　　　　　= 수요의 가격탄력성이 1보다 큼.
② 영화 관람권은 가격의 변화율이 수요량의 변화율보다 크다.
　　　　　　　= 수요의 가격탄력성이 1보다 작음.
③ 김밥과 영화 관람권 수요의 가격탄력성은 모두 1보다 작다.
④ 김밥과 영화 관람권은 가격의 변화율에 대한 수요량의 변화율이 같다.
　　　　　　　　　= 수요의 가격탄력성
⑤ 김밥 수요의 가격탄력성은 비탄력적이고, 영화 관람권 수요의 가격탄력성은 탄력적
　= 1보다 작음.　　　　　　　　　　　　　　　　　　　　=1보다 큼.
이다.

정답 ⑤

개념 적용 문제

• 정답 37쪽

01 다음 물음에 해당하는 경우를 〈보기〉에서 찾아 그 기호를 쓰시오.

보기
㉠ 수요의 가격탄력성이 1보다 클 때
㉡ 수요의 가격탄력성이 1보다 작을 때
㉢ 가격 변화에 따른 수요량의 변화가 클 때
㉣ 가격 변화에 따른 수요량의 변화가 작을 때

(1) 수요의 가격탄력성이 탄력적인 경우
➡ _____

(2) 수요의 가격탄력성이 비탄력적인 경우
➡ _____

02 위 문항의 〈보기〉를 바탕으로 다음 물음에 답하시오.

(1) 김밥의 가격 변화율은? ➡ _____
(2) 김밥의 수요량 변화율은? ➡ _____
(3) 김밥 수요의 가격 탄력성은? ➡ _____
(4) 영화 관람권의 가격 변화율은? ➡ _____
(5) 영화 관람권의 수요량 변화율은?
➡ _____
(6) 영화 관람권 수요의 가격 탄력성은?
➡ _____

03 위 문항의 〈보기〉를 바탕으로 괄호 안에서 알맞은 말을 골라 ○표 하시오.

(1) 김밥 수요의 가격탄력성은 1보다 (크므로 / 작으므로), (탄력적 / 비탄력적)이다.

(2) 영화 관람권의 수요 가격탄력성은 1보다 (크므로 / 작으므로), (탄력적 / 비탄력적)이다.

독해 Guide

이 글은 평범한 일상적 사물을 작품으로 내놓은 워홀의 사례로 시작되고 있어. 이를 보고 단토는 '미술 종말론'을 언급했다고 하였는데, 그렇다면 '미술 종말론'이란 무엇이며 단토가 이 '미술 종말론'을 주장한 의도는 무엇인지를 이해하는 데 독해의 초점을 둘 필요가 있어.

앤디워홀, 〈브릴로 박스〉

1964년 앤디 워홀은 슈퍼마켓에서 빈 상자를 몇 개 구해서 목수로 하여금 그 상품 상자와 똑같은 수백 개의 나무 상자를 만들게 했다. 그리고 워홀은 이것들에 실크 스크린으로 '브릴로 박스'라고 이름을 새겨서 뉴욕의 갤러리에 전시했다.

당시 미술계의 전문가들은 워홀의 〈브릴로 박스〉를 예술 작품으로 인 5 식하지 못한 채 평범한 상품으로 오해했고, 이에 관세[*]를 부과[*]하려는 상황까지 연출되었다. 이렇게 워홀이 일반 슈퍼마켓 상품과 외관상 식별[*]이 불가능한 〈브릴로 박스〉를 작품으로 전시한 것을 보고, 예술 철학자이자 미술 평론가인 아서 단토는 '미술 종말론'을 언급했다. 단토는 미술의 역사적 발전에 있어서 특정한 종결이 일어났으며, 서구에서 지난 6세기 동안 지속된 놀라운 창조력의 시기가 이제 종말에 다다랐다고 주장했다. 10

단토는 워홀이 〈브릴로 박스〉를 전시한 것은 미술을 '미술'로 만드는 것이 비전시적 성질들 혹은 미술 대상 그 자체의 '밖에' 있는 어떤 성질이라는 점을 밝혀 준 것이라고 설명했다. 또한 이 점이 워홀의 〈브릴로 박스〉 전시에서 가장 중요한 면이라고 보았다. 즉 평범한 사물이 상황에 따라 미술 작품이 될 수 있으며, 그것을 미술로 정의하는 것은 누군가가 그것을 통해 의도하는 바가 무엇인지와 같은, 전혀 눈에 보이지 않는 것일 수 있다는 것이다. 단토는 〈브릴로 박 15 스〉를 통해 '미술은 무엇인가'라는 질문에 대한 올바른 답을 찾아내고자 했다. 그리고 그 답은 '미술 작품과 일상 사물을 구별하는 본질적 기준은 무엇인가'라는 문제의식을 통해 얻어 낼 수 있다고 생각했다.

20세기 미술의 특징은 ⓐ무한한 다원성에서 찾을 수 있다. 어떠한 내용을 어떠한 재료와 형식으로 작품화한 경우라도 미술 작품으로 ⓑ인정될 수 있으며, 그 어떤 창작 행위가 가해 20 지지 않은 것 또한 미술 작품으로서 자격을 지닐 수 있게 된 것이다. 단토는 '미술 종말론'을 통해 이러한 상황을 설명하려고 한다. 단토가 말하는 미술의 '종말'은 더 이상 미술 작품이 창작될 수 없다거나 새로운 미술가가 나타나지 않는다는 것이 아니라, 미술이 지금까지의 협소한[*] 개념에서 벗어나 다원적[*] 창조의 자유 공간으로 ⓒ진입[*]했으며, 개방적인 변혁의 장을 새롭게 맞이하게 되었다는 것을 의미한다. 그러므로 단토가 워홀의 작품이 지금까지 지속되어 25 온 미술사를 종결시키는 데 ⓓ기여했다고 주장한 것은 미술의 새로운 시작을 ⓔ선포한 것으로 이해할 수 있다.

어휘풀이

● **관세** 국경을 통과하여 들어오는 상품에 대하여 부과하는 조세

● **부과** 세금이나 부담금 따위를 매기어 부담하게 함.

● **식별** 분별하여 알아봄.

● **협소하다** 사물을 보는 안목이나 아량이 좁다.

● **다원적** 사물이나 현상의 근원이 여러 갈래로 많은 것

● **진입** 향하여 내처 들어감.

01

윗글의 내용과 일치하지 않는 것은?

① 워홀의 〈브릴로 박스〉는 당시 미술 전문가들에게 혹평을 받았다.

② 단토는 〈브릴로 박스〉를 바탕으로 20세기 미술의 다원적 특성을 설명했다.

③ 작가의 창작 행위를 전혀 가하지 않은 일상의 실제 사물들도 미술 작품이 될 수 있다.

④ 단토는 〈브릴로 박스〉를 통해 일상 사물과 미술 작품을 구별하게 하는 기준을 밝히려고 하였다.

⑤ 단토가 언급한 미술의 '종말'은 다원적이고 개방적인 미술로의 새로운 변혁을 의미하는 긍정적 선포이다.

02

단토가 〈보기〉의 작품에 대해 보일 만한 반응으로 가장 적절한 것은?

> 보기
>
> ### 마르셀 뒤샹 〈샘(R.Mutt, 1917)〉
>
>
> 마르셀 뒤샹은 공장에서 대량 생산된 남성용 소변기를 그대로 가져다가 〈샘〉이라 제목을 붙이고 작품으로 전시했다. 작가의 창작 요소는 오직 변기에 쓴 'R.Mutt*'이라는 글자뿐이었다.
>
> *뉴욕 화장실 용품 제조사

① 협소한 미술 개념으로부터 벗어나지 못한 작품이로군.

② 작가의 창작 행위로 인해 작품의 개방적 특성이 파괴되었군.

③ '미술 종말론'으로는 설명할 수 없는 매우 독특한 작품 세계를 보이고 있군.

④ 미술을 '미술'로 만드는 성질이 미술 대상 그 자체의 '밖'에 있음을 밝히는 작품이군.

⑤ 작품의 대량 생산 체제를 통해 20세기 미술의 특징인 다원성이 확보될 수 있음을 보여 주는군.

03

문맥상 ⓐ~ⓔ와 바꿔 쓰기에 적절하지 않은 것은?

① ⓐ : 제한이 없는

② ⓑ : 받아들여질

③ ⓒ : 접어들었으며

④ ⓓ : 이바지했다고

⑤ ⓔ : 받아들인

지문 더보기

|문단 정리|

1 문단 앤디 워홀의 〈브릴로 박스〉의 _____

2 문단 단토의 _____

3 문단 단토가 생각하는 〈브릴로 박스〉의 _____

4 문단 20세기 미술의 특징과 단토의 _____의 의미

|주제| 단토가 주장한 _____의 의미

앤디 워홀 → 일상적 사물을 작품으로 전시

《   》

단토

(   )
= 미술이 (   )으로 새롭게 진입함을 의미

미술 작품으로 만들어 주는 특성 ≠ 작품의 대상
↓
(   ) 성질, 미술 대상 (   )에 있음.

유사 문제로 확장하기

독해 Guide

이 글은 열복사에 의한 에너지파와 발광에 의한 에너지파에 대해 설명하고 있어. 그렇다면 열복사에 의해 에너지파가 나오는 경우와 발광에 의해 에너지파가 나오는 경우의 차이점이 무엇인지를 이해하는 것이 좋겠지? 온도에 따라 열복사에 의해 방출되는 에너지파가 무엇인지를 확인하고, 발광의 종류에는 어떤 것이 있는지 생각하며 독해할 수 있어야 돼.

[A] ┌ 열복사란, 물체의 표면에서 열에너지가 전자기파로 방출되는 현상을 말하는 것으로, 온도 복사라고도 한다. 모든 물체는 온도에 따라 독특한 파장 범위의 전자기파를 물체 표면에서 내뿜으며 빛을 낸다. 열복사에서 나오는 전자기파는 물질의 종류와 무관하며 온도하고만 관련이 있다. 물체의 온도가 대략 400℃보다 낮으면 물체는 열복사 전자기파로 가시광선을 거의 내놓지 않고 이보다 파장이 긴 적외선만 내놓는다. 그러나 온도가 400℃ 5 보다 높으면 파장이 짧은 가시광선도 내뿜는다. 이 빛은 대략 500℃에서는 엷은 붉은색이고, 온도가 높을수록 빛의 세기는 강해지고 파장은 짧아져 950℃에서는 진한 주황색, 1100℃에서는 연한 노란색이며, 1400℃ 이상에서는 가시광선의 모든 파장의 빛이 골고루 └ 섞여 흰색이 된다.

열복사로 가시광선을 낼 수 없는 낮은 온도의 물체에서도 빛이 나오는 경우가 있는데, 이러 10 한 현상을 '발광'이라 부른다. 발광은 물질이 에너지가 높은 불안정한 상태에서 에너지가 낮은 안정한 상태가 되면서 이 사이의 에너지 차이, 즉 에너지 준위 차이에 해당하는 파장의 빛을 내놓는 것이다. 낮은 온도의 물체가 빛을 내려면 물질을 불안정한 상태, 즉 들뜬상태로 만들어 에너지를 내놓도록 하는 과정이 필요하다. 이 과정에 일반적으로 빛, 화학 반응, 전기 등이 이용된다. 광 발광, 화학 발광, 전기 발광 등의 구분은 이에 따른 것이다. 15

광 발광은 말 그대로 빛을 이용해 빛을 내게 하는 것이다. 광 발광에는 형광과 인광이 있는데, 들뜬상태에서 바로 낮은 에너지 상태로 돌아가면서 빛을 내는 것이 형광이고, 안정한 상태에서 들뜬상태로 전환되었다가 이것이 낮은 에너지 상태가 되면서 빛을 내는 것이 인광이다.

화학 발광으로는 반딧불이가 내는 빛이 대표적이다. 반딧불이의 빛은 루시페라아제라는 효소가 관여하는 생체 내 화학 반응에 의해 들뜬상태의 생성물이 만들어지고 이것이 낮은 에너 20 지 상태가 되면서 빛이 나오는 것이다. 반딧불이의 빛은 생물체가 스스로 빛을 내는 현상이기 때문에 생물 발광이라고도 한다.

전기 발광은 전류로 인해 생긴 에너지 준위 차로 빛이 나는 현상을 말한다. 최근 많이 사용되고 있는 LED는 발광 다이오드(Light Emitted Diode)의 줄임말로, 전기 발광을 이용한 것이다. LED는 전류를 가하면˚ 빛을 발하는 화합물 반도체로, p형 반도체와 n형 반도체의 접합 25 구조로 되어 있으며, 높은 에너지를 지니던 전자가 낮은 에너지 상태로 내려오면서 빛을 내는 원리를 이용한다. LED는 주로 주기율표의 13족 원소와 15족 원소로 된 화합물 반도체를 사용하는데, 화합물에 따라 나오는 빛의 색이 다르다. 이전에는 에너지 효율이 낮아 보편화˚되지 못하다가 기술 개발을 통해 새로운 광원으로 각광˚을 받고 있다.

어휘 풀이

- **가하다** 어떤 행위를 하거나 영향을 끼치다.
- **보편화** 널리 일반인에게 퍼짐. 또는 그렇게 되게 함.
- **각광** 사회적 관심이나 흥미

01

윗글의 내용과 일치하지 않는 것은?

① 반딧불이는 생체 내 화학 반응에 의해 빛을 낸다.

② 빛을 이용해 빛을 내게 하는 것을 광 발광이라고 한다.

③ 열복사 현상에서 물체의 온도가 높을수록 빛의 세기는 강해진다.

④ 온도가 400℃보다 낮은 물체는 열복사 전자기파로 파장이 긴 가시광선을 내보낸다.

⑤ 낮은 온도의 물체가 빛을 내기 위해서는 물질을 들뜬상태로 만드는 과정이 필요하다.

02

[A]를 통해 설명할 수 있는 사례로 가장 적절한 것은?

① 물이 담긴 수조에 손전등의 빛을 비추면 빛이 꺾여 나가 보인다.

② 밤하늘에 손전등을 비추면 손전등에서 나오는 빛이 직선으로 나아간다.

③ 손전등 주위에 반사갓을 설치하여 빛을 한곳에 모을 수 있도록 만든다.

④ 도자기를 굽는 사람들은 도자기 가마에서 나오는 빛의 색깔을 보고 가마의 온도를 짐작한다.

⑤ 어두운 밤에 사용하는 낚시 도구는 빛을 내는 반응이 더 잘 일어날 수 있도록 알칼리 용액을 넣어 만든다.

03

윗글을 바탕으로 〈보기〉를 이해한 내용으로 적절하지 않은 것은?

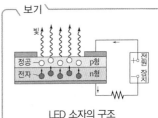

보기

LED 소자의 구조

LED는 반도체를 이용한 고효율 조명이다. p형 반도체 부분에 양의 전압을 걸어 전자를 빼내 정공을 만들고, n형 반도체 부분에는 음의 전압을 걸어 전자를 주입시켜 전자가 들뜨게 되면 이 전자가 p형 반도체 부분으로 이동해 정공과 결합하면서 빛을 낸다. LED는 반도체의 화합물을 어떻게 조합하는가에 따라 전자가 안정한 상태가 되면서 내놓는 에너지가 달라지기 때문에, 발광하는 빛의 색상 역시 다양하게 나타날 수 있다.

① LED의 불안정한 상태의 전자는 n형 반도체에서 p형 반도체로 이동하는군.

② LED는 전류로 인해 생긴 에너지 준위 차로 빛이 발생하는 전기 발광에 해당하는군.

③ LED는 전자가 안정한 상태에서 들뜬상태로 전환될 때 빛 에너지가 방출되는 것이로군.

④ LED 반도체에 사용되는 화합물이 다르다면 LED가 내는 빛의 색깔이 다를 수 있겠군.

⑤ LED의 들뜬 전자는 p형 반도체 부분의 정공과 결합하면서 안정한 상태가 되는 것이로군.

 지문 더보기

| 문단 정리 |

1 문단 _____의 개념과 온도에 따라 나오는 전자기파의 형태

2 문단 _____의 개념과 그 종류

3 문단 _____의 개념과 종류

4 문단 _____의 개념과 대표적 예

5 문단 _____의 개념과 발광 다이오드의 원리

| 주제 | 열복사와 _____의 종류

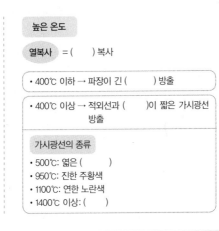

높은 온도

열복사 = ( ) 복사

• 400℃ 이하 → 파장이 긴 ( ) 방출

• 400℃ 이상 → 적외선과 ( )이 짧은 가시광선 방출

가시광선의 종류

• 500℃: 엷은 ( )

• 950℃: 진한 주황색

• 1100℃: 연한 노란색

• 1400℃ 이상: ( )

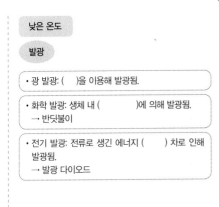

낮은 온도

발광

• 광 발광: ( )을 이용해 발광됨.

• 화학 발광: 생체 내 ( )에 의해 발광됨.
→ 반딧불이

• 전기 발광: 전류로 생긴 에너지 ( ) 차로 인해 발광됨.
→ 발광 다이오드

기출문제로 뛰어넘기

[01~03] 다음 글을 읽고, 물음에 답하시오.

유엔해양법협약은 해양의 이용을 둘러싸고 발생하는 국가 간의 상반된 이익을 절충*하고 갈등을 해결하는 규범의 역할을 담당하고 있다.

유엔해양법협약에 따르면 해양을 둘러싸고 해당 협약에 대한 해석이나 적용에 관해 국가 간 분쟁*이 발생하였을 때, 분쟁 당사국들은 우선 의무적으로 분쟁 해결에 관하여 신속히 의견을 교환해야 하고 교섭*이나 조정 절차 등 국가 간 합의에 의한 평화적 수단을 통해 분쟁 해결을 위해 노력해야 한다. 이러한 평화적 분쟁 해결 수단을 거쳐야 할 의무를 당사국에 부과하는 이유는 국제법의 특성상, 분쟁 해결의 원리가 기본적으로 각 국가의 동의를 바탕으로 적용되기 때문이다. 그런데 만약 이러한 방법으로도 분쟁이 해결되지 못할 경우에는 구속력 있는 결정을 수반하는 절차에 들어가게 되는데 이를 강제절차라고 한다.

강제절차란 분쟁 당사국들이 국제적인 분쟁 해결 기구를 통해 분쟁을 해결하는 절차이다. 이때 당사국들은 자국의 이익이나 분쟁 내용 등을 고려해 분쟁 해결 기구를 선택할 수 있는데, 선택 가능한 기구에는 중재재판소, 국제해양법재판소 등 유엔해양법협약에 의해 설립된 분쟁 해결 기구들이 있다. 이 중 중재재판소는 필요할 때마다 분쟁 당사국 간의 합의를 통해 구성되고, 국제해양법재판소는 상설 기구로 재판관 임명이나 재판소 조직 등이 사전에 결정되어 있다. 만약 분쟁 당사국들이 분쟁 해결 기구를 선택하지 않았거나 양국이 동일한 선택을 하지 않은 경우에는 별도의 합의를 하지 않는 한, 사건이 중재재판소에 회부된다.

본안 소송을 담당하는 재판소가 분쟁에 대한 최종 판결을 내리기 위해서는 먼저 본안 소송 관할권의 존재 여부를 판단하여 확정하는 심리* 절차를 거쳐야 한다. 여기서 관할권이란 회부된 사건을 재판소가 다룰 수 있는 권한을 의미하는데, 이후 본안 소송의 관할권이 확정된 사안에 대해 해당 재판소는 재판 과정을 거쳐 분쟁에 대한 최종 판결을 내리게 된다.

그런데 재판의 최종 판결이 내려지기까지 일정 시간이 소요되기 때문에, 해당 재판소는 분쟁 당사국의 요청이 있으면 필요한 경우 잠정*조치를 명령할 수 있다. 이때 잠정조치란 긴급한 상황에서 분쟁 당사국의 이익을 보호하거나 해양 환경의 중대한 피해를 방지할 목적으로 내려지는 구속력 있는 임시 조치이다. 잠정조치는 효력이 임시적이므로 본안 소송의 최종 판결이 내려지면 효력이 종료된다.

분쟁 당사국이 소송을 제기하여 재판소에 사건이 회부되면 소송 절차가 개시*되고, 그 이후 분쟁 당사국들은 언제든지 잠정 조치를 요청할 수 있다. 일반적으로 잠정조치는 사건이 회부된 재판소에서 담당하지만, 본안 소송의 재판소와 잠정조치를 명령하는 재판소가 다른 경우도 있다. 본안 소송과 마찬가지로 잠정조치도 관할권을 필요로 한다.

예를 들어 유엔해양법협약에 의한 중재재판소에 사건이 회부되었지만, 사안이 긴급하여 재판소 구성을 기다릴 수 없는 경우에 국제해양법재판소가 잠정조치를 담당할 수 있다. 이때 본안 소송을 담당하는 중재재판소의 관할권이 확정되지 않았더라도, 잠정조치가 요청된 국제해양법재판소에서 ㉠본안 소송의 관할권을 심리한 결과, 중재재판소가 관할권을 갖게 될 가능성이 예측되어야 국제해양법재판소는 ㉡잠정조치의 관할권을 가질 수 있다. 기본적으로 잠정조치에 대한 관할권은 본안 소송을 담당하는 재판소가 관할권을 갖게 될 가능성이 큰 경우에 인정되기 때문이다. 결국 사건이 회부된 중재재판소의 본안 소송의 관할권 존재 가능성이 예측되고, 분쟁 해결이 긴급하여 잠정조치의 필요성이 인정되면, 분쟁 당사국의 이익을 보호하거나 해양 환경의 중대한 피해를 방지하기 위해 국제해양법재판소가 잠정조치 재판을 통해 잠정조치를 명령할 수 있는 것이다.

- **절충** 서로 다른 사물이나 의견, 관점 따위를 알맞게 조절하여 서로 잘 어울리게 함.
- **분쟁** 말썽을 일으키어 시끄럽고 복잡하게 다툼.
- **교섭** 어떤 일을 이루기 위하여 서로 의논하고 절충함.
- **심리** 사실 관계 및 법률관계를 명확히 하기 위하여 증거나 방법 따위를 심사하는 것
- **잠정** 임시로 정함.
- **개시** 행동이나 일 따위를 시작함.

01

윗글에서 알 수 있는 내용으로 적절하지 않은 것은?

① 잠정조치 재판에서 내려진 결정은 구속력이 없는 임시 조치이다.

② 분쟁 당사국들은 자국의 이익을 고려하여 분쟁 해결 기구를 선택할 수 있다.

③ 유엔해양법협약에 따른 분쟁 해결 원리는 각 국가의 동의를 바탕으로 적용된다.

④ 국제해양법재판소는 유엔해양법협약에 의해 설립된 국제적인 분쟁 해결 기구이다.

⑤ 유엔해양법협약은 분쟁 당사국들에게 분쟁 해결에 대한 신속한 의견 교환 의무를 부과하고 있다.

• 정답 및 해설 p.39~40

02

㉠, ㉡에 대한 이해로 가장 적절한 것은?

① ㉠의 존재 가능성이 예측되어야 ㉡은 인정된다.
② ㉠에 대한 판단에 앞서 ㉡의 존재 여부를 판단한다.
③ ㉡이 확정되지 않으면 ㉠은 인정되지 않는다.
④ 본안 소송의 최종 판결 이후 ㉠이 확정된다.
⑤ 본안 소송의 개시 시점은 ㉡의 인정 시점과 일치한다.

03

〈보기〉는 '유엔해양법협약에 대한 모의재판' 수업에 사용된 사례이다. 윗글을 참고할 때 〈보기〉에 대한 반응으로 적절하지 <u>않은</u> 것은?

> ┌ 보기 ┐
> 유엔해양법협약에 가입된 A국과 B국 간에 해양을 둘러싼 분쟁이 발생하였다. A국은 B국의 공장 건설로 인하여 자국의 인근 바다에 해양 오염 물질이 유출될 것을 우려하여, B국과 교섭을 시도하였으나 B국은 이에 응하지 않았다. 추후 A국은 국제해양법재판소를, B국은 중재재판소를 통한 재판을 원하였으나 합의를 이루지 못했다. 이후 절차에 따라 양국이 제기한 소송은 재판에 회부되었다. A국은 판결이 내려지기까지 오랜 시일이 걸릴 것을 염려하여 잠정조치를 바로 요청하였다. 이를 받아들여 재판소는 잠정조치를 명령하였다.

① A국이 잠정조치를 요청할 수 있었던 것은 B국과의 사건이 재판에 회부되었기 때문이겠군.
② A국이 요청한 결과 잠정조치 명령이 내려졌으므로 B국과의 본안 소송 재판은 종결되겠군.
③ A국이 B국에게 교섭을 시도한 것은 분쟁 당사국들에게 평화적 해결 수단을 거쳐야 할 의무가 있기 때문이겠군.
④ A국과 B국은 동일한 분쟁 해결 기구를 선택하지 않았으므로 두 국가 간 분쟁은 중재재판소를 통해 해결되겠군.
⑤ A국이 재판에 사건이 회부된 후 바로 잠정조치를 요청한 것은 B국으로 인한 자국의 해양 오염을 시급히 막기 위함이겠군.

어휘 점검하기

01~04 주어진 초성과 뜻에 알맞은 말을 빈칸에 넣어 문장을 완성하시오.

01 ㅅ ㅂ : 분별하여 알아봄.
  ➡ 더러워진 자동차 번호판은 _____이 어렵다.

02 ㅈ ㅈ : 임시로 정함.
  ➡ 전염병 확산에 따른 _____ 조치가 발표되었다.

03 ㄱ 하다: 어떤 행위를 하거나 영향을 끼치다.
  ➡ 물이 든 주전자에 열을 _____하여 물을 끓였다.

04 ㅎ ㅅ 하다: 사물을 보는 안목이나 아량이 좁다.
  ➡ 문제를 풀려면 _____한 시각을 바꿔야 한다.

05~08 다음 문장에 어울리는 말을 괄호 안에서 골라 ○표 하시오.

05 우리나라는 얼마 전 선진국 대열에 (입장 / 진입)하게 되었다.

06 경찰은 교통 법규를 위반한 그들에게 과태료를 (부가 / 부과)하였다.

07 그들은 대립되는 의견을 (보충 / 절충)하여 합의문을 만들기로 하였다.

08 그는 사업을 (개정 / 개시)하기 전에 준비를 철저하게 하기로 마음먹었다.

09~12 〈보기〉의 글자 카드를 조합하여 문장의 빈칸에 들어갈 알맞은 말을 쓰시오.

> ┌ 보기 ┐
> 각 광 교 보 분 섭 쟁 편 화

09 두 나라의 영토 (   )은 이미 오래 전부터 시작되었다.
  말썽을 일으키어 시끄럽고 복잡하게 다툼.

10 그는 부서 간의 협력이 필요할 때 (   )을 도맡아 왔다.
  어떤 일을 이루기 위하여 서로 의논하고 절충함.

11 스마트폰이 (   )되면서 통신비 지출이 늘어나게 되었다.
  널리 일반인에게 퍼짐.

12 전기 자동차는 심각한 환경 오염 문제를 해결할 제품으로 (   )을 받고 있다.
  사회적 관심이나 흥미

일단락 樂

일단 시작하면 수능 국어는 일단락 된다!

| 화법과 작문 | 독서 | 문학 | 문법 |

개념 이해 – 수능 대비
– 고난도 대비의
3단계 완성

단답형, 서술형,
객관식 문제, 기출문제 등
최다 문항 수록

완전한 학습을 위한
본책 + 워크북 구성

*국어 독서, 국어 문학만 해당

'일단락 국어' 이런 학생에게 딱!

✓ 수능 국어 영역
공부를 시작하는
고등학생

✓ 개념 이해 – 수능 대비
– 고난도 대비의 단계별 학습이
필요한 학생

✓ 수능 국어 영역의
개념 이해와 문제 풀이 방법을
한 번에 학습하고 싶은 학생

531
PROJECT

효과 빠른 약점 처방전

국어 **독서 기본** E

EASY

정답과 해설

이투스북

531
PROJECT

국어 독서 기본 E

정답과 해설

01강 초점화와 상술 02

02강 비교와 대조 05

03강 분류와 분석 08

04강 흐름과 변화 12

05강 원리와 과정 15

06강 문제와 해결 18

07강 세부 정보의 파악 21

08강 전개 방식의 파악 25

09강 핵심 정보의 추론 28

10강 숨겨진 정보의 추론 31

11강 관점의 비교와 평가 34

12강 구체적 상황에 적용 37

정답과 해설

01 강 초점화와 상술

・본문 17쪽

개념 적용 문제

01 과학적   02 (1) 인상 (2) 필연적 (3) 진술 (4) 방향성
03 ①   04 (1) ○ (2) × (3) × (4) ×

유사 문제로 다지기

・본문 18~19쪽

01 ③   02 ①   03 ⑤

 지문 더보기

|문단 정리|
1문단 '불안'을 긍정적 시선으로 바라본 하이데거의 관점
2문단 현존재 로서의 인간
3문단 도구 연관 의 세계
4문단 현존재의 퇴락
5문단 '불안'을 통한 현존재의 본래성 회복

|주제| 하이데거의 관점에서 바라본 인간의 특성과 불안의 의의

인간
◆ 태어나자마자 죽음(인간의 유한성)을 인식 ➡ 불안
◆ (존재)에 근본적 의문을 갖는 유일한 동물
◆ 주변 사물에 (근본적) 물음을 제기하는 유일한 존재

‖

(현존재)
◆ 자신의 삶, 경험과 관련지은 사물의 인식 = (도구 연관)의 세계
◆ 사물을 도구로 사용하다가 인간이 도구가 되기도 함.
➡ 현존재의 (퇴락) ◀

본래성
(회복)의 역할
– 긍정적 인식

01 세부 정보의 파악   정답 ③

정답 풀이▼

2문단에 따르면, 하이데거는 인간이 자신의 존재에 대해 근본적 의문을 갖는 유일한 동물이라고 파악하고, 이를 '현존재'라는 개념으로 규정하였다. 또한 5문단의 마지막 문장 '현존재의 퇴락에서 벗어나 수단이 아닌 목적으로서의 현존재의 위상을 회복하면서, 현존재의 본래성을 갖게 된다고 보았다.'를 참고할 때, 하이데거는 '현존재'로서의 인간을 긍정적으로 바라보고 있음을 알 수 있다. '현존재'의 부정적 한계에 대해 언급한 내용은 이 글에 나타나 있지 않다.

오답 풀이▼

① 5문단에 하이데거가 바라본 '불안'의 의미와 그 특성이 언급되어 있다.
② 2문단에서 자신의 '존재'에 대해 근본적 의문을 갖는 유일한 동물로서의 인간을 '현존재'라는 개념으로 규정하고 있음을 확인할 수 있다.
④ 4문단의 '이러한 비본래적인 세상에 몰두하면서 ~ 이것은 '현존재의 퇴락'을 의미하는 것에서 확인할 수 있다.
⑤ 3문단의 '도구 연관의 세계란 인간이 주변의 사물들을 그 자체로 파

악하는 것이 아니라 자신의 삶과 관련시켜 이해하는 세계를 의미한다.'에서 확인할 수 있다.

02 전개 방식의 파악   정답 ①

정답 풀이▼

이 글은 전체 문단(1~5문단)에 걸쳐, 독일의 실존주의 철학자 '하이데거'가 인간의 '불안'을 어떻게 바라보고 있는지 그의 철학적 해석을 풀어 객관적으로 설명하고 있다.

오답 풀이▼

② 글의 중심 화제(=핵심 제재)인 '불안'에 대한 이해를 돕기 위해 비유적 표현을 활용하고 있지는 않다.
③ '불안'에 대한 하이데거의 견해만 소개하고 있을 뿐, 그와 상반된 견해는 제시하고 있지 않다.
④ '불안'에 대한 하이데거의 관점만을 있는 그대로 소개하고 있을 뿐, 다양한 관점이 드러나지 않으며, 글쓴이의 관점 역시 따로 드러나 있지 않다.
⑤ 인간의 '불안'에 대한 특정한 견해(하이데거의 관점)를 소개하고 있을 뿐, 그것이 어떤 면에서 옳고 그른지 논리적 타당성을 점검하고 있지는 않다.

03 구체적 상황에 적용   정답 ⑤

정답 풀이▼

발문 구성이 〈보기〉의 입장에서 ~을 평가한 내용으로 적절한 것을 묻고 있으므로, 우선 〈보기〉의 관점을 명확하게 파악해야 한다. 〈보기〉는 하이데거의 관점과 달리 '불안'이 인간의 생산적 활동을 저해하는 대표적 심리 요소라고 보고 있다. 즉 '불안'을 부정적 관점에서 바라보고 있음을 알 수 있다. 나아가 이러한 부정적 요소를 극복하기 위해 '종교적 구원'과 '일상에 대한 낙관적 인식'을 바람직한 해결 방법으로 제시하고 있다. ⑤는 〈보기〉에 제시된 핵심적 의미 요소를 활용하여 '불안'을 긍정적으로만 바라보는 하이데거의 관점을 평가하고 있으므로 〈보기〉의 입장에서 하이데거를 평가한 내용으로 적절하다.

오답 풀이▼

① 4문단에 언급된 하이데거의 관점에 해당하는 내용으로, 〈보기〉의 입장과 대응되는 의미 요소가 없다.
② 1문단에 언급된 하이데거의 견해에 해당하는 내용으로, 〈보기〉의 입장과 대응되는 의미 요소가 없다.
③ 〈보기〉의 관점에서는 '일상에 대한 낙관적 인식'으로 불안을 극복하는 것이 바람직하다고 보고 있다. 그러나 '일상에 대한 낙관적 인식'을 바탕으로 '현존재의 퇴락' 현상을 방지하는 것이 충분히 가능하다고 볼 수 있는 근거는 〈보기〉에서 찾을 수 없다.
④ '도구 연관 네트워크'는 3문단에서 현존재적 삶을 위한 수단으로 언급한 것이고, '종교적 구원'은 〈보기〉에서 언급된 내용이지만 둘 사이의 연관성을 파악할 수 있는 근거는 찾아볼 수 없다.

유사 문제로 확장하기

· 본문 20~21쪽

01 ②   02 ②   03 ②

|문단 정리|
1 문단 카라바조의 <u>혁신적</u> 성향
2 문단 카라바조의 미술 기법 ① – <u>사실적</u> 묘사
3 문단 카라바조의 미술 기법 ② – <u>극적인</u> 효과 추구
4 문단 카라바조의 미술 기법 ③ – <u>명암대조법(테너브리즘)</u>
5 문단 카라바조 작품의 <u>의의</u>

|주제| 카라바조 작품의 특징과 의의

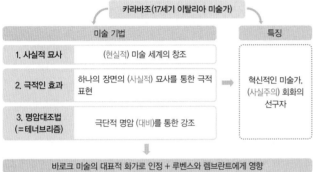

미술 기법		특징
1. 사실적 묘사	(현실적) 미술 세계의 창조	
2. 극적인 효과	하나의 장면의 (사실적) 묘사를 통한 극적 표현	혁신적인 미술가, (사실주의) 회화의 선구자
3. 명암대조법 (=테너브리즘)	극단적 명암 (대비)를 통한 강조	

카라바조(17세기 이탈리아 미술가)

바로크 미술의 대표적 화가로 인정 + 루벤스와 렘브란트에게 영향

01 | 세부 정보의 파악   정답 ②

정답 풀이 ▼

작품에 대한 대중의 반응이 미술사의 흐름을 결정짓는 역할을 했는지는 이 글을 통해 알 수 없다. 2문단의 '이렇듯 대중들은 ~ 카라바조를 이해하지 못했다. 하지만 그는 계속해서 현실감 넘치는 인물 유형을 그려 내고자 하는 노력을 그의 작품에 반영하였다.'라는 내용으로 보아 대중들의 반응이 카라바조의 작품 세계에 영향을 주지 못했음을 확인할 수 있다.

오답 풀이 ▼

① 1문단에서 카라바조는 17세기 이탈리아의 '혁신적' 미술가로 평가된다고 하였고, 이어서 그는 '종교적인 경험을 이상적으로 표현'하는 당시의 경향을 거부하고 사실주의의 새로운 지평을 열었다고 설명하고 있다. 따라서 당시(17세기)의 미술은 일반적으로 '종교적인 경험을 이상화하여 표현'하는 경향이 있었음을 알 수 있다.
③ 4문단 마지막 문장의 테너브리즘은 '감상자로 하여금 더욱 그림에 집중하게 하였으며 어두운 무대에 강렬하게 비추는 한 줄기 조명과 같이 긴장감과 감동을 주었다.'를 통해 확인할 수 있는 내용이다.
④ 4문단에 언급된 '테너브리즘'의 기본적 특성 및 '인물 자체는 밝은 빛으로 표현하여 입체감이 강조되었다.'를 통해 확인할 수 있는 내용이다.
⑤ 마지막 문단의 '카라바조가 사용한 명암법은 17세기 후반에 등장한 바로크 미술의 주요한 특징이 되었으며'와 '훗날 루벤스와 렘브란트 등에게 많은 영향을 주며'로 보아 적절한 진술이다.

02 | 핵심 정보의 추론   정답 ②

정답 풀이 ▼

ㄱ. 1문단의 '사실적이고 극적인 면을 추구'라는 내용과 3문단의 '그는 하나의 장면을 있는 그대로 묘사하려 하였으며, 그 안에서 인상적인 순간을 표현하고자 하였다.'라는 내용에서 확인할 수 있다.
ㄹ. 1문단의 '종교화를 그릴 때에도 성자들을 보통 사람처럼 묘사하고자 하였다.'라는 내용과 2문단의 '동정녀에 대한 지나친 사실적 묘사'라는 내용에서 확인할 수 있다.

오답 풀이 ▼

ㄴ. 카라바조가 처음 고안해 낸 화법은 '테너브리즘'이라고 하는 특수한 명암대조법이다. 그런데 4문단에서 이 화법은 '극단적인 명암 대비를 사용하여 작품의 극적인 효과를 높이는 기법'이라고 하였으므로 명암 대비 자체를 카라바조가 처음 사용했다고 볼 수는 없다. 또한 이 혁신적 명암법(=테너브리즘)은 르네상스의 원근법만큼이나 중요한 것이라는 내용으로 보아 원근법은 카라바조가 창안한 것이라고 볼 수 없다.
ㄷ. 4문단에서 카라바조는 선과 색 못지않게 '빛'에 주목했다고 한 것으로 보아, 카라바조가 '빛'의 측면을 강조한 것은 맞지만 선과 색보다 빛이 더 많은 역할을 해야 한다고 강조했다고는 볼 수 없다.

03 | 구체적 상황에 적용   정답 ②

정답 풀이 ▼

4문단에서 '테너브리즘은 극단적인 명암 대비를 사용하여 작품의 극적인 효과를 높이는 기법으로 이것을 이용한 작품에서 인물의 배경은 종종 짙은 어둠으로 나타내면서 인물 자체는 밝은 빛으로 표현하여 입체감이 강조되었다.'라고 하였으므로 테너브리즘 기법을 통해 입체감이 강조되는 것은 인물이지 배경이 아님을 알 수 있다. 배경은 의도적으로 더 어둡게 표현됨으로써 인물의 입체감을 부각시키는 역할을 한다.

오답 풀이 ▼

① 1문단과 〈보기〉의 설명을 근거로, 성 베드로의 처형 사건을 신성하고 특수한 사건으로 그려 낸 것이 아니라 베드로가 처형당하기 직전의 고통스러운 상황을 평범한 일상으로 해석하여 사실적으로 그려 냈음을 확인할 수 있다.
③ '고통을 호소하는 베드로의 인간적인 몸짓과 표정'은 성자를 이상화된 인간상으로 그리는 것이 일반적이었던 당시의 대중들이 볼 때 반발을 일으킬 만한 요소가 되었을 것이다.
④ 〈보기〉의 '뒤의 배경이나 줄을 당기는 인부와 대조적으로 베드로의 얼굴과 상체에 밝은 빛을 주어 베드로의 모습을 강조'와 대응되는 내용이다.
⑤ 〈보기〉를 통해 '베드로를 아래에서 받치고 있는 인부의 주름지고 더러운 발바닥과 삽을 든 손' 등 자세하고 사실적인 묘사가 특징적이며 '베드로의 처형이 지금 막 눈앞에서 진행되는 듯한 긴장감을 부여'하고 있음을 알 수 있다.

정답과 해설 | **03**

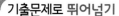

기출문제로 뛰어넘기

· 본문 22~23쪽

01 ②   02 ④   03 ⑤   04 ⑤

 지문 더보기

| 문단 정리 |

1문단 에피쿠로스 사상의 성립 배경

2문단 에피쿠로스의 이신론적 관점

3문단 인간과 영혼과 육체에 대한 에피쿠로스의 입장

4문단 우주와 인간 세계에 대한 에피쿠로스의 비결정론적 이해

5문단 에피쿠로스의 사상과 그 의의

| 주제 | 에피쿠로스의 자연학과 쾌락주의적 윤리학

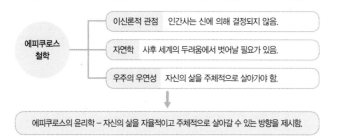

에피쿠로스 철학
- 이신론적 관점   인간사는 신에 의해 결정되지 않음.
- 자연학   사후 세계의 두려움에서 벗어날 필요가 있음.
- 우주의 우연성   자신의 삶을 주체적으로 살아야 함.
↓
에피쿠로스의 윤리학 – 자신의 삶을 자율적이고 주체적으로 살아갈 수 있는 방향을 제시함.

01 중심 화제 찾기

정답 ②

정답 풀이 ▼

이 글은 에피쿠로스의 쾌락주의적 윤리학의 목적과 의의를 신, 인간, 우주에 대한 이해를 중심으로 설명하고 있다. 에피쿠로스는 이신론적 관점을 바탕으로 인간의 행복도 자율적 존재인 인간 자신에 의해 완성된다고 보았으며, 우주와 인간의 세계에 대한 비결정론적인 이해를 인간의 자유 의지의 단초로 삼았다. 이를 토대로 에피쿠로스는 쾌락주의적 윤리학을 바탕으로 영혼이 안정된 상태에서 행복 실현을 추구하는 방안을 제시하였다. 따라서 이 글의 표제와 부제로 가장 적절한 것은 ②이다.

오답 풀이 ▼

① 1문단에서 결정론적 세계관에 사로잡혀 있는 사람들이 잘못된 믿음에서 벗어날 수 있도록 하기 위해 에피쿠로스가 자신의 사상을 전개했다는 점을 통해 그가 주창한 사상의 성립 배경에 대해 알 수 있다. 하지만 이는 1문단에서만 언급된 내용이므로 이 글의 전체 내용을 포괄하는 표제로 보기에는 무리가 있다. 또한 이 글은 인간과 자연의 관계가 아닌, 인간과 신의 관계를 중심으로 에피쿠로스의 사상을 설명하고 있다.

③ 이 글은 에피쿠로스의 사상 자체에 대해서 설명하고 있을 뿐, 이에 대한 비판이나 옹호에 관한 내용은 다루고 있지 않다.

④ 이 글은 에피쿠로스 사상을 둘러싼 논쟁이나 이견은 다루고 있지 않다.

⑤ 이 글은 에피쿠로스 사상의 긍정적 영향에 대해 언급하고 있으나 그것이 현대에 어떻게 수용되었는지에 대해서는 다루고 있지 않다.

02 핵심 정보의 추론

정답 ④

정답 풀이 ▼

㉠은 신이 인간사에 개입하지 않는다는 관점으로, 인간이 신에 대한 두려움에서 벗어날 수 있는 근거를 제시하였다. ㉡ 또한 우주와 인간의 삶에서 신의 섭리는 찾을 수 없다는 비결정론적 이해를 가능하게 하여 인간이 결정론적 세계관에서 벗어날 수 있는 근거를 제시하였다. ㉢은 에피쿠로스의 쾌락주의적 윤리학으로, 인간의 영혼이 안정된 상태에서 행복 실현을 추구할 수 있는 방안을 제시하였다.

오답 풀이 ▼

① 인간이 두려움을 갖는 이유를 제시한 것은 ㉠이 아니라 결정론적 세계관이다. 또한 ㉢은 행복을 실현할 수 있는 방안에 관한 것으로 신에 대한 의존에서 벗어나게 하는 방법과는 직접적 관련이 없다.

② ㉠은 신이 인간사에 개입하지 않는다고 주장하고 있으며, ㉢은 주체적으로 행복 실현을 추구하는 방법을 강조할 뿐 인간의 사후에 대한 탐구 방법을 제시하고 있지 않다.

③ 이 글에 영혼과 육체의 관계를 탐구하는 이유는 제시되지 않았다. 따라서 ㉠과 ㉡이 인간이 영혼과 육체의 관계를 탐구하는 이유를 제시했다고 볼 수 없다. ㉢은 영혼이 안정된 상태에서 행복 실현을 추구할 수 있는 방안을 제시한 것으로, 인간이 모든 두려움에서 벗어나는 방법을 제시했다고는 할 수 없다.

⑤ 이 글은 인간의 존재 이유나 존재 위치에 대해 언급하고 있지 않으므로, ㉠과 ㉡이 이와 관련 있다고 볼 수 없다. ㉢도 우주의 근원을 연구하는 방법과는 관련이 없다.

03 관점의 비교와 평가

정답 ⑤

정답 풀이 ▼

ㄴ. 에피쿠로스는 우주와 인간의 삶이 우연의 산물임을 근거로 인간이 자유 의지를 가지고 주체적으로 살아가야 할 필요성을 주장한다. 그런데 우주와 인간의 삶이 우연적 운동에 의해 이루어지는 우연의 산물이라면, 인간이 자유 의지를 가지고 주체적으로 살아간다고 해도 우주나 인간의 삶을 바꾸기는 어려울 것이다. 따라서 자유 의지를 강조하기 위해 우주와 인간의 삶의 우연성을 주장하는 에피쿠로스의 논리는 문제가 있다고 비판할 수 있다.

ㄷ. 에피쿠로스는 육체가 소멸하면 영혼도 함께 소멸하므로 사후에 있을 신의 심판을 두려워할 필요가 없다고 하였고, 이러한 점을 근거로 죽음에 대해 두려워할 필요가 없다고 주장하였다. 그러나 죽음에 대한 두려움이 죽음에 이르는 고통 때문일 수도 있다면 사후에 대한 두려움을 떨쳐 버리는 것만으로는 죽음에 대한 공포를 해소할 수 없다고 비판할 수 있다.

ㄹ. 에피쿠로스는 신은 인간사에 개입하지 않으므로 자연재해나 천체 현상 등에 대해 두려워할 필요가 없다고 주장하였다. 그러나 신이 일으키지 않았다고 해도 자연재해 그 자체에 대해 두려움을 가질 수 있으므로, 인간은 자연재해에 대한 두려움에서 벗어날 수 없을 것이라고 비판할 수 있다.

04 관점의 비교와 평가　　　　　　　　　　　정답 ⑤

정답 풀이 ▼

〈보기〉는 신이 '인간의 세계'에 속해 있지 않다고 보는 입장이다. 에피쿠로스 또한 신을 '중간 세계'에 사는 존재로 보고 있다. 그런데 〈보기〉는 인간 세계의 모든 것에 신의 영향력이 미친다고 보는 데 반해, 에피쿠로스는 신이 인간사에 개입하지 않는다고 주장하며 인간 세계에 대한 신의 영향력을 부정하는 이신론적 관점을 갖고 있다.

오답 풀이 ▼

① 〈보기〉는 신을 '모든 것들의 원인'으로 보고 신이 모든 것을 바르고 행복한 상태로 이끈다고 주장하는 데 반해, 에피쿠로스는 신이 '인간사에 개입'한다는 사실 자체를 부정하고 있다.

② 〈보기〉는 신이 '지성'을 조력자로 삼아 모든 것들을 바르고 행복한 상태에 이르도록 이끈다고 보고 있는 데 반해, 에피쿠로스는 우주를 '우연의 산물'로 보고 우주와 인간의 세계에 신의 관여나 신의 섭리는 찾을 수 없다고 보고 있다.

③ 〈보기〉는 '모든 일의 목적'인 신의 존재를 인정하고 있으며, 에피쿠로스 또한 신을 '불사하는 존재'로 인정하고 있다.

④ 〈보기〉가 신이 '모든 것들'을 '바르고 행복한 상태'에 이르도록 이끈다고 본 것과 달리, 에피쿠로스는 자율적 존재인 인간 자신에 의해 행복이 완성된다고 보고 있다.

어휘 점검하기　　　　　　　　　　　· 본문 23쪽

01 모색	02 관여	03 운행	04 퇴락
05 야기한	06 견지했다	07 규명했다	08 몰두할
09 단초	10 반발	11 선구자	12 세속적

2강 비교와 대조

개념 적용 문제　　　　　　　　　　　· 본문 25쪽

01 (1) 공동　(2) 중립　(3) 공조
02 국제 사회를 바라보는 시각의 차이
03 (1) ○　(2) ✕　(3) ✕　(4) ○　(5) ✕　(6) ○
04 (1) ⑩ 상황에 따라 변할 수 있는 약속이라고 본다.　(2) ⑩ 상호 작용의 변화에 따라 동맹 관계가 변할 수 있다고 본다.

유사 문제로 다지기　　　　　　　　　　　· 본문 26~27쪽

01 ④　　　　**02** ⑤　　　　**03** ①

지문 더보기

| 문단 정리 |
1문단 사회 구조의 변화에 따른 <u>공동체</u> 의 변화
2문단 <u>공동</u> 사회의 특성
3문단 <u>이익</u> 사회의 특성
4문단 이익사회의 <u>장점</u> 과 <u>단점</u>
5문단 <u>소셜 미디어</u> 의 등장과 특징

| 주제 | 공동사회에서 이익사회로의 <u>변화</u> 와 새로운 <u>사회</u> 유형의 등장

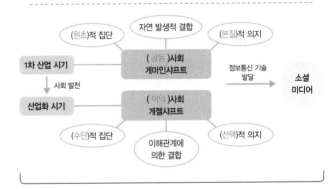

---

01 전개 방식의 파악　　　　　　　　　　　정답 ④

정답 풀이 ▼

5문단에서는 이익사회가 지닌 문제점의 대안으로 소셜 미디어를 통해 형성된 새로운 집단 유형이 등장하고 있음을 언급하고 있는데, 이는 이미 변화한 사회의 모습을 나타낸 것일 뿐, 앞으로 변화하게 될 사회의 모습을 전망한 것으로 볼 수 없다.

오답 풀이 ▼

① 4문단에서는 공동사회와 대조하여 이익사회의 성격을 설명하고 있다.

② 1문단에서, 지연이나 혈연 중심의 촌락 공동체 즉 게마인샤프트만 존재하던 상황에서 산업화가 진행됨에 따라 이익이나 기능, 역할에 의해 연결된 커뮤니티인 게젤샤프트가 새롭게 등장했음을 설명하고 있다.

③ 4문단에서 사회학자 퇴니에스의 견해에 근거하여 이익사회는 이해관계에 따른 구성원들의 결집으로 더 합리적으로 목표를 달성하며 빠른 조직의 발전도 가능하나 구성원들이 자신의 이득만을 추구할 경우 삭막한 사회로 변할 수 있음을 지적하고 있다.

⑤ 5문단에서는 정보 분야 기술의 발달로 집단 구성에 대한 시공간의 제약이 줄어들었으며, 유대감 형성에 대한 욕구를 소셜 미디어를 통해 해소할 수 있게 되었다고 그 의의를 밝히고 있다.

02 핵심 정보의 추론   정답 ⑤

정답 풀이 ▼

4문단에서 '게젤샤프트', 즉 이익사회는 이해관계를 바탕으로 집단이 생성되므로 구성원들의 권리와 의무가 '게마인샤프트' 즉, 공동사회와 달리 명확해진다고 하였다.

오답 풀이 ▼

① 2문단에서 '게마인샤프트는 한국어로 '공동사회'라고 번역하는데 이 집단은 선택적 의지가 아닌 본질적 의지를 통해 자연 발생적으로 형성된 것'이라고 하였다. 3문단에서 '게젤샤프트는 본질적 의지에 의해 뭉치는 것이 아니라 구성원들이 서로의 이해관계에 의해 선택적으로 결합체에 소속'되는 것이라고 하였다. 따라서 공동사회의 결합 의지는 본질적 의지로, 이익사회의 결합 의지는 선택적 의지로 볼 수 있다.

② 1문단에서 '게마인샤프트'는 자연 발생적 커뮤니티라고 하였고, '게젤샤프트'는 인위적 커뮤니티라고 하였다.

③ 2문단에서 '게마인샤프트'는 '가족과 같이 태어나면서부터 소속감을 갖게 되는 원초적 집단'이라고 하였다. 3문단에서는 '게젤샤프트'가 '개인들이 목적 달성을 위해 맺은 수단적 집단'이라고 하였다.

④ 2문단에서 '게마인샤프트'는 인격적 관계를 근본으로 두고 공동체를 결합하고자 하는 마음인 본질적 의지에 의해 형성된다고 하였다. 4문단에서 '게젤샤프트'는 구성원들이 이익의 극대화라는 계약적 관계로 모여든다고 하였다.

03 구체적 상황에 적용   정답 ①

정답 풀이 ▼

3문단에 따르면, 퇴니에스는 이익사회의 구성원들이 서로의 이해관계에 의해 선택적으로 결합체에 소속된다고 주장하였다. 여기서 이익사회는 이익, 기능, 역할에 의해 연결된 산업화 이후의 기업과 소상공인의 집단을 이르는 것이다. 〈보기〉의 동호회 활동은 공동사회의 특징이라 할 수 있는 인격적 관계를 바탕으로 형성된 집단으로, 이해관계에 의해 선택적으로 결합체에 소속되는 이익사회와는 차이가 있다.

오답 풀이 ▼

② 〈보기〉에서 언급한 동호회는 인격적 관계를 근본으로 두고 공동체를 결합하고자 하는 공동사회의 본질적 의지를 근본으로 하는 모임이다. 기업이 직장 내 동호회 활동을 지원하는 것은, 퇴니에스의 관점에서 볼 때 목표 중심인 집단 문화에서 발생할 수 있는 문제점을 인격적 관계를 중시하는 공동사회의 장점들을 수용하여 해결하려는 움직임으로 이해할 수 있다.

③ 1, 2문단에 따르면, 퇴니에스는 공동사회를 지연이나 혈연 등으로 깊이 연결되어 있는 원초적 집단으로 규정하였다. 〈보기〉의 동호회는 이해관계를 바탕으로 모인 사람들이 자신의 취미나 선호를 바탕으로 재형성한 집단으로 볼 수 있으므로, 퇴니에스의 관점에서는 동호회를 원초적 집단과는 조금 다른 형태라고 이해할 수 있다.

④ 4문단에 따르면, 퇴니에스는 이익사회의 구성원들이 본인의 이득만을 위해 행동할 때 삭막한 사회로 변하게 될 수 있음을 우려하였다. 이러한 문제점을 지적한 퇴니에스는 〈보기〉에서 목표 달성에 도움이 되지 않는 개인이 직장 문화 속에서 고립되거나 소외되는 것 역시 이익사회의 폐해로 볼 것이라 짐작할 수 있다.

⑤ 4문단에 따르면, 퇴니에스는 이익사회의 구성원들이 공동체의 이익보다 본인들의 이익을 앞세울 수 있음을 지적하고 있다. 이를 고려하면, 퇴니에스의 관점에서는 경쟁을 부추기는 직장 분위기가 구성원들로 하여금 공동체의 이익보다 개인의 이득을 우선시하는 분위기를 조장하여 효율성을 떨어뜨리게 만든다고 이해할 수 있다.

유사 문제로 확장하기   · 본문 28~29쪽

01 ②   02 ③   03 ④

|문단 정리|

1문단 유대적 사유 의 특징

2문단 그리스적 사유의 특징

3문단 서양적 사고의 근저를 이루고 있는 대립적 이원론 의 관점

4문단 동양적 사고의 성향과 본질

5문단 대표적인 동양적 사고인 중국 철학의 특징

|주제| 서양적 사고와 동양적 사고의 성향과 본질 비교

서양적 사고		동양적 사고
절대적으로 초월·독립한 존재	신	절대적·초월적 존재가 아님.
대립적 관계로 인식하여 훼손하고 (정복)함.	자연	상호 보완적 (의존) 관계를 중시함.
(자연) 과학이 발달함.	학문	(실용) 정신을 중시함.
(법칙)적 이해를 선호함.	태도	체험적 파악을 선호함.

01 개괄적 정보의 파악   정답 ②

정답 풀이 ▼

이 글에서는 동양적 사고와 서양적 사고의 특징과 차이점을 기술하고 있다. 하지만 동양적 사고와 서양적 사고의 전개 과정에 대해서는 기술하지 않았다.

오답 풀이 ▼

① 1문단과 2문단에서는 서양적 사고의 두 가지 경향인 유대적 사고와 그리스적 사유의 특징에 대해 기술하고 있다.

③ 1문단에 제시된 서양적 사고의 신에 대한 관점과 4문단에 제시된 동양적 사고의 신에 대한 관점을 통해 그 차이를 알 수 있다.

④ 3문단에서 서양적 사고의 근저를 이루는 대립적 이원론에서 인간과 자연의 관계를 어떻게 바라보는지를 언급하고 있다.

⑤ 5문단에서 인간과 자연의 공존과 조화를 추구하는 동양적 사고(중국 철학)에 대해 설명하고 있다.

02 세부 정보의 파악   정답 ③

정답 풀이 ▼

3문단에서 서양적 사고는 '자연을 관찰하고 분석하고 법칙화하려는 노력'을 기울였다고 했고, 4문단에서는 '서양적 사고는 이분적으로 쪼개어 명확하게 분석하고 체계적으로 이론화하지만 동양적 사고는 명석함보다는 합일한 것을, 법칙적 이해보다 체험적 파악을 보다 추구한다.'라고 하였다. 따라서 자연을 세심하게 관찰하고 분석하는 것은 동양적 사고가 아니라 서양적 사고의 특징에 해당한다.

오답 풀이 ▼

① 1문단에서 '서양 종교에서 신은 피조물과는 절대적으로 초월·독립한 존재'이고 '신의 세계는 완전하고 절대적으로 성스러운 것'이라고 하였다.

② 4문단에서 동양적 사고는 '자연과 인간의 관계에서도 상호 보완적 의존 관계를 중시한다.'라고 하였다.

④ 1문단에서 '서양적 사고의 두 가지 경향을 말하면 유대적 사유와 그리스적 사유를 들 수 있다.'라고 하였다.

⑤ 3문단에서 서양적 사고는 '자연을 인간에 의해서 극복되는 대상물'로 보았고 '이 같은 노력의 성과가 서양의 문명과 문화를 형성하였고, 놀라운 자연 과학의 발달, 공업 기술의 혁신을 가져오게 하였다.'라고 하였다.

03 구체적 상황에 적용   정답 ④

정답 풀이 ▼

4문단에서 동양적 사고는 명석함보다는 합일한 것을 좋아한다고 하였다. 제가백가는 동양적 사고를 바탕에 두고 있으므로 합일적 관점을 지향했다고 볼 수 있다. 그런데 〈보기〉를 통해 신학이 발달한 것은 서양임을 알 수 있고 또한 〈보기〉에서 제자백가는 '종교보다는 정치와 윤리에 집중할 수 밖에 없었다.'라고 하였으므로 제자백가가 현실의 문제에 신학을 접목시키려 한 것이라는 진술은 적절하지 않다.

오답 풀이 ▼

① 〈보기〉에서 제자백가는 학문의 궁극적 목적을 현실 문제의 해결에 두었다고 하였다. 이를 통해 볼 때 제자백가는 학문을 바탕으로 현실의 문제를 해결하기 위해 노력했음을 알 수 있다.

② 〈보기〉에서 제자백가는 정치적 혼란기에 인재를 길러 내는 민간 교육 기관의 성격을 지녔다고 하였다.

③ 〈보기〉에서 제자백가는 신과 인간의 이분법적 대립에서 벗어나 조화의 관점에서 인간과 신의 관계를 이해하려 했다고 하였다.

⑤ '경세치용'은 학문이 세상을 다스리는 데 실익을 증진하는 것이어야 한다는 주장이다. 〈보기〉에서 제자백가는 학문의 목적을 현실 문제

의 해결에 두었다고 한 점으로 볼 때, 경세치용의 치국평천하를 목적으로 했음을 알 수 있다.

기출문제로 뛰어넘기   · 본문 30~31쪽

01 ③   02 ④   03 ②

| 문단 정리 |

1문단 바이러스의 특성과 구조
2문단 바이러스의 감염 과정
3문단 시간에 따른 감염의 종류 – 급성감염과 지속감염
4문단 발현 양상에 따른 지속감염의 종류-잠복감염, 만성감염, 지연감염

| 주제 | 바이러스의 특성 및 감염의 과정과 종류

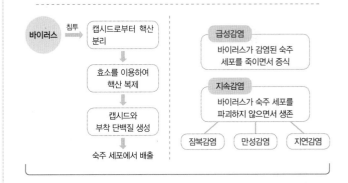

01 핵심 정보의 추론   정답 ③

정답 풀이 ▼

바이러스가 숙주 세포 내부에 침투할 때 캡시드로부터 분리되어 빠져나오는 것은 효소가 아니라 바이러스의 핵산이다. 바이러스의 핵산이 캡시드로부터 분리되어 숙주 세포 내부로 빠져나오는 것은 @에 해당하며, 이후 핵산은 효소를 이용하여 복제된다.

오답 풀이 ▼

① 바이러스는 바이러스 피막의 부착 단백질을 이용해 숙주 세포 수용체에 달라붙는데, 이 과정이 있어야만 이후에 바이러스의 핵산이 숙주 세포 내부로 빠져나올 수 있다.

② 핵산이 효소를 이용하여 복제되는 것은 ⓑ에 해당하며, 이때 핵산이 DNA라면 숙주 세포에 있는 효소를 그대로 이용하고 RNA라면 숙주 세포에 있는 효소를 이용해 자신에 맞는 효소를 합성한다.

④ ⓒ는 합성된 단백질 일부가 캡시드가 되어 복제된 핵산을 둘러싸는 것이고 ⓓ는 합성된 단백질의 다른 일부가 숙주 세포막에 부착되어 이 세포막이 캡시드를 감싸 피막이 되는 것이다. 이때 합성된 단백질은 핵산이 mRNA라는 전달 물질을 통해서 합성한 것이다.

⑤ ⓓ는 합성된 단백질 일부가 숙주 세포막에 부착되어 이 세포막이 캡시드를 감싸 피막이 되는 것이다. 배출되는 바이러스의 피막은 숙주 세포의 구성 요소인 세포막을 이용해 만들어진다.

02 세부 정보의 파악　　　　　　　정답 ④

정답 풀이 ▼

3문단에 따르면, ⓒ'지속감염'은 ㉠'급성감염'에 비해 상대적으로 오랜 기간 동안 바이러스가 체내에 잔류한다.

오답 풀이 ▼

① 4문단에 따르면, 체내에서 감염성 바이러스의 수가 점진적으로 증가하는 것은 지속감염 중 지연감염에 해당한다.

② 3문단에 따르면, 바이러스가 체내의 방어 체계를 더 오랫동안 회피하며 생존하는 경우는 급성감염이 아니라 지속감염이다.

③ 3문단에 따르면, 급성감염은 바이러스가 감염된 숙주 세포를 증식 과정에서 죽인다.

⑤ 3문단에 따르면, 급성감염과 지속감염은 감염이 지속되는 시간과 바이러스의 숙주 세포 파괴 여부에 따라 구분된다.

03 구체적 상황에 적용　　　　　　　정답 ②

정답 풀이 ▼

〈보기〉의 'VZV'에 의한 감염은 잠복감염, 'HCV'에 의한 감염은 만성감염이다. 'VZV'를 가진 사람의 피부에 통증과 수포가 발생하는 것은 신체의 면역력 저하라는 특정 조건에서 바이러스가 재활성화되어 나타나는 증상이다.

오답 풀이 ▼

① 4문단에 따르면, 잠복감염은 질병이 재발하기까지 바이러스가 감염성을 띠지 않고 프로바이러스의 상태로 잠복한다.

③ 4문단에 따르면, 만성감염은 사람에 따라서 질병이 발현되지 않기도 하지만 감염성 바이러스가 숙주로부터 계속 배출되어 항상 검출되고 다른 사람에게 옮길 수 있는 감염 상태이다.

④ 4문단에 따르면, 만성감염은 사람에 따라서 질병이 발현되거나 되지 않기도 하며 때로는 뒤늦게 발현될 수도 있다.

⑤ 3~4문단에 따르면, 바이러스에 의해 질병이 발현된 상황이라면 바이러스가 감염성을 띠고 주변 세포를 감염시키고 있다고 볼 수 있다.

어휘 점검하기　　　　　　　　· 본문 31쪽

01 근저	**02** 비중	**03** 삭막	**04** 피조물
05 ㉣	**06** ㉠	**07** ㉢	**08** ㉡
09 훼손	**10** 증식	**11** 고양	**12** 기생

03강 분류와 분석

개념 적용 문제　　　　　　　· 본문 33쪽

01 (1) 용기를 가열하는 방식　　**02** (1) ㉣, ㉤ (2) ㉢, ㉠, ㉡
03 (1) ○ (2) × (3) × (4) ○ (5) ○

유사 문제로 다지기　　　　　　　· 본문 34~35쪽

01 ④　　　　**02** ②　　　　**03** ③

 지문 더보기

|문단 정리|
1문단 절대소득 가설의 특징 및 한계
2문단 상대소득 가설의 특징 및 한계
3문단 항상소득 가설의 특징
4문단 생애주기 가설의 특징
5문단 항상소득가설과 생애주기가설의 공통점 및 차이점과 의의

|주제| 다양한 소비이론이 지니고 있는 주요 특징

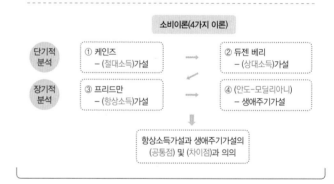

01 세부 정보의 파악　　　　　　　정답 ④

정답 풀이 ▼

4문단의 '생애주기가설'의 내용을 보면 '소득이 상대적으로 적은 청년기에는 향후 소득 증대에 대한 기대감으로 자신의 현재 소득보다 더 높은 소비 수준을 보이고, 중장년기에는 일생 중 실제 소득이 가장 높은 편이지만 청년기에 졌던 빚을 상환한다거나 은퇴 후 노후 생활 대비 명목으로 저축 금액을 늘리게 된다.'라고 설명하고 있다. 그러므로 노후 대비를 위한 저축 금액을 늘리게 되는(=저축 성향이 강하게 나타나는) 시기는 중장년기이다.

오답 풀이 ▼

① 1문단의 첫 문장에서 '소비이론은 소비 행위를 일으키는 원인들을 분석하여 해당 요소들이 실제 소비에 어떤 영향을 미치는가를 경제학적 관점에서 탐구한다.'라고 하였다.

② 2문단에서 '뒤젠 베리는 자신의 '상대소득가설'에서 개인의 소비 양상

은 타인의 소비 수준과 일정한 상관관계를 지닌다는 점에 주목하고, 이를 '전시 효과'라고 불렀다.'라고 하였으므로 적절한 진술이다.
③ 3문단에서 '일시소득은 영업 실적에 따른 보너스와 같이 일시적 여건의 변화로 발생하는 소득을 뜻한다.'라고 하였으므로 적절한 진술이다.
⑤ 4문단에서 '생애주기가설'에 대해 '소비 양상의 패턴을 좀 더 장기적 관점에서 바라보았'고, '소비자들의 소비 수준은 일생에 걸쳐서 발생하는 소득과 자산의 총량을 고려하여 결정된다고 주장'한 것이라고 하였다. 이 내용으로 보아 '생애주기가설'이 장기적 관점에서 소비 양상의 특징을 파악하고자 하였다는 진술은 적절하다.

02 | 전개 방식의 파악   정답 ②

정답 풀이 ▼

글의 서술 방식을 파악할 때는 특정 문단이나 문장 차원에 집착하지 말고, 글 전체의 흐름에 초점을 맞추어 파악해야 한다. 이 글은 첫 문단 도입부에서 소비이론이 탐구하고자 하는 동일한 연구 주제(어떤 요인들이 실제 소비에 어떤 영향을 끼치는가?)를 밝힌 뒤, 이 주제를 둘러싼 다양한 접근 방식들(절대소득가설, 상대소득가설, 항상소득가설, 생애주기가설)을 한 문단씩 차례대로 소개하고 있다. 그리고 각 접근 방식들이 일정하게 공유하고 있는 특징(공통점) 또는 분명하게 입장이 엇갈리는 특징(차이점)을 알기 쉽게 짚어 주고 있으므로 ②가 적절하다.

오답 풀이 ▼

① '상반된 견해'에 대응할 만한 것으로는 절대소득가설과 상대소득가설이 있다. 그런데 이후 상반되는 두 가설의 절충적 대안을 제시하는 것이 아니라, 그 가설들이 놓치고 있는 측면을 새롭게 보완한 또 다른 가설들(항상소득가설, 생애주기가설)을 설명하고 있으므로 적절하지 않다.
③ 문단의 흐름과 의미적 연결 구조를 살펴보면, 이 글은 문단별로 서로 다른 소비 이론의 특징을 설명하는 방식으로 전개되고 있다. 구체적 사례들을 열거하고 이를 종합하여 일반적 원리로 설명하고 있는 구조는 아니다.
④ 일반인이 품고 있는 잘못된 선입견이 언급되지 않았으며, 이를 논리적으로 비판하고 있는 구성을 취하고 있는 것도 아니다.
⑤ 이 글에서는 문답 형식이 사용되지 않았다.

03 | 핵심 정보의 추론   정답 ③

정답 풀이 ▼

5문단을 보면, 항상소득가설과 생애주기가설 모두 '소비자의 소득에 변동이 발생하더라도 소비는 일정한 수준을 유지하려는 특징을 지녔'고 보았음을 알 수 있다. 그러므로 소비자가 비교적 일정한 소비 수준을 유지하려는 성향이 있다고 본 것은 두 이론의 공통적인 관점에 해당함을 알 수 있다.

오답 풀이 ▼

① 3문단에서 '항상소득가설'에서는 '처분가능소득을 항상소득과 일시소득의 개념으로 세분화하여 장기적 차원의 소비 성향을 보다 정교하게 설명하였다.'라고 하였다.
② 4문단에서 생애주기가설은 '소득은 중장년기 때 대체로 가장 높고, 청년기와 노년기에 상대적으로 낮다는 점에 주목하였다.'라고 하였다.

④ 5문단의 '생애주기가설은 일생에 걸친 소득과 소비 변화 양상에 초점을 맞추고 있다는 점에서 항상소득가설과 차이를 보인다.'를 통해 확인할 수 있다.
⑤ 3, 4문단의 첫 문장에서 두 이론 모두 장기적 차원에서 소비의 문제에 접근하였음을 확인할 수 있고, 5문단에서 두 이론은 '소비 결정이 다양한 변수에 따라 영향을 받는다는 점을 입체적으로 포착하고 설득력 있게 이론화했다는 의의를 지닌다.'라고 하였으므로 적절한 진술이다.

유사 문제로 확장하기   · 본문 36~37쪽

01 ④   02 ③   03 ③

지문 더보기

|문단 정리|
1문단 행정 서비스의 바람직한 제공 방식에 대한 고민
2문단 협동 생산의 개념과 구상의 출발점
3문단 개별적 협동 생산의 예와 그 한계
4문단 집단적 협동 생산의 예와 그 한계
5문단 집합적 협동 생산의 예와 그 취지
6문단 행정 과정에 협동 생산을 도입할 때의 유의점

|주제| 협동 생산의 세 가지 유형의 특징과 도입 시 유의점

01 | 개괄적 정보의 파악   정답 ④

정답 풀이 ▼

이 글은 행정부와 국민이 협동하여 만드는 새로운 행정 서비스인 협동 생산을 소개하고, 협동 생산의 유형을 설명하고 있다. 그러나 협동 생산의 발전 과정은 언급하고 있지 않다.

오답 풀이 ▼

① 3문단에서는 협동 생산의 유형을 개별, 집단, 집합으로 나누어 분류하고 있다.
② 2문단에서는 협동 생산의 개념을 '행정부와 국민이 협동하여 만드는 새로운 서비스 생산 모형'이라고 설명하고 있다.
③ 마지막 문단에서 '민간이 참여하게 되면 시행된 정책에 대한 책임 소재가 모호해질 수 있고, 정책이 실패할 경우 담당자들이 실패를 합리화하거나 정당화하는 구실이 될 수도 있'다고 하며 협동 생산의 부작용을 언급하고 있다.

⑤ 개별적 협동 생산의 사례로 '교통 신호를 위반한 차량을 스마트폰으로 촬영하여 신고하는 일'을 들고 있고, 집단적 협동 생산의 사례로 '범죄 감시 주민 신고제'를 들고 있으며, 집합적 협동 생산의 사례로 '생태 습지 살리기 운동'을 들고 있다.

02 핵심 정보의 추론   정답 ③

정답 풀이 ▼

ⓒ'집단적 협동 생산'은 선택된 소수의 집단에게만 혜택이 주어지는 경향이 있는데, 이러한 문제점을 극복할 수 있는 방안으로 ⓒ'집합적 협동 생산'이 주목받고 있다고 하였다. 따라서 ⓒ'집단적 협동 생산'은 ⓒ'집합적 협동 생산'과 달리 협동 생산의 혜택이 소수에게만 주어질 수 있다는 진술은 적절하다.

오답 풀이 ▼

① ⓐ'개별적 협동 생산'은 개인 자신이 서비스 수혜자인 경우가 있고, 능동적이고 자발적으로 지역 사회를 위해 참여하는 경우도 있다. 따라서 ⓐ에 참여한 개인이 모두 혜택을 받을 수 있는 것은 아니다.
② ⓐ'개별적 협동 생산'은 개별적으로 시민 참여가 이루어지는 형태로 협동 생산을 위한 조직과 조정 메커니즘이 없어도 활동이 가능하다. 따라서 ⓐ'개별적 협동 생산'은 ⓒ'집단적 협동 생산'과 달리 정부와 시민 단체 사이의 공식적 소통 과정이 없어도 이루어질 수 있다.
④ ⓒ'집단적 협동 생산'과 ⓒ'집합적 협동 생산'은 다수의 시민이나 단체의 참여로 이루지는 생산 방식이므로 시민의 참여가 필수적으로 이루어져야 한다.
⑤ 1문단에서 국민에 대한 행정 서비스의 양과 질을 떨어뜨리지 않고도 현재의 예산 범위 안에서 정부 사업을 제공하는 방법으로 제시하고 있는 것이 '협동 생산'이라고 하였다. ⓐ, ⓒ, ⓒ은 '협동 생산'의 유형이므로, 모두 행정 서비스의 질을 떨어뜨리지 않고 정부 사업을 유지하는 방법에 해당한다.

03 구체적 상황에 적용   정답 ③

정답 풀이 ▼

'○○ 빵집'이 영업 이익을 남겨서 장애인 복지 기금으로 사용한다면 이는 기존 서비스의 양과 질을 떨어뜨리지 않고도 현재의 예산 범위 안에서 또 다른 복지 서비스를 창출하는 것에 해당하므로 협동 생산의 취지에 부합한다고 볼 수 있다.

오답 풀이 ▼

① '○○ 빵집'을 세우는 과정에서 해당 복지 단체가 설립 계획을 세웠기 때문에 '○○ 빵집'을 세우는 과정에서 해당 복지 단체의 의도가 반영되었다고 볼 수 있다. 또한 '○○ 빵집'이 '빵을 만들기 위해 직원을 고용하는 것이 아니라 직원을 고용하기 위해 빵을 만든다.'라는 취지에서 출발하여 장애인을 직원으로 채용하고 있다고 하였으므로, '○○ 빵집'은 복지 단체의 설립 취지에 맞게 운영된다고 할 수 있다.
② '○○ 빵집'은 장애인에게 일자리를 제공할 뿐만 아니라 맛있는 빵을 저렴하게 판매하고, 영업장을 지역 주민에게 쉼터로 제공하여 지역 사회의 명물로 자리 잡아 가고 있다고 하였다. 따라서 '○○ 빵집'의 사회 서비스는 장애인뿐만 아니라 지역 주민 전반에 혜택이 돌아가도록 이루어지고 있음을 알 수 있다.

④ '○○ 빵집'이 질 좋고 맛있는 빵을 개발하지 않고 장애인 고용에만 치중한다면 이는 지역 주민 전반에게 혜택이 돌아가는 것이 아니라 제한된 대상에게게만 혜택이 제공되는 한계를 갖게 된다.
⑤ '○○ 빵집'은 사설 복지 단체에서 설립 계획을 세우고 지방 자치 단체가 지원하여 서비스를 생산하는 형태로 운영되므로, 행정부와 국민이 협동하여 만드는 새로운 서비스 생산 모형인 협동 생산에 해당한다고 볼 수 있다.

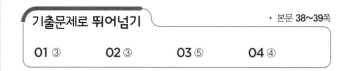

기출문제로 뛰어넘기   · 본문 38~39쪽

| 01 ③ | 02 ③ | 03 ⑤ | 04 ④ |

  지문 더보기

|문단 정리|

1 문단 터치스크린 패널의 개념과 사용되는 정전용량방식의 종류
2 문단 표면정전방식의 특징
3 문단 투영정전방식 중 자기정전방식의 특징
4~5 문단 투영정전방식 중 상호정전방식의 특징

|주제| 터치스크린 패널에 사용되는 정전용량방식의 종류와 특징

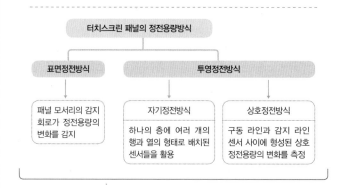

01 세부 정보의 파악   정답 ③

정답 풀이 ▼

2문단에서 '표면정전방식에서는 패널의 표면에 덮인 전도성 투명 필름이 전도성 물체의 접촉을 인식하는 센서 역할을 한다.'라고 하였으므로 패널에 전도성이 있는 투명 필름을 입힌다는 것을 알 수 있다.

오답 풀이 ▼

① 1문단에서 '터치스크린 패널은 스크린의 특정 지점을 직접 접촉하면 그 위치를 파악하여 해당 위치에 설정된 기능을 직관적으로 조작할 수 있도록 설계된 장치'라고 했으므로 적절한 설명이다.
② 3문단에서 자기정전방식은 '행과 열의 교차점인 접촉 위치'를 파악할 수 있다고 했으므로 적절한 설명이다.
④ 5문단에서 '이후 터치좌표쌍의 정보를 터치 컨트롤러가 디지털 신호로 변환해 이미지로 처리'한다고 했으므로 적절한 설명이다.
⑤ 2문단에서 '표면정전방식은 투영정전방식에 비해 구조가 단순하고'에서 투영정전방식이 표면정전방식보다 구조가 복잡함을 알 수 있다.

그리고 3문단에서 투영정전방식의 한 종류인 자기정전방식은 '표면 정전방식과 달리 ~ 이를 바탕으로 행과 열의 교차점인 접촉 위치를 정교하고 빠르게 파악할 수 있다.'라고 한 것을 통해 투영정전방식은 표면정전방식에 비해 정교하게 접촉 위치의 좌표를 파악할 수 있음을 알 수 있다.

02 핵심 정보의 추론   정답 ③

정답 풀이 ▼

2문단에서 표면정전방식(㉠)은 '패널의 네 모서리에 있는 각각의 감지 회로가 동시에 정전용량의 변화를 감지'한다고 하였으므로 네 개의 감지 회로를 활용한다. 또한 3문단에서 '자기정전방식(㉡)은 표면정전방식(㉠)과 달리 하나의 층에 여러 개의 행과 열의 형태로 배치된 각각의 센서들을 활용한다.'라고 하였으므로 자기정전방식(㉡)은 표면정전방식(㉠)의 네 개보다 더 많은 감지회로를 활용한다. 이를 통해 표면정전방식(㉠)과 자기정전방식(㉡) 모두 하나의 접촉점을 인식하기 위해 두 개 이상의 감지회로를 활용하고 있음을 알 수 있다.

오답 풀이 ▼

① 1문단에서 '터치스크린 패널 중 정전용량방식의 패널(㉠, ㉡, ㉢)은 전기가 통하는 전도성 물체를 스크린에 접촉했을 때 발생하는 정전 용량의 변화를 측정하여 접촉된 위치를 파악한다.'라고 했으므로 적절하다.

② 2문단에서 표면정전방식(㉠)은 '패널의 표면에 덮인 전도성 투명 필름'이 '물체의 접촉을 인식하는 센서 역할을 한다'고 하였고, 3문단에서 투영정전방식(㉡, ㉢)은 '접촉을 감지할 수 있는 센서를 패널의 일정한 구역마다 배치하여 활용하는 방식'이라고 하였으므로 적절하다.

④ 3문단에서 자기정전방식(㉡)은 '하나의 층에 여러 개의 행과 열의 형태로 배치된 각각의 센서'들을 활용한다고 하였고, 4문단에서 상호정전방식(㉢)은 '가로축으로 배열된 센서인 구동 라인과 세로축으로 배열된 센서인 감지 라인이 두 개의 층'을 이루고 있다고 하였으므로 적절한 설명이다.

⑤ 3문단에서 자기정전방식은 '증가하는 정전용량을 측정하는 방식'이라고 하였고, 4문단에서 상호정전방식은 전도성 물체 접촉 후 '구동 라인과 감지 라인 사이에 형성된 상호 정전용량이 감소'하면서 전기장이 줄어드는 현상을 이용한 것이라고 하였으므로 적절한 설명이다.

03 구체적 상황에 적용   정답 ⑤

정답 풀이 ▼

〈자료 1〉은 '상호정전방식'을 나타낸 것이다. 4문단의 상호정전방식의 작동 순서를 보면 '패널에 전도성 물체가 접촉하게 되면 일정한 크기를 유지하던 전기장의 일부가 접촉된 물체로 흡수'되고, '전기장의 크기 역시 줄어든다.'고 하였는데 ⓐ에서 전기장의 크기가 줄어들었으므로 구동 라인과 감지 라인 사이에서 형성된 상호 정전용량이 감소했음을 알 수 있다. 하지만 〈자료 2〉를 보면 ⓒ에서는 전기장의 크기가 P(전도성 물체의 접촉이 없는 상태)와 같은데, 이는 구동 라인과 감지 라인 사이의 상호 정전용량의 변화가 없는 상황을 나타내므로 ⓒ도 상호 정전용량이 감소했을 것이라는 반응은 적절하지 않다.

오답 풀이 ▼

① 4문단에서 '패널에 전도성 물체가 접촉하게 되면', '전기장의 일부가 접촉된 물체로 흡수된다.'고 하였으므로 ⓐ와 ⓑ 모두 접촉된 물체가 전기장을 흡수했음을 알 수 있고, 〈자료 2〉에서 ⓐ가 ⓑ보다 전기장의 크기가 더 작으므로 접촉된 물체가 흡수한 전기장의 크기는 ⓑ보다 ⓐ가 더 크다는 것을 알 수 있다.

② 4문단에서 '접촉이 정확하게 일어날수록 해당 지점에 전기장이 더 많이 줄어들게 된다.'고 하였으므로 〈자료 2〉에서 전기장의 크기가 더 많이 줄어든 ⓐ에서 ⓑ보다 더 정확한 접촉이 일어났음을 알 수 있다.

③ 〈자료 2〉를 볼 때 ⓒ는 전도성 물체와의 접촉이 없는 상태로, 4문단에서 이때 '구동 라인에서는 전압에 의해 전기장이 형성되며, 이 전기장은 모두 감지 라인으로 들어'간다고 설명하고 있으므로 적절한 설명이다.

④ 4문단에서 '전도성 물체가 접촉하게 되면 일정한 크기를 유지하던 전기장의 일부가 접촉된 물체로 흡수된다.'라고 했으므로 접촉이 없는 상태인 ⓒ와 달리 ⓑ는 전기장의 일부가 접촉된 물체로 흘러들어 간다.

04 숨겨진 정보의 추론   정답 ④

정답 풀이 ▼

4문단을 보면, 상호정전방식은 물체 접촉 후 패널에 터치좌표쌍이 인식되는데 이때 '터치좌표쌍은 구동 라인과 감지 라인이 개별적으로 인식된 교차점이기에 하나의 패널에서는 여러 개의 터치좌표쌍이 만들어질 수 있다.'라고 하였다. 이 여러 개의 '터치좌표쌍'을 터치 컨트롤러가 중앙처리장치에 전달해 물체의 접촉 여부와 위치를 최종적으로 판단하게 된다. 이처럼 하나의 패널에서 여러 교차점을 개별적으로 인식하기 때문에 두 지점을 접촉해도 모두 인식하고 판단할 수 있는 것이다.

오답 풀이 ▼

① 5문단에서 '상호정전방식은 구동 라인과 감지 라인의 교차점을 개별적으로 인식하는 과정을 거치기에 측정 시간이 많이 소요'된다고 하였다.

② 5문단에서 '터치좌표쌍의 정보를 ~ 중앙처리장치(CPU)에 전달함으로써 해당 터치스크린 패널은 전도성 물체의 접촉 여부 및 접촉한 위치를 최종적으로 판단'한다고 하였으므로 중앙처리장치가 행과 열의 정보를 분할한다는 설명은 적절하지 않다.

③ 4문단을 보면 상호정전방식은 '가로축으로 배열된 센서인 구동 라인과 세로축으로 배열된 센서인 감지 라인이 두 개의 층을 이루고 있'고, '구동 라인과 감지 라인의 교차점인 터치좌표쌍이 인식'되는 방식이므로 적절하지 않다.

⑤ 4문단에서 '터치좌표쌍은 구동 라인과 감지 라인이 개별적으로 인식된 교차점이기에 하나의 패널에서는 여러 개의 터치좌표쌍이 만들어질 수 있다.'고 하였다.

어휘 점검하기   • 본문 39쪽

01 ㉠	02 ㉠	03 ㉠	04 ㉡
05 탈피하기	06 포착하기	07 감지하는	08 간과했다는
09 구동	10 차원	11 통찰	12 치안

흐름과 변화

개념 적용 문제
· 본문 **41**쪽

01 (1) 근대 이전 (2) 근대 (3) 19세기 이후 (4) 1960년대

02 ③   **03** (1) ○ (2) × (3) × (4) ○ (5) ○

04 (1) 추상성 (2) 물리적

유사 문제로 다지기
· 본문 **42~43**쪽

01 ①   **02** ④   **03** ②

지문 더보기

|문단 정리|

1문단 <u>빛</u>의 속도에 대한 기존의 인식

2문단 램프를 이용해 빛의 속도를 알아내려 한 <u>갈릴레이</u> 의 실험

3문단 천체 현상을 이용해 빛의 속도를 알아내려 한 <u>뢰머</u> 의 실험

4문단 <u>지구상</u> 의 실험 장치를 이용해 빛의 속도를 알아내려 한 실험들

|주제| 빛의 <u>속도</u> 를 알아내기 위한 노력들

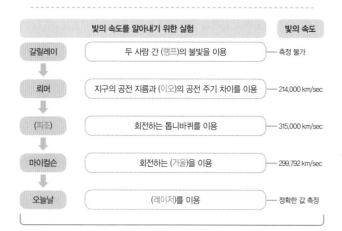

01 전개 방식의 파악
정답 ①

정답 풀이 ▼

이 글은 빛의 속도를 측정하기 위한 과학자들의 연구 과정을 시간의 흐름에 따라 전개한 글이다. 빛의 속도는 무한대일 것이라는 통념을 깨고 빛의 속도를 측정하려 한 갈릴레이를 필두로 측정 속도의 오차 범위를 줄여 가는 과학자들의 연구 발전 과정을 소개하고 있다.

02 구체적 상황에 적용
정답 ④

정답 풀이 ▼

[A]에서 뢰머는 '지구가 공전하면서 목성에 접근할 때에는 이오의 공전 주기가 짧아지고, 목성에서 멀어질 때에는 공전 주기가 길어진다는

사실을 확인'했다고 하였다. 이를 통해 뢰머는 이오의 공전 주기의 차이와 지구의 공전 지름을 이용하여 빛의 속도를 구할 수 있다고 판단하였다. A~D 중 빛의 속도의 차이를 확연하게 구분할 수 있는 핵심 단서는 지구가 목성에서 가장 멀 때인 C와 지구가 목성에서 가장 가까울 때인 A의 차이를 비교하는 것이다.

오답 풀이 ▼

② [A]에서 뢰머는 '항상 일정해야 할 이오의 공전 주기가 차이가 난다는 것은 결국 관측을 하는 지구의 위치가 달라졌기 때문'이라고 보았다고 했다. 즉, 뢰머의 실험은 이오의 공전 주기가 일정하다는 것을 전제로 하고 있다.

③ 뢰머는 이오의 공전 주기의 차이와 지구의 공전 지름을 이용하여 빛의 속도를 측정하고자 했으므로 이를 위해서는 지구의 공전 지름(A에서 C까지의 직선 거리)을 정확히 측정해야 한다.

⑤ 만약 빛의 속도가 무한이라면 지구와 목성 사이의 거리와 상관없이 어느 위치에서 측정하든지 이오의 공전 주기 측정 결과는 같을 것으로 추정할 수 있다.

03 핵심 정보의 추론
정답 ②

정답 풀이 ▼

㉠은 램프의 빛이 두 사람 사이를 왕복하는 시간을 측정하여 빛의 속도를 구하려고 한 것이다. ㉡은 레이저를 달과 같은 천체에 쏘아 돌아오는 시간을 측정하여 빛의 속도를 구하려고 한 것이다. 따라서 ㉠, ㉡은 모두 빛이 왕복하는 시간을 측정하려고 했다는 점에서 유사하다.

오답 풀이 ▼

① ㉠과 ㉡은 모두 빛의 속도가 유한하다는 전제에서 출발하고 있다.

③ ㉠은 가까운 거리에 있는 물체 사이에서 빛의 왕복 시간을 확인하려 한 것으로 사람의 반응이 너무 느리고 빛의 속도는 너무 빨라서 빛의 속도를 측정할 수 없었다. ㉡은 레이저를 이용하여 먼 거리에 있는 물체 사이에 빛을 왕복시킴으로써 정확한 빛의 속도를 구할 수 있다.

④ ㉠은 지구에서 램프의 빛을 이용하여 이루어진 실험이고 ㉡은 천체를 이용한 실험이다.

⑤ ㉠은 측정 자체를 하지 못하였으므로 ㉡에서 측정한 빛의 속도와 비교할 수 없다.

유사 문제로 확장하기
· 본문 **44~45**쪽

01 ④   **02** ③   **03** ⑤

지문 더보기

|문단 정리|

1문단 우리나라 예술 작품의 <u>소재</u> 로 사랑받은 포도

2문단 <u>포도</u> 를 소재로 한 우리나라 예술 작품의 경향

3문단 우리나라 화단에서 어엿한 화풍으로 자리 잡은 <u>황집중</u> 의 「묵포도」

4문단 황집중의 「묵포도」가 가진 특징

5문단 묵포도의 발전과 <u>의의</u>

|주제| 포도를 소재로 한 우리나라 <u>회화</u> 의 발전

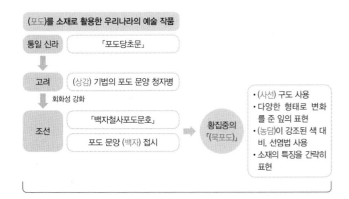

01 전개 방식의 파악　　　　　　　　　　　정답 ④

정답 풀이 ▼

4문단에서 황집중의 묵포도에 나타난 특징과 기법을 소개하고 있을 뿐, 이를 통해 드러나는 예술 기법의 변화 과정을 설명하고 있지는 않다.

오답 풀이 ▼

① 3문단에서 조선 중기인 16세기에 황집중의 「묵포도」가 양식상 특징을 지닌 어엿한 화풍으로 자리 잡게 되었다고 설명하고 있다.
② 1문단에서 우리의 옛 그림이나 조각과 같은 예술 작품의 소재로 사랑받은 포도의 특성과 상징성, 원산지에 대해 소개하고 있다.
③ 5문단에서 화선지와 먹만의 조화로 표현된 묵포도는 조선의 조촐하고 담백한 아름다움을 잘 담아내고 있다는 데 의의가 있다고 밝히고 있다.
⑤ 2문단에서 포도라는 소재가 도자기 등의 문양으로 활용되다가 점차 회화성을 띠고, 이러한 경향이 발전하면서 그림의 주요한 소재로 인정받게 되었다고 언급하고 있다.

02 세부 정보의 파악　　　　　　　　　　　정답 ③

정답 풀이 ▼

2문단에서 고려 시대에는 상감 기법을 활용하여 만들어진 포도 문양의 고려청자인 청자병이 있었고, 조선 시대에도 포도 문양을 활용한 백자가 만들어졌음을 확인할 수 있다.

오답 풀이 ▼

① 5문단에서 황집중 이후 묵포도는 최석환과 같은 전문적인 직업 화가에 의해 그려지기도 했음을 확인할 수 있다.
② 2, 3문단을 통해 흰 화선지에 먹을 이용하여 그린 수묵화인 묵포도는 중국 원대 13세기 말 원나라 승려 일관에 의해 시작되었음을 확인할 수 있다.
④ 1, 2문단에서 포도는 우리나라에서 고려 시대부터 재배된 것으로 보이는데, 통일 신라 시대와 고려 시대에는 문양으로 쓰이다가 조선 시대에 이르러서야 그림의 주요한 소재로 인정받았음을 확인할 수 있다.
⑤ 1문단에서 우리의 옛 그림이나 조각과 같은 예술 작품에는 실물을 접하기 어려운 동식물들이 등장하기도 했음을 확인할 수 있다.

03 구체적 상황에 적용　　　　　　　　　　　정답 ⑤

정답 풀이 ▼

4문단에 따르면, 황집중은 대상, 즉 포도의 외형을 있는 그대로 표현하기보다는 소재의 특징을 잘 포착하여 간략히 나타냄으로써 문인화로서의 격조를 드러냈다고 하였다. 따라서 황집중의 「묵포도」가 세밀한 관찰을 통해 포도송이를 사실 그대로 표현했다는 진술은 적절하지 않다.

오답 풀이 ▼

① 4문단에서 조선 시대 문인 화가들이 사선 구도를 즐겨 사용했다고 말하고 있다.
② 4문단에서 황집중의 「묵포도」가 선염법을 통해 포도송이의 입체감을 드러냈다고 하였다.
③ 2문단에서 조선 시대의 백자 접시에 회화성을 띤 포도 문양이 그려졌으며, 이러한 경향이 발전하면서 포도가 그림의 주요 소재가 되었다고 서술하고 있다.
④ 1문단에서 우리나라에서 포도라는 소재가 사랑받은 것은 포도송이와 덩굴이 다산과 장수를 상징한다고 여겨졌기 때문이라고 밝히고 있다.

기출문제로 뛰어넘기　　　　　　　　　　· 본문 46~47쪽

| 01 ⑤ | 02 ② | 03 ⑤ | 04 ④ |

지문 더보기

|문단 정리|
1문단 18세기의 칼로릭 이론
2문단 19세기 초 카르노의 이론
3문단 19세기 중반 실험을 통해 에너지 보존 법칙을 입증한 줄
4문단 카르노 이론에 대한 과학자들의 재검토
5문단 클라우지우스의 연구 성과

|주제| 열역학에 대한 과학자들의 탐구

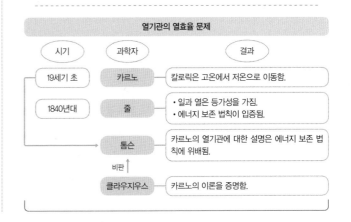

01 세부 정보의 파악
정답 ⑤

정답 풀이 ▼

4문단에 따르면, 열의 실체가 칼로릭이라는 칼로릭 이론은 톰슨에 의해 오류가 밝혀졌다. 그러나 칼로릭 이론에 기반하여 열기관의 열효율은 두 작동 온도에만 관계된다고 주장한 카르노의 이론은 클라우지우스의 증명으로 유지되었다.

오답 풀이 ▼

① 2문단에서 열기관은 고온의 열원에서 흡수한 열을 저온인 외부로 방출하며 일을 하는 기관이라고 하였다.

② 2문단에 따르면, 카르노는 수력 기관에서 물이 높은 곳에서 낮은 곳으로 흐르면서 일을 할 때 물의 양과 한 일의 양의 비는 물의 온도 차이가 아니라 높이 차이에만 좌우된다는 것에 주목하였다.

③ 1문단의 칼로릭 이론에 따르면, 차가운 쇠구슬이 뜨거워지는 것은 주위의 뜨거운 물체에서 칼로릭이 이동했기 때문이다. 칼로릭은 질량이 없는 입자들의 모임이라고 하였으므로, 칼로릭 이론에서는 차가운 쇠구슬이 뜨거워지더라도 쇠구슬의 질량에는 아무런 영향을 미치지 않는다고 볼 것이다.

④ 1문단의 칼로릭 이론에 따르면, 칼로릭은 온도가 높은 쪽에서 낮은 쪽으로 흐르는 성질을 갖는다.

02 숨겨진 정보의 추론
정답 ②

정답 풀이 ▼

3문단의 줄의 에너지 보존 법칙에 의하면, 열과 일이 상호 전환될 때 열과 일의 에너지를 합한 양이 일정하게 보존된다. 그러나 칼로릭 이론을 바탕으로 한 카르노의 열기관에 대한 설명은 열기관이 높은 온도에서 흡수한 열 전부를 낮은 온도로 방출하면서 일을 한다는 것이다. 이는 열기관이 한 일을 설명할 수 없다는 오류가 있다.

오답 풀이 ▼

① ⓐ는 톰슨이 줄의 에너지 보존 법칙을 근거로 카르노의 열기관에 대한 설명이 적절하지 않음을 지적한 내용이다. 화학 에너지와 전기 에너지가 서로 전환될 수 없는 에너지라는 것은 줄의 에너지 보존 법칙과는 맞지 않으므로, 이는 ⓐ의 내용이라 할 수 없다.

③ 열이 방향성이 있다는 것은 클라우지우스가 주목한 자연계의 현상으로 카르노 이론에 대한 톰슨의 지적과는 관련이 없다.

④ ⓐ는 카르노의 열기관에 대한 설명이 적절하지 않음을 밝히는 톰슨의 지적을 담고 있다. 따라서 자연계에서 열이 고온에서 저온으로만 흐르는 것과 같은 방향성이 있다는 점에 주목한 사람은 카르노 이론의 타당성을 밝힌 클라우지우스로, 열효율에 관한 카르노 이론의 타당성을 밝히는 것은 ⓐ의 내용으로 볼 수 없다.

⑤ ⓐ는 카르노의 열기관에 대한 설명이 적절하지 않음을 밝히는 톰슨의 지적을 담고 있다. 열기관의 열효율과 관련해 열기관이 고온에서 열을 흡수하고 저온에서 방출할 때의 두 작동 온도에만 관계된다는 것은 카르노의 이론이므로, ⓐ의 내용으로 적절하지 않다.

03 숨겨진 정보의 추론
정답 ⑤

정답 풀이 ▼

줄은 실험을 통해 열과 일의 등가성을 입증하였으므로 흡수한 열의 양(A)과 열기관으로부터 얻어진 일의 양(B)을 측정하여 B/A로 열의 일당량을 구하면 1이 나올 것이다. 그러나 줄의 실험과 달리 열효율이 100%가 될 수 없다는 상호 전환 방향에 관한 비대칭성이 있으므로 열기관이 흡수한 열의 양(A)은 열기관으로부터 얻어진 일의 양(B)보다 커서 열의 일당량을 구하면 1보다 작은 값이 나올 것이다. 따라서 실제 열의 일당량은 열기관이 흡수한 열의 양이나 두 작동 온도에 상관없이 줄이 구한 열의 일당량보다 작다.

오답 풀이 ▼

①, ②, ④ 줄의 에너지 보존 법칙은 열기관의 두 작동 온도와는 상관없이 에너지가 전환될 때 그 총량은 변하지 않는다는 것이다. 실제 열기관의 열효율은 열손실이 발생하므로 줄이 구한 열의 일당량보다 작을 수밖에 없다.

③ 줄의 에너지 보존 법칙에 따르면, 열기관이 흡수한 열의 양은 열기관이 한 일의 양으로 그대로 전환된다. 이에 의하면, 열기관이 흡수한 열의 양이 많을수록 열기관이 한 일의 양 역시 많아진다고 할 수 있다. 그러나 실제 열기관의 열효율은 열손실이 발생하므로, 열기관이 흡수한 열의 양이 많아진다고 하더라도 줄이 구한 열의 일당량보다 작을 수밖에 없다.

04 어휘의 문맥적 의미 파악
정답 ④

정답 풀이 ▼

ⓔ과 ④의 '어긋나다'는 모두 '기대에 맞지 아니하거나 일정한 기준에서 벗어나다.'의 의미로 사용되었다.

오답 풀이 ▼

① ㉠'부르다'는 '무엇이라고 가리켜 말하거나 이름을 붙이다.'의 의미로 사용되었으나, ①의 '부르다'는 '어떤 행동이나 말이 관련된 다른 일이나 상황을 초래하다.'의 의미로 사용되었다.

② ㉡'다루다'는 '어떤 것을 소재나 대상으로 삼다.'의 의미로 사용되었으나, ②의 '다루다'는 '기계나 기구 따위를 사용하다.'의 의미로 사용되었다.

③ ㉢'흐르다'는 '액체 따위가 낮은 곳으로 내려가거나 넘쳐서 떨어지다.'의 의미로 사용되었으나, ③의 '흐르다'는 '어떤 한 방향으로 치우쳐 쏠리다.'의 의미로 사용되었다.

⑤ ㉤'생기다'는 '어떤 일이 일어나다.'의 의미로 사용되었으나, ⑤의 '생기다'는 '일의 상태가 부정적인 어떤 지경에 이르게 되다.'의 의미로 사용되었다.

어휘 점검하기
· 본문 **47**쪽

01 기반	**02** 격조	**03** 시계	**04** 지배적
05 칭송	**06** 입증	**07** 전념	**08** 위배
09 방출	**10** 오차	**11** 다산	**12** 측정

05강 원리와 과정

개념 적용 문제 ─────────── • 본문 49쪽

01 (1) 섭식 중추 (2) 포만 중추

02 (1) × (2) × (3) × (4) ○ (5) ○

03 (1) ⓓ (2) ⓐ (3) ⓒ (4) ⓑ

유사 문제로 다지기 ─────────── • 본문 50~51쪽

01 ②   **02** ③   **03** ⑤

|문단 정리|

1문단 공력 가열의 개념

2문단 약한 공력 가열을 받는 경우의 해결책 – 복사 냉각

3문단 높은 공력 가열을 받는 경우의 해결책 – 어블레이션

4문단 어블레이션의 원리와 활용 시 유의점

|주제| 우주선이 공력 가열을 견디기 위한 방법

우주선의 재돌입	→	(공력) 가열
1500℃ 이상의 (고온)을 견뎌 내는 문제		우주선에 부딪치는 초고속 공기의 (운동 에너지) ➡ (열)로 변환

(약한) 공력 가열	(강한) 공력 가열
복사 냉각 사용	**어블레이션(=융제) 사용**
• 빛이나 적외선을 방출 ➡ 열을 방출 = (열복사)	• 구조체 표면을 (마찰열)로 녹이거나 증발시킴.
• 특수 (내열 타일)로 고온을 견딤. + 적외선으로 열 방출	• (내열재) 분해 과정에서 열 방출

01 전개 방식의 파악   정답 ②

정답 풀이 ▼

2문단과 3문단에서 '복사 냉각'과 '어블레이션'의 개념을 각각 소개하고, 두 방식들이 적용되는 서로 다른 상황과 조건에 대해 설명하고 있다. 즉 이 글은 '복사 냉각'과 '어블레이션' 방식의 차이점을 밝히고, 각각의 방식이 어떠한 원리로 우주선의 열을 내리는지 그 작용 원리를 설명하고 있다.

오답 풀이 ▼

① 특정한 가설에 해당하는 내용을 제시하고 있지 않으며, 구체적 사례를 통해 어떠한 내용을 증명하고 있지도 않다.

③ 이 글은 우주선이 재돌입 과정에서 발생하는 공력 가열을 어떻게 견뎌 낼 수 있는지 서로 다른 상황에 적합한 두 가지 방식을 나란히 소개하고 있을 뿐, 서로 다른 이론을 종합하여 새로운 이론을 제시하고 있지 않다.

④ 이 글에서 논란이 되는 핵심 쟁점에 해당하는 내용은 나타나 있지 않다. 논란이 되는 쟁점이란 찬성과 반대의 견해가 팽팽하게 대립되는 논의 주제를 말하는데, 여기에서는 그러한 내용이 나타나 있지 않다.

⑤ 유추의 방식을 활용한 사례는 이 글에 나타나 있지 않다.

02 세부 정보의 파악   정답 ③

정답 풀이 ▼

3, 4문단에 언급된 '내열재'는 높은 열을 견디기 위한 특수한 소재로서 물체가 일정한 물리적 조건에서 빛을 방출하는 현상과는 관련이 없다. 2문단에서 물체가 고온이 되면 빛이나 적외선을 강하게 방출하게 된다고 설명한 것을 통해 물체가 고온의 상태에서 빛을 방출하는 현상은 내열재와 무관한 일반적 물리 현상임을 알 수 있다.

오답 풀이 ▼

① 1문단의 '우주선이 재돌입 과정에서 가장 유의해야 할 사항은 1500℃ 이상의 고온을 어떻게 성공적으로 견뎌 낼 것인가의 문제이다.'에서 확인할 수 있다.

② 2문단에서 '고온 상태의 물체가 빛이나 적외선을 강하게 방출하며 열을 잃게 되는 현상'을 '열복사'라고 하였으므로 열복사는 물체의 온도가 떨어지는 것(=열을 잃게 되는 것)과 관련한 현상으로 볼 수 있다.

④ 2문단과 3문단을 통해 약한 공력 가열의 상황에서는 복사 냉각의 방식을 사용하고, 높은 공력 가열의 상황에서는 '어블레이션' 방식을 사용한다는 것을 확인할 수 있다.

⑤ 2문단의 '우주 왕복선은 S자의 형태로 지구 궤도를 선회하며 재돌입하기 때문에 비교적 약한 공력 가열을 받게 되는데, 이때 복사 냉각을 이용해 선체의 열을 방출하도록 하는 방법이 사용된다.'에서 확인할 수 있다.

03 숨겨진 정보의 추론   정답 ⑤

정답 풀이 ▼

3문단의 '어블레이션은 공력 가열에 의해 내열재를 분해시키는 과정에서 열을 흡수시켜 선체의 열을 달아나게 하는 방법을 의미한다.'와 4문단의 '이 가스를 통해 선체가 직접 가열되는 것을 방지하는 효과를 극대화시킬 수 있다.'라는 내용을 참고할 때, 내열재를 두껍게 처리해야 하는 이유는 재돌입 과정에서 발생하는 공력 가열로부터 선체가 온전히 보존될 수 있도록(=선체에 높은 열이 직접 가해지는 것을 방지하도록) 하기 위함임을 알 수 있다.

오답 풀이 ▼

① 내열재의 두께를 두껍게 처리한다고 해서 재돌입할 때 구조체 표면에 발생하는 마찰열이 감소하는 것은 아니다.

② 4문단에서 탄화층은 강화 플라스틱(=내열재)이 가열되는 과정에서 표면에 생성되는 것으로, 이 안쪽에서 플라스틱의 열분해가 진행되어 가스가 발생한다고 하였다. 따라서 내열재를 두껍게 처리하는 것을 탄화층의 강도를 약화시키기 위해서라고 볼 수 없다.

③ 4문단에서 내열재의 열분해 과정에서 발생하는 가스는 선체가 직접 가열되는 것을 방지하는 효과를 극대화시킨다고 하였다. 이러한 작용은 어블레이션 방식의 기본적 취지와 부합하는 것이고, 선체의 재돌입을 돕는 역할을 하는 것에 해당한다. 따라서 어블레이션 방식에

서 이러한 가스를 빨리 제거하려는 목적을 지닐 이유가 없으며, 문맥을 참고할 때 내열재가 두꺼워지면 오히려 가스의 작용이 더 활발해질 것으로 보는 것이 타당하다.

④ 내열재를 두껍게 처리하는 것은 높은 열이 선체에 직접적으로 전해지지 않도록 하는 것이 목적이다. 내열재를 두껍게 한다고 해서 강화 플라스틱(=내열재)의 분해와 증발 작용이 더 빨라진다고 볼 수는 없다. 내열재의 두께와 강화 플라스틱(=내열재)의 분해 및 증발 작용 속도 간의 상관관계를 확인할 수 있는 정보는 이 글에 나타나 있지 않다.

· 본문 52~53쪽

유사 문제로 **확장하기**

01 ④　　02 ②　　03 ②

지문 더보기

|문단 정리|

1문단 친환경 콘크리트를 만들기 위한 노력
2문단 광촉매 콘크리트가 오염 물질을 제거하는 원리
3문단 광촉매 콘크리트가 질소 산화물 을 정화하는 원리
4문단 광촉매 콘크리트 이용 시 효과와 상용화를 위한 개발 과제

|주제| 환경 개선에 도움이 되는 광촉매 콘크리트의 작용 원리

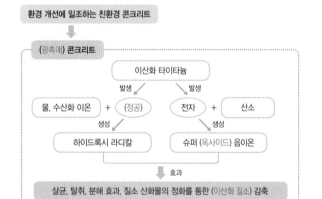

01 세부 정보의 파악 　　　　정답 ④

정답 풀이 ▼

1문단에서 콘크리트는 '열과 진동에 강하고 시공이 간단하며 구조물을 완성한 뒤에도 유지 보수가 별로 필요 없다는 장점이 있다.'라고 하였다.

오답 풀이 ▼

① 1문단에서 건축물에 콘크리트가 많이 사용되며, 이에 따라 전 세계적으로 콘크리트의 주재료로 쓰이는 시멘트 제조량이 해마다 늘어나고 있다고 하였다.
② 1문단에서 콘크리트가 내구성이 우수하고 열과 진동에 강하다고 하였다.

③ 1문단에서 시멘트는 제조 과정에서 이산화 탄소와 같은 온실가스가 많이 발생하기 때문에 대기 오염의 주범으로 지적받는다고 하였다.
⑤ 1문단에서 콘크리트는 성형이 쉬워 다양한 모양의 건축물을 만들 수 있다고 하였다.

02 구체적 상황에 적용 　　　　정답 ②

정답 풀이 ▼

㉠은 기존의 콘크리트에 이산화 타이타늄 입자를 섞어 만든 것으로, 제조된 콘크리트가 스모그와 도로 위의 오염 물질을 제거하여 공기를 정화하는 기능을 수행한다. 반면에 ㉡은 제조 과정부터 이산화 탄소를 발생시키는 시멘트를 사용하지 않고 고로 슬래그와 플라이 애시를 결합재로 사용한다. 따라서 ㉠은 제조된 이후에 친환경성을 띠지만, ㉡은 제조 과정에서 친환경성을 띤다고 할 수 있다.

오답 풀이 ▼

① 4문단에서 ㉠은 제조 과정에 높은 비용이 들어간다고 하였는데, 〈보기〉에서 ㉡은 제조 가격 면에서 경쟁력이 있다고 하였으므로 ㉠은 제조 비용이 비싼 반면 ㉡은 제조 비용이 저렴한 편이라고 볼 수 있다.
③ ㉠은 제조 과정에서 시멘트를 사용하기 때문에 이산화 탄소와 같은 온실가스를 배출하지만 ㉡은 제조 과정에서 시멘트를 사용하지 않기 때문에 이산화 탄소와 같은 온실가스가 배출되지 않는다.
④ ㉠은 스모그와 같은 오염 물질을 제거하여 대기 오염을 정화하는 기능을 하며, ㉡은 제조 과정에서 이산화 탄소를 배출하지 않기 때문에 대기 오염을 낮추는 데 도움이 된다.
⑤ 제조 과정에서 시멘트를 사용하지 않는 것은 ㉡이다.

03 핵심 정보의 추론 　　　　정답 ②

정답 풀이 ▼

ⓑ에서 나노 입자의 표면으로 이동한 전자는 공기 중의 산소와 반응하여 슈퍼 옥사이드 음이온을 생성한다. 하이드록시 라디칼은 정공이 물이나 수산화 이온과 반응하여 생성된다.

오답 풀이 ▼

① ⓐ에서 이산화 타이타늄 나노 입자가 빛을 받으면 그 내부에서 에너지의 차이가 생기고 이로 인해 전자와 정공이 발생한다.
③ ⓒ에서 하이드록시 라디칼과 슈퍼 옥사이드 음이온은 콘크리트 표면에 부착된 유기 물질을 분해한다고 하였다. 다시 말해 하이드록시 라디칼과 슈퍼 옥사이드 음이온은 이산화 타이타늄 나노 입자 위에 붙은 불순물을 분해한다고 볼 수 있다.
④ ⓓ에서 분해된 유기 물질은 물을 좋아하는 성질이 있는 이산화 타이타늄이 잡아당긴 물에 의해 씻겨 내려간다.
⑤ ⓐ~ⓓ의 과정은 이산화 타이타늄의 입자가 섞인 광촉매 콘크리트의 정화 작용을 보여 준다. 광촉매 콘크리트는 표면에 부착된 담배 연기, 기름 찌꺼기 등의 유기 물질을 분해하여 물에 의해 씻겨 나가게 함으로써 오염 물질을 제거하는 특징을 가지고 있다.

기출문제로 뛰어넘기

· 본문 54~55쪽

01 ③   02 ⑤   03 ③   04 ③

지문 더보기

|문단 정리|
1 문단 인공 신경망 기술의 개념
2 문단 퍼셉트론의 작동 원리
3 문단 인공 신경망의 구조
4 문단 사진 속 사과를 구별하기 위한 인공 신경망의 학습 과정의 예
5 문단 인공 신경망의 작동 단계

|주제| 인공 신경망의 학습과 판정의 원리

01   핵심 정보의 추론   정답 ③

정답 풀이 ▼

ⓔ'임계치'는 고정된 값이라고 하였으므로 ⓓ'가중치'가 변한다고 해서 변하는 값이 아니다.

오답 풀이 ▼

① 1문단에서 ⓐ'인공 신경망'에서는 뉴런의 기능을 수학적으로 모델링한 ⓑ'퍼셉트론'을 기본 단위로 사용한다고 하였다.

② 2문단에서 퍼셉트론은 여러 개의 입력 단자, 이 값을 처리하는 부분, 한 개의 출력 단자로 구성되어 있다고 하였다. 따라서 ⓒ'입력 단자'는 ⓑ'퍼셉트론'을 구성하는 요소 중 하나라고 할 수 있다.

④ 가중합이 고정된 임계치보다 작으면 0, 그렇지 않으면 1과 같은 방식으로 출력값을 내보내므로 ⓔ'임계치'는 ⓕ'출력값'을 결정하는 기준이 된다고 할 수 있다.

⑤ 인공 신경망은 학습하는 과정에서 출력값을 구한 뒤 정답에 해당하는 값에서 출력값을 뺀 값인 오차 값을 구하는데, 이것이 가중치들에 더해지는 방식으로 가중치들이 갱신된다고 하였다. 따라서 ⓕ'출력값'은 ⓓ'가중치'의 변화에 영향을 미친다고 볼 수 있다.

02   세부 정보의 파악   정답 ⑤

정답 풀이 ▼

5문단에서 가중치의 갱신은 출력층의 출력 단자에서 입력층의 입력 단자 방향으로 되돌아가면서 이루어진다고 하였다.

오답 풀이 ▼

① 2문단에서 퍼셉트론은 여러 개의 입력 단자와 한 개의 출력 단자로 구성되어 있다고 하였다.

② 5문단에서 제공된 정답에 해당하는 값에서 출력값을 뺀 값이 오차 값이라고 하였으므로 출력층의 출력값이 정답에 해당하는 값과 같으면 오차 값은 0이다.

③ 3문단에서 퍼셉트론의 한 계층에서 출력된 신호가 다음 계층에 있는 퍼셉트론의 입력 단자에 입력값으로 입력된다고 하였다.

④ 1문단에서 퍼셉트론은 인간 신경 조직의 기본 단위인 뉴런의 기능을 수학적으로 모델링한 것이라고 하였다.

03   핵심 정보의 추론   정답 ③

정답 풀이 ▼

4문단에서 사과 사진에 나타난 특징인 색깔과 형태를 수치화하여 인공 신경망에 제공할 때에는 하나의 학습 데이터로 묶어서 제공해야 한다고 하였다.

오답 풀이 ▼

① 5문단에서 판정의 오류를 줄이기 위해서는 학습 단계에서 대상들의 변별적 특징이 잘 반영되어 있는 서로 다른 학습 데이터를 사용하는 것이 좋다고 하였으므로 적절하다.

② 4문단에서 같은 범주에 속하는 입력값은 동일한 입력 단자를 통해 들어가도록 해야 한다고 하였으므로 색깔과 형태라는 두 범주를 입력하기 위해서는 두 개의 입력 단자를 사용해야 한다.

④ 5문단에서 오차 값이 0에 근접하게 되거나 가중치의 갱신이 이루어지지 않게 되면 학습 단계를 마치고 판정 단계로 전환한다고 하였다.

⑤ 정답에 해당하는 값을 0으로 설정하느냐 또는 1로 설정하느냐에 따라 출력값에 대한 해석은 달라진다. 사과 사진의 정답을 0으로 설정하였을 때 출력값이 0이면 정답과 같으므로 '사과이다'로, 출력값이 1이면 정답이 아니므로 '사과가 아니다'로 해석해야 한다.

04   구체적 상황에 적용   정답 ③

정답 풀이 ▼

5문단에서 학습 단계에서는 출력값과 정답에 해당하는 값의 차이가 줄어들도록 가중치들이 갱신되는데, 즉 오차 값의 일부가 출력층의 출력 단자에서 입력층의 입력 단자 방향으로 되돌아가면서 각 계층의 퍼셉트론별로 출력 신호를 만드는 데 관여한 모든 가중치들에 더해지는 방식으로 가중치들이 갱신되는 것이라고 하였다. 따라서 [B]로 한 번 학습시키고 나면 가중치 W_a, W_b, W_c가 모두 늘어나 있을 것이다.

오답 풀이 ▼

① 5문단에서 판정 단계는 학습 단계를 마친 뒤에 전환한다고 하였다. 따라서 판정 단계를 먼저 거쳐야 한다는 설명은 적절하지 않다.

② 〈보기〉에서 가중합이 임계치 1보다 작으면 0을, 그렇지 않으면 1을 출력한다고 하였다. 따라서 1을 출력한다면 가중합이 1보다 작지 않았기 때문이므로 적절하지 않다.

④ 여러 차례 반복해서 학습시키면 가중치들이 갱신되어 오차 값이 줄어들게 되므로 출력값은 정답 값인 1에 수렴할 것이다.

⑤ [B]의 학습 데이터를 한 번 입력하면 가중치를 입력값에 곱한 값들을 모두 합한 가중합은 '$(0.5 \times 1)+(0.5 \times 0)+(0.1 \times 1)=0.6$'이 된다. 이는 임계치인 1보다 작으므로 출력값은 0이 된다.

어휘 점검하기
· 본문 55쪽

01 ㉠	02 ㉢	03 ㉡	04 ㉣
05 할당된	06 설정하기	07 배열하였다	08 변별하는
09 냉각	10 강화	11 증발	12 주범

06강 문제와 해결

개념 적용 문제
· 본문 57쪽

01 ⑤

02 (1) 판매자의 신원 정보 확인, 청약확인, 에스크로 가입 여부 확인
   (2) 청약철회

03 (1) ○ (2) ○ (3) ×   04 ㉠, ㉡, ㉣

유사 문제로 다지기
· 본문 58~59쪽

01 ④   02 ①   03 ①

 지문 더보기

|문단 정리|
1문단 현대 사회의 인간관계 와 갈등 양상
2문단 왕이 새를 대접한 방식 의 문제점
3문단 장자가 설명한 '성심' 의 기본적 개념
4문단 성심의 극복을 통한 갈등의 완화 및 해소
5문단 장자의 사상이 지니는 현대적 의의

|주제| 장자의 성심 을 통해 바라본 현대 사회의 인간관계

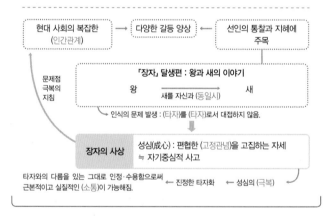

---

01 전개 방식의 파악
정답 ④

정답 풀이 ▼

ㄱ. '새는 오히려 걱정하고 슬퍼하였으며, 눈이 어지러워져 전혀 먹지도 마시지도 않았다.'가 하나의 결과라고 볼 때, 2문단의 '왕은 자신에게 좋은 것을 새에게 대접하였지만 바로 그것이 가장 큰 문제였다. 즉 새를 자신과 동일시하는 잘못을 저지른 것이다.'는 그 원인을 밝혀 설명한 부분이라고 파악할 수 있다.

ㄴ. 3문단의 '장자는 이 문제를 '성심(成心)'이라는 개념으로 설명하였는데, 이것은 종합적이고 균형적인 관점이 아니라 편협한 고정관념을 고집하는 자세를 말한다.'에서 '성심'의 개념을 설명하고 있다.

ㅁ. 1문단의 '예컨대, 정치적 견해 차에 따른 갈등, 이해관계를 둘러싼 생산자와 소비자의 갈등 등이 그것이다.'에서 현대 사회의 갈등 상황을 예를 들어 설명하고 있다. 또한 2문단에서는 장자의 '성심' 개념을 설명하기 위해 '달생' 편의 이야기를 예로 제시하고 있다.

오답 풀이 ▼

ㄷ. 두 대상을 견주어 공통점에 초점을 맞추어 서술하는 진술 방식은 '비교'인데, 이 글에서 비교의 방식은 사용되지 않았다.

ㄹ. 서로 다른 대상들의 유사성을 근거로 새로운 어떤 주장을 이끌어 내는 것은 '유추(유비 추리)'인데, 이 글에서 유추의 방식은 사용되지 않았다.

02 세부 정보의 파악   정답 ①

정답 풀이 ▼

3문단에서 성심(成心)은 '종합적이고 균형적인 관점이 아니라 편협한 고정관념을 고집하는 자세를 말한다.'라고 하였다. 따라서 '성심'의 기본적 개념을 '대상을 종합적 관점에서 파악하는 자세'라고 이해하는 것은 적절하지 않다.

오답 풀이 ▼

② 1문단의 '현대 사회는 갈수록 복잡한 사회적 양상을 보이고 있다. 사람들은 여러 집단에 다양한 형태로 소속되어 복합적인 인간관계를 형성하고 있다.'에서 확인할 수 있다.

③ 2문단의 '왕은 새에게 극진한 대접을 베풀었다. 맛있는 음식을 제공하고 즐거운 음악을 연주해 새를 기쁘게 하려고 노력했다.'에서 확인할 수 있다.

④ 4문단의 '자기의 정체성을 조금도 양보하지 않고 타인을 충분히 이해하고 배려한다고 말하는 것은 위선에 가깝다.'에서 확인할 수 있다.

⑤ 5문단의 '장자의 사상은 현대 사회의 화두인 '소통'에 중요한 시사점을 제공해 준다. 성심에 머무는 자기중심적 사고방식을 비우고 타자와의 다름을 있는 그대로 인정하고 수용할 수 있을 때 타자와의 실질적 소통이 가능해짐을 알려 주고 있기 때문이다.'에서 확인할 수 있다.

03 숨겨진 정보의 추론   정답 ①

정답 풀이 ▼

㉠ 뒤에 이어지는 문장을 보면 '이러한 발상은 각각의 독립적 정체성을 전제하고, 그 동일성이 뒤바뀐다는 생각을 함축하기 때문이다.'라고 제시되어 있다. 이는 정체성 자체를 독립적으로 분리하여 바꿀 수 있다는 생각이 타당하지 않다는 것을 의미한다.

유사 문제로 확장하기   · 본문 60~61쪽

01 ④   02 ⑤   03 ①

|문단 정리|

1문단 NGO의 개념과 한국에서의 폭발적인 성장

2문단 NGO의 높아진 위상과 그에 대한 긍정적 시선

3문단 재정 문제와 관련된 NGO의 도덕성 논란

4문단 도덕성 시비를 잠재우기 위한 NGO 재정 자립의 중요성

|주제| 재정 문제와 관련된 NGO의 도덕성 시비와 그 근본적 대책

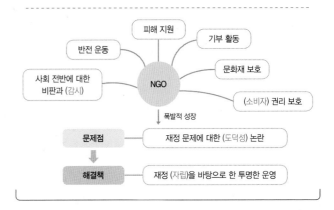

01 중심 화제 찾기   정답 ④

정답 풀이 ▼

이 글은 NGO가 어떤 일을 하고 있는지 그 역할에 대해 소개한 후, NGO가 지속적인 활동을 펼치기 위해서는 재정적인 자립이 필요하다는 것을 강조하고 있다. 또한 NGO의 투명한 운영을 위해서는 NGO뿐만 아니라 정부와 기업, 시민 모두의 노력이 뒷받침되어야 한다는 것을 역설하고 있다.

02 세부 정보의 파악   정답 ⑤

정답 풀이 ▼

1문단에서 NGO는 '정부와 기업이 아닌 시민들의 자발적 참여를 토대로 공공선을 추구하는 모든 민간단체나 조직'을 가리킨다고 하였다. 즉, NGO는 시민들의 자발적인 참여를 바탕으로 운영되면서 정부나 기업을 감시하는 역할을 하는 조직이다. 4문단에서 NGO가 투명한 운영을 하기 위해서는 NGO뿐만 아니라 정부와 기업, 시민 모두의 노력이 필요하다고 하였으나 이는 NGO의 도덕성 회복과 재정 자립 문제를 위해 정부와 기업, 시민들의 협조가 필요하다는 내용일 뿐, 정부와 기업까지 참여해서 NGO의 역할을 결정하고, 본래의 취지를 실현하게 만든다는 뜻은 아니다.

오답 풀이 ▼

① 2문단에서 제시한 NGO의 역할이 '반전 운동, 외국의 지진·해일 피해 지원'까지 포함하고 있는 것으로 보아, NGO는 국내 문제뿐만 아니라 국제 활동에도 관심을 보임을 알 수 있다.

② 1문단에서 NGO는 '시민들의 자발적 참여를 토대로 공공선을 추구하는' 단체라고 하였다.

③ 1문단에서 한국의 NGO는 활동 면에서 두드러진 성장을 보여 주었으며, 그 폭발적 성장은 세계에서도 유례를 찾기 힘들다고 하였다.

④ 2문단에서 NGO가 전개했던 낙천·낙선 운동은 비판을 받는 한편 정치 개혁에 대한 국민의 공감대가 확산되었음을 보여 준다는 점에서 긍정적 평가를 받고 있다고 하였다.

03 구체적 상황에 적용 정답 ①

정답 풀이 ▼

〈보기〉는 A 단체가 '기업의 편법 상속에 관한 조사 결과' 발표를 이틀 앞둔 시점에서 기업들을 상대로 자신들을 위한 후원 행사 초청장을 보냈다는 내용이다. 즉, A 단체는 자신이 조사 중인 기업들을 후원자로 삼고자 했기 때문에 A 단체가 발표하게 될 기업에 대한 조사 결과는 신뢰성과 공정성에서 논란이 야기될 수밖에 없는 상황이다. 이러한 상황은 '어려울 때 신세를 졌던 친구의 잘못 앞에서 원칙적인 비판이 가능할까요?'라는 ①의 질문을 통해 비유적으로 비판할 수 있다. 자신이 어려울 때 신세를 졌던 사람을 객관적으로 비판할 수 없을 것이라는 말을 통해 A 단체가 후원금을 준 기업의 잘못을 냉철하게 비판하지 못할 것임을 지적할 수 있다.

· 본문 62~63쪽

01 ①　　　02 ③　　　03 ⑤　　　04 ②

|문단 정리|
1문단 프로타고라스와 에우아틀로스의 소송
2문단 계약의 부관 개념
3문단 확정 판결의 기판력
4문단 확정 판결의 기판력이 미치지 않는 경우
5문단 프로타고라스와 에우아틀로스의 분쟁 해결

|주제| 부관의 법률적 효력

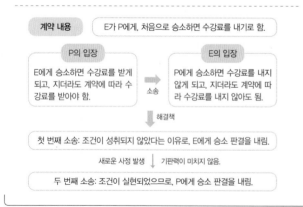

01 세부 정보의 파악 정답 ①

정답 풀이 ▼

승소하면 그때 수강료를 내겠다는 에우아틀로스의 말에서, '승소'는 장래에 일어날 수도 있고 일어나지 않을 수도 있는 사실에 해당한다. 2문단에서 장래에 확실히 발생할 사실이 아닌, 장래에 일어날 수도 있는

사실에 의존하도록 하는 것이 '조건'이라고 하였으므로 이때의 '승소'는 수강료 지급 의무에 대한 '기한'이 아니라 '조건'에 해당한다고 할 수 있다.

오답 풀이 ▼

② 2문단에서 '기한'은 장래에 확실히 발생할 사실에, '조건'은 장래에 일어날 수도 있는 사실에 의존하도록 하는 것이라고 하였다. 즉 '기한'과 '조건'은 모두 계약상의 효과를 장래의 사실에 의존하도록 하고 있다는 공통점이 있다.

③ 2문단에서 '해제 조건'은 조건이 실현되었을 때 효과를 소멸시키는 것을 말한다고 하였다. 그러므로 계약에 해제 조건을 덧붙이면, 그 조건이 실현되었을 때 계약상으로 유지되고 있던 효과를 소멸시킬 수 있다.

④ 3문단에서 항소나 상고가 그 기간 안에 제기되지 않아서 사안이 종결된 경우에는 기판력이 인정된다고 하였다.

⑤ 3문단을 통해 기판력을 활용하는 것은 법원이 한번 내린 판결에 대해 모순된 판결을 내리지 않도록 하기 위함임을 알 수 있다.

02 핵심 정보의 추론 정답 ③

정답 풀이 ▼

첫 번째 소송에서 P는 '수강료를 내라.'라고 청구하겠지만 아직 E는 승소한 적이 없기 때문에 P는 패소할 것이다. 하지만 P가 패소하더라도 두 번째 소송에 이르면 '승소'라는 조건이 실현되었으므로 P는 다시 E를 상대로 '수강료를 내라.'라고 청구할 수 있을 것이고, 이에 대해서 P는 승소할 것이다. 그러므로 P는 두 소송에서 모두 '수강료를 내라.'라는 내용으로 청구할 것이다.

오답 풀이 ▼

① 첫 번째 소송에서 P가 계약이 유효하다고 주장하면 '첫 승소'라는 조건이 성취되지 않은 상태이므로, P는 패소하게 된다. 따라서 P는 계약이 유효하지 않다고 주장할 것이다. 반면에 E는 계약이 유효하다고 주장하면 조건이 성취되지 않았다는 이유로 승소할 수 있게 된다. 따라서 E는 계약이 유효하다고 주장할 것이다.

② 첫 번째 소송에서는 E가 승소할 것이므로 그 판결문에는 E가 수강료를 내야 한다는 내용이 실리지 않을 것이다.

④ 첫 번째 소송에서 E는 승소를 했기 때문에 조건이 실현되어 두 번째 소송에 이르면 P는 승소한 경험이 있는 E를 상대로 수강료를 받을 수 있게 될 것이다.

⑤ 두 번의 소송에서 P와 E는 각각 한 번씩 승소하게 되는데, 이렇게 서로 승패가 상반된다고 해서 두 판결 가운데 하나를 무효라고 생각해야 할 이유는 없다. 첫 번째 소송과 두 번째 소송은 각기 다른 사안을 다루는 소송이기 때문이다.

03 구체적 상황에 적용 정답 ⑤

정답 풀이 ▼

이미 패소한 사건에는 기판력이 인정되어 그 이후에는 더 이상 같은 사안으로 소송에서 다툴 수 없다. 그러므로 (나)의 경우와 같이 확정 판결이 내려진 뒤에 계약서를 발견하더라도 그 사안으로 인해 다시 소송을 할 수는 없다. 따라서 판결 이후에 발견된 계약서를 가지고 금전을 갚아 달라는 소송을 하는 것은 불가능하다.

① (가)는 패소가 확정되었으므로 기판력이 인정되기 때문에 더 이상 같은 사안으로 소송에서 다툴 수 없다.

② (가)에서 갑이 계약서를 발견한다고 하더라도 그것은 판결 이전에 작성된 것이므로, 이전의 확정된 판결은 기판력을 유지하게 된다. 그러므로 그 계약서를 근거로 금전을 갚아 달라고 소송하는 것은 허용되지 않는다.

③ (나)에서 을이 갑에게 금전을 갚기로 한 날은 '2015년 11월 30일'이다. 2015년 11월 30일이 되기 전에 을은 아직 계약상의 기한이 도래하지 않았으므로 갑에게 금전을 갚지 않아도 된다.

④ (나)에서 기판력은 2015년 11월 30일까지만 미치는 것이므로, 그 날짜가 지난 이후에는 을의 권리에 변화가 생기게 되며 갑은 을을 상대로 금전을 갚아 달라는 소송을 다시 제기할 수 있다.

04 어휘의 문맥적 의미 파악　　　　　　　정답 ②

ⓑ'덧붙이다' 대신에 사용할 수 있는 것은 '주된 것에 덧붙이다.'라는 의미를 지닌 '부가하다'이다.

① ⓐ'받아들이다'는 '어떠한 것을 받아들이다.'라는 의미를 지닌 '수용하다'와 바꿔 쓸 수 있다. '수취하다'는 '거두어 모으다.', '받아서 가지다.'를 뜻하는 말이다.

③ ⓒ'부르다'는 '어떤 대상을 가리켜 이르다.'라는 의미를 지닌 '지칭하다'와 바꿔 쓸 수 있다. '지시하다'는 '가리켜 보게 하다.'의 의미이다.

④ ⓓ'생기다'는 '어떤 일이나 사물이 생겨나다.'라는 의미를 지닌 '발생하다'와 바꿔 쓸 수 있다. '형성되다'는 '어떤 형상이 이루어지다.'의 의미이다.

⑤ ⓔ'거치다'는 '어떤 단계나 시기, 장소를 거치다.'라는 의미를 지닌 '경과하다'와 바꿔 쓸 수 있다. '경유하다'는 '어떤 곳을 거쳐 지나다.'의 의미이다.

어휘 점검하기　　　　　　　　　　　　· 본문 63쪽

01 도시	02 많이	03 경제	04 돈
05 논란	06 신장	07 기증	08 이질적
09 사안	10 만료	11 유례	12 위선

7강 세부 정보의 파악

개념 적용 문제　　　　　　　　　　　· 본문 65쪽

01 (1) 1, 3　(2) 1, 2　(3) 3, 2　(4) 2, 1　(5) 1, 4
02 (1) ○　(2) ○　(3) ○　(4) ○　(5) ×　　　　03 ⑤

유사 문제로 다지기　　　　　　　　　· 본문 66~67쪽

01 ④　　　　02 ③　　　　03 ③

 지문 더보기

|문단 정리|
1문단　사실주의 의 특징과 인상주의의 등장
2문단　인상주의의 성공과 확산을 가능하게 한 기술적 발명들
3문단　눈에 비친 대상의 순간적 인상을 포착한 인상주의 화가들
4문단　태양광선의 입체적 효과를 생동감 있게 재현한 인상주의 실험들
5문단　인상주의의 미술사적 의의

|주제| 인상주의 회화의 특징과 인상주의의 미술사적 의의

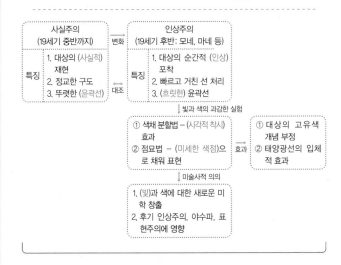

01 세부 정보의 파악　　　　　　　　　정답 ④

3문단에서 '(인상주의자들은) 대상의 색감이나 대상이 자아내는 인상이 '빛'의 각도나 대기의 상태에 따라 다채롭게 변화한다는 과학적 사실을 발견하고 이를 미술 작품 창작에 적극 활용'하였다고 하였으므로 인상주의가 추구한 예술적 방향이 과학적 사실과 대비되는 관계에 있다는 진술은 적절하지 않다. 인상주의가 중시한 빛의 미묘한 변화 및 색채감은 오히려 과학적 사실에 부합한다.

① 1문단의 '그들은 특정한 사건이나 인물을 그림의 주요 소재로 삼았고, 정교한 구도와 뚜렷한 윤곽선을 매우 중요하게 여겼다.'라는 진

술을 통해 사실주의 화가들이 존재하는 대상의 실재 모습을 있는 그대로 보여 주고자(=대상의 사실적 재현) 하였으며, 사실주의가 정교한 구도와 뚜렷한 윤곽선을 매우 중요하게 생각했음을 확인할 수 있다.

② 2문단에서 '인상주의의 성공과 확산은 당시에 등장한 몇 가지 기술적 발명들에 의해 가능했다. 먼저 물감 튜브의 발명은 그들의 주요 창작 방식인 '외광 회화 기법'을 촉진하는 결과를 낳았다.'라고 하였다. 표현에 차이가 있지만 글의 내용과 의미적으로 일치하는 진술이다.

③ 3문단의 첫 문장에서 '인상주의 화가들은 전통적 회화 양식과 달리 눈에 비친 대상의 순간적 인상을 포착하는 데 중점을 두어 비교적 거친 선처리 방식으로 빠르게 그림을 그려 나갔다.'라고 하였으므로 적절한 진술에 해당한다.

⑤ 1문단에서 '19세기 후반에 들어 모네, 마네와 같은 화가들을 중심으로 사실주의의 화법을 거부하는 '인상주의' 회화 스타일이 등장하게 되었다.'라고 하였다. 그리고 5문단에서 '(인상주의 화가들의) 새로운 예술적 시도들은 고갱과 고흐, 세잔 등의 후기 인상주의로 이어졌으며, 프랑스의 야수파와 독일의 표현주의 등 현대 미술의 형성에까지 결정적 영향을 끼치게 되었다.'라고 제시하고 있다. 이 두 정보를 통해 모네, 마네와 같은 인상주의 화가들의 예술적 실험이 후기 인상주의와 독일의 표현주의에 영향을 끼쳤음을 알 수 있다.

02 숨겨진 정보의 추론 정답 ③

정답 풀이 ▼

색채 표현의 시각적 착시 효과는 4문단에 언급된 '색채 분할법'이 지니고 있는 특징으로, 단순히 거칠고 빠르게 그림을 그려 나가는 방식과는 직접적인 관련이 없다.

오답 풀이 ▼

① 1문단에서 사실주의 화가들은 '정교한 구도와 뚜렷한 윤곽선을 매우 중요하게 여겼다.'라고 하였다. 또한 글 전체의 내용을 보면, 사실주의와 인상주의는 서로 상반된 특징을 보이고 있음을 알 수 있다. 따라서 사실주의 화가들은 자신들이 중요하게 여기는 회화의 기본적 규칙을 어기고 있는 '거친 선 처리 방식'에 반감을 품었을 것이다.

② ⊙은 인상주의 화가들이 즐겨 사용한 회화 기법이고, 이들은 '대상의 사실적 재현이 중요하다.'라는 사실주의의 관점을 거부했다는 점을 주목할 때 적절한 반응에 해당한다.

④ 빛과 사물이 빚어내는 '순간적' 관계를 미세하게 포착하고 그림으로 옮겨 내기 위해서는 긴 시간을 가지고 천천히 그릴 여유가 없을 것이다. 따라서 빛과 사물 간의 순간적 관계를 중요시하는 인상주의의 입장에서 ⊙과 같은 기법을 선택할 수밖에 없었을 것이다.

⑤ 2문단에서는 사진술의 발달로 인해 사실주의 회화의 존재 가치가 흔들리게 되었고, 이에 따라 회화만의 고유한 특성을 확보하려는 양상 속에서 '인상주의' 회화 스타일이 등장하게 되었다고 하였다. 인상주의 화가들은 ⊙의 방식을 통해 눈에 비친 대상의 순간적 인상을 화폭에 담았으며, 이를 통해 사진술과 달리 회화만이 지니는 고유한 특성을 확보하려 한 것임을 짐작해 볼 수 있다.

03 구체적 사례 찾기 정답 ③

정답 풀이 ▼

색채 분할법에 의한 시각적 착시 효과는 인상주의의 특징에 해당하지만, 이것이 사실주의 회화가 중요하게 생각한 '정교한 구도'를 극대화하는 목적으로 쓰인다면 인상주의만의 새로운 실험에 해당한다고 볼 수 없다.

오답 풀이 ▼

① 4문단에서 '인상주의는 대상에 고유한 색이 내재해 있다는 기존의 관점마저 거부하였다.'라고 설명하였다. '나무는 초록색이다.'라는 일반적 통념을 거부하고, 다양한 색감을 추구하여 연출하고자 하였다면 인상주의가 시도한 '빛과 색의 과감한 실험들'에 대한 적절한 사례가 될 것이다.

② 같은 대상이 '햇빛'의 각도에 따라 어떻게 미묘한 변화를 일으키는지에 관심을 지니고 있으므로 인상주의의 관점이 구체화된 사례로 적절하다.

④ 4문단에 제시된 '점묘법'의 예를 잘 보여 주는 것으로, 대상을 미세한 색점으로 일일이 찍어 표현함으로써 태양광선의 입체적 효과를 내려고 한 인상주의만의 회화 기법에 대응되는 사례이다.

⑤ 3문단의 '대상의 색감이나 대상이 자아내는 인상이 '빛'의 각도나 대기의 상태에 따라 다채롭게 변화한다는 과학적 사실'에 대응하는 구체적 사례이다. 공기의 온도나 습도 같은 변수를 고려하는 것은 '대기의 상태'에 따라 대상의 색감이 변화한다는 점에 주목한 인상주의 화가들의 특징에 해당한다.

유사 문제로 확장하기 · 본문 68~69쪽

01 ④   02 ①   03 ⑤

|문단 정리|

1문단 연주 시차 측정법 의 원리

2문단 별빛의 절대 밝기 에 대한 정보의 중요성

3문단 세페이드 변광성 을 이용한 별과 지구 간의 거리 측정

|주제| 지구에서 별까지의 거리 를 측정하는 방법

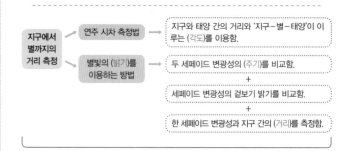

01 세부 정보의 파악 정답 ④

정답 풀이 ▼

3문단에 의하면, 두 세페이드 변광성의 주기를 비교하면 어느 세페이드 변광성이 더 밝은지(절대 밝기)를 알 수 있고, 여기서 다시 겉보기 밝

기를 비교하면 한 별이 다른 별보다 얼마나 가깝거나 먼지 알 수 있다. 이 과정을 반복하면 세페이드 변광성들의 상대적인 거리를 잴 수 있다. 따라서 세페이드 변광성들의 주기와 절대 밝기만 알아내면 별의 실제 거리를 알 수 있다는 ④는 적절하지 않다. 세페이드 변광성들의 상대적인 거리를 알아낸 다음, 세페이드 변광성 하나를 골라 지구와의 거리를 재야 다른 세페이드 변광성들까지의 실제 거리를 알 수 있다.

오답 풀이 ▼

① 3문단의 '세페이드 변광성이 밝고 어두워지는 주기와 절대 밝기 사이에는 비례 관계가 있음이 밝혀졌다.'라는 내용을 통해 알 수 있다.

② 1문단의 '지구에서 특정한 별까지의 거리를 재는 방법에 '연주 시차 측정법'이 있다'라는 내용과, 2문단의 '연주 시차 측정법의 한계를 넘어 더 먼 거리에 있는 별까지의 거리를 측정하는 방법에 별빛의 밝기를 이용하는 방법이 있다.'라는 내용을 통해 알 수 있다.

③ 2문단의 '우리 눈에 들어오는 빛의 밝기, 즉 '겉보기 밝기'는 그 광원의 절대 밝기와 거리의 영향을 받기 때문에 빛이 밝은지 어두운지만으로는 그 빛까지의 거리를 알 수 없다.'를 통해 알 수 있다.

⑤ 2문단의 '겉보기 밝기가 절대 밝기보다 9배 어둡다면, 밝기는 거리의 제곱에 반비례하므로 그 별은 절대 밝기의 기준 거리보다 3배 멀리 있는 셈이다.'라는 내용을 통해 추론할 수 있다.

02 핵심 정보의 추론   정답 ①

정답 풀이 ▼

ㄱ. 1문단에 의하면, '연주 시차 측정법'은 어떤 천체를 지구에서 본 방향과 태양에서 동시에 본 방향의 차이를 이용하는 것이다. 지구가 공전함에 따라 별의 위치가 상대적으로 이동해 가는데 6개월 만에 별이 이동한 각도의 절반이 연주 시차라고 할 수 있다. 따라서 연주 시차 측정법은 지구의 공전 궤도를 이용해서 별까지의 거리를 구하는 방법으로 볼 수 있다. 그러나 '별빛의 밝기를 이용하는 방법'은 지구의 공전 궤도를 이용하지 않는다.

오답 풀이 ▼

ㄴ. '연주 시차 측정법'은 삼각함수를 활용하지만, '별빛의 밝기를 이용하는 방법'은 그렇지 않다.

ㄷ. '별빛의 밝기를 이용하는 방법'은 별빛의 밝기에 영향을 받지만, '연주 시차 측정법'은 그렇지 않다.

03 구체적 상황에 적용   정답 ⑤

정답 풀이 ▼

1문단에서 지구와 태양 간의 거리(1AU)는 알려져 있다고 했으므로 지구와 태양 간의 거리(ⓓ)의 값은 이미 정해져 있다고 볼 수 있다. 따라서 ⓓ의 값을 6개월 단위로 측정하면 ⓐ(연주 시차)의 값을 알 수 있다는 것은 적절하지 않다.

오답 풀이 ▼

① 1문단에서 연주 시차(ⓐ)로는 멀리 있는 별까지의 거리를 재는 데 한계가 있다고 하였다.

② 1문단에서 지구와 태양 간의 거리는 알려져 있으므로 연주 시차를 알면 별까지의 거리를 삼각함수 계산법으로 구할 수 있다고 하였다.

③ 1문단의 '연주 시차로는 멀리 있는 별까지의 거리를 재는 데 한계가 있어서, 100파섹 정도의 거리까지만 믿을 만하다.'라는 내용과 2문단의 '연주 시차 측정법의 한계를 넘어 더 먼 거리에 있는 별까지의 거리를 측정하는 방법에 별빛의 밝기를 이용하는 방법이 있다.'라는 내용을 통해 알 수 있다.

④ 1문단에서 지구는 태양 주위를 1년 주기로 공전하기 때문에, 지구에서 우리가 어떤 별을 바라보는 각도는 6개월 단위로 최대의 차이를 보인다고 하였다. 따라서 3월의 지구에서 어떤 별을 바라보는 각도와 최대 차이를 갖는 ⓒ의 위치는 9월의 지구로 볼 수 있다.

기출문제로 뛰어넘기   · 본문 70~71쪽

| 01 ① | 02 ⑤ | 03 ② | 04 ② |

지문 더보기

|문단 정리|

1문단 전통적 서양 철학에서의 '기억'에 대한 사유
2문단 '기억'에 대한 긍정적 인식을 가진 피히테의 이론
3문단 '기억'을 부정적으로 인식한 니체의 이론
4문단 행복하게 살아가기 위한 능력으로서 '망각'을 긍정적으로 인식한 니체
5문단 주된 서양 철학과 다른 태도를 보인 니체 이론의 의의

|주제| 서양 철학에서 나타나는 '기억'에 대한 사유

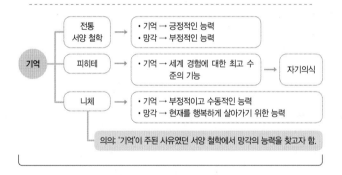

01 독서 방식의 이해   정답 ①

정답 풀이 ▼

이 글은 서양 철학에서의 기억과 망각에 대한 인식을 피히테와 니체의 이론을 중심으로 기술한 것이다. 인간의 사상을 탐구하는 글이므로 전통적인 서양 철학과 각 사상가의 관점을 정확하게 파악하며 읽어야 한다.

오답 풀이 ▼

② 이 글은 사회 현상을 다루고 있지 않다.

③ 이 글은 삶의 문제를 분석하고 있지 않으며, 이 글에서 사회적 요구에 대한 내용 역시 찾을 수 없다.

④ 이 글은 사상가들의 인식을 서술하고 있으므로 '사실과 법칙'을 인과적으로 설명하고 있다는 것은 적절하지 않다.

⑤ 이 글이 니체의 이론을 설명하면서 실생활의 예를 들고 있기는 하지만, 이는 실생활에 응용한 것으로 볼 수 없으며 연구 성과나 자료의 신뢰성과도 관련이 없다.

02 세부 정보의 파악   정답 ⑤

정답 풀이 ▼

4문단에서 알 수 있듯이 니체가 '현재를 행복하게 살아가기 위한 능력으로써 망각을 긍정적으로 바라보았던 것'은 맞다. 하지만 5문단에 따르면, 니체가 '인간이 가진 기억 능력 자체를 완전히 제거하자고 주장했던 것은 아니'다. 그는 '현재를 향유할 수 있도록 어느 정도 지속되는 기억이 필요'하다고 보았다. 따라서 니체가 철저한 망각이 필요하다고 판단했다고 볼 수 없다.

오답 풀이 ▼

① 1문단에 따르면, 플라톤은 '이데아에 대한 기억이 그것에 대한 망각보다 뛰어난 상태'라고 말하며, 이데아를 인식하는 긍정적인 능력인 기억이 망각보다 뛰어나다는 가치론적 이분법을 설정하여 기억의 중요성을 설명하였다.

② 1문단에 따르면, 하이데거는 '진리가 망각이 없는 상태, 즉 기억이 지배하는 상태를 의미한다'고 주장했으므로, 하이데거는 진리는 기억이 지배하는 상태임을 강조했음을 알 수 있다.

③ 3문단에 따르면, 니체는 망각을 능동적이며 창조적인 능력으로 인식하며, 기억을 긍정적인 능력으로 보고 망각을 부정적인 능력으로 인식한 서양 철학의 전통적 사유를 거부하였다.

④ 3문단에 따르면, 니체는 음식물을 배설하지 못하면 건강한 삶을 살 수 없듯이 기억이 정신에 가득 차 있으면 새로운 인식이 불가능하다고 생각하였다.

03 핵심 정보의 추론   정답 ②

정답 풀이 ▼

2문단을 보면, 피히테가 주장한 '자기의식'은 기억의 능력을 통해 과거의 '나'와 현재의 '나'가 같음을 의식하는 것이라고 하였다. 이를 볼 때 자기의식(ⓒ)은 기억(㉠)을 통해서 인식이 가능한 것이므로 ㉠이 가능해야만 ⓒ도 가능하다는 설명은 적절하다.

오답 풀이 ▼

① 2문단에서 'A는 A이다(ⓛ)'라는 명제는 기억(㉠)을 바탕으로 한 '자기의식'이 있어야 성립한다고 설명하고 있다. 따라서 'A는 A이다(ⓛ)'는 기억(㉠)이 성립해야 가능한 주장이다.

③ 2문단에서는 기억(㉠)이 있어야 'A는 A이다(ⓛ)'가 성립한다고 설명하고 있다. 이는 'A는 A이다(ⓛ)'가 성립해야 기억(㉠)이 성립한다는 것과는 의미가 다르다.

④ 기억(㉠)을 통해 자기의식(ⓒ)이 가능하다고 볼 수 있으므로, 자기의식(ⓒ)이 기억(㉠)을 위해 존재한다는 것은 적절하지 않다.

⑤ 자기의식(ⓒ)이 있기 위해서는 'A는 A이다(ⓛ)'가 아닌 기억(㉠)이 전제되어야 한다. 'A는 A이다(ⓛ)' 또한 기억(㉠)을 통해 성립이 가능한 것이다.

04 구체적 상황에 적용   정답 ②

정답 풀이 ▼

2문단에 따르면, 피히테는 'A는 A이다'라는 명제는 '과거의 A가 현재의 A이다'라는 주장으로 현실화된다고 보았다. 그런데 을의 '지난 시험은 지난 시험이다'라는 주장은 '과거의 A가 현재의 A이다'라는 형태에 부합하지 않는다. 또한 '시험은 시험이다'라는 명제는 '지난 시험은 지난 시험이다'가 아닌 '과거의 시험은 현재의 시험이다'라는 주장으로 현실화될 수 있다.

오답 풀이 ▼

① 을이 자신의 지갑에 대하여 '아빠가 생일 선물로 처음 사 주신 거'라고 한 것으로 보아 '기억'을 통해 과거 선물을 받았던 '나'와 현재의 '나'가 같다는 자기의식을 하고 있음을 알 수 있다.

③ 3문단을 보면, 니체는 '기억에만 집착하는 사람들은 새로운 것을 낯설고 불편한 것으로 여겨 변화와 차이를 긍정할 수 없다'고 하였다. 〈보기〉에서 을은 지갑을 새로 사기 싫다고 하면서 아빠가 생일 선물로 사 주신 지갑이 익숙해서 좋다고 하였으므로, 니체는 을이 지갑에 대한 과거의 기억에 집착하여 지갑을 새로 사는 것을 긍정하지 않는다고 볼 것이다.

④ 3, 4문단에 따르면, 니체는 '망각은 능동적이고 창조적인 능력'이며 망각이 '현재를 행복하게 살아가기 위한 능력'이라고 보았다. 〈보기〉에서 을은 못 본 지난 시험을 잊고 국어 시험을 다시 열심히 준비하고 있다고 하였으므로 니체는 을이 기억을 뛰어넘어 현재를 행복하게 살아갈 수 있는 사람이라고 볼 것이다.

⑤ 4문단에 따르면, 니체는 아이가 만든 모래성이 부서지더라도 슬퍼하기보다는 웃으면서 즐거워할 것이라고 보았는데, 아이는 그 자리에 다시 새로운 모래성을 만들 수 있음을 직감하기 때문이라고 하였다. 그러므로 니체는 을이 다음 시험에서 좋은 결과를 얻을 수 있을 것임을 직감하기 때문에 지난 시험 결과에 대해 좌절하지 않는다고 볼 것이다.

어휘 점검하기   • 본문 71쪽

01 복원	**02** 치열	**03** 향유	**04** 과감
05 ⓛ	**06** ㉠	**07** ⓔ	**08** ⓒ
09 가능해	**10** 촉진하기	**11** 착안하여	**12** 고안해

8강 전개 방식의 파악

개념 적용 문제
· 본문 73쪽

01 본성 **02** (1) 비판 (2) 기질 (3) 감각적, 도덕적
03 (1) ⓑ (2) ⓒ (3) ⓐ

유사 문제로 다지기
· 본문 74~75쪽

01 ① **02** ⑤ **03** ②

지문 더보기

|문단 정리|
1문단 국가 의 정당성에 대한 근거로 등장한 사회계약론
2문단 자연 상태에서의 불안과 불행 을 증명하려고 한 홉스의 사유 실험
3문단 홉스의 사상 ① – 인간의 자연 상태
4문단 홉스의 사상 ② – 사회계약론을 통한 강력한 주권 의 필요성
5문단 '절대 주권' 을 가진 국가에서 나타날 수 있는 폐해

|주제| 홉스의 '사회계약론' 에 의한 국가의 형성과 그 한계점

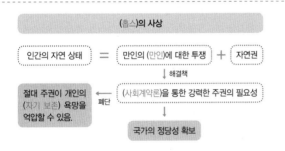

01 전개 방식의 파악
정답 ①

정답 풀이▼

2~4문단에서는 사회계약론을 바탕으로 한 홉스의 사상을 설명하고 있다. 홉스는 인간의 이기적 본성과 자연 상태에서의 불안정함을 근거로 이러한 상황을 극복하기 위해 계약을 통한 절대 주권의 필요성을 강조하였고, 이때 맺은 계약을 바탕으로 인간들 사이의 약속 이행을 보장하거나 강제할 강력한 국가가 탄생한다고 보았다. 5문단에서는 이러한 절대 주권 간의 분쟁과 개인의 삶에 대한 선택권이 제한될 수 있음을 지적하고 있다.

오답 풀이▼

② 3문단에서는 인간의 이기적 투쟁에 대한 홉스의 관점을 설명하고 있다. 하지만 인간의 투쟁으로 인한 문제를 해결하기 위해 도덕의 필요성을 언급하고 있지는 않다.

③ 2~4문단에는 국가의 존립 근거에 대한 홉스의 관점이 잘 드러나 있다. 하지만 이를 활용해 전근대 사회와 이후 사회의 공통점과 차이점

을 비교하고 있지는 않다.

④ 2~4문단에서 만인의 만인에 대한 투쟁 상태를 가정하여 홉스의 사회계약설의 당위성을 설명하고 있다. 하지만 홉스의 이론이 지닌 역사적 의의를 평가한 부분은 찾을 수 없다.

⑤ 2~4문단에서 홉스는 인간의 본성에 대해 이기적이라고 평가하고 있다. 하지만 이것 외에 다른 인간의 본성에 대해서는 언급하고 있지 않다. 따라서 개인의 본성을 분류하고 그 특성에 대해 설명하고 있다는 것은 적절하지 않다.

02 핵심 정보의 추론
정답 ⑤

정답 풀이▼

4문단에 따르면, 홉스는 인간이 자연의 야만적인 상태에서 벗어나기 위해 개인 간에 상호 계약을 맺고 국가라는 권력을 탄생시킨다고 보았다. 또한 이때 개개인의 도덕적 의무는 보편타당한 것이 아니라 상호 계약의 결과로 생겨난다고 하였다. 이를 통해 볼 때, 인간의 도덕적 의무가 보편타당한 것으로 여겨지는 것과 국가가 지닌 절대 주권이 더 큰 영향력을 가지게 되는 것은 직접적인 관련성이 없다.

오답 풀이▼

① 4문단에 따르면, 홉스는 사회계약론을 통해 다수의 인간이 자신들의 권력을 한 곳에 모으고, 이렇게 만들어진 권력, 즉 절대 주권이 인간들 사이의 약속을 보장하거나 이행을 강제한다고 보았다.

② 3문단에 따르면, 홉스는 인간이 오로지 자신의 이성에 의해서만 행동하는 이기적 존재로 서로의 생명에 해가 된다면 인간들 모두가 적이 되고 만물이 싸움에 이용될 수 있다고 보았다. 이러한 폐해를 없애기 위해 홉스는 절대 주권의 필요성을 언급하였다.

③ 4문단에 따르면, 홉스는 절대 주권을 가진 국가가 탄생한 것은 자연의 야만적인 상태를 벗어나기 위해 인간들 스스로 상호 계약을 맺었기 때문이라 보았다.

④ 3~4문단에 따르면, 홉스는 인간이 자신의 생명을 자연의 적들로부터 지키고 유지하기 위해 유익한 것으로 생각될 때 자연을 자유롭게 사용할 수 있는 자연권을 갖는다고 보았다. 또한 자연권으로 인해 발생하는 이기적 투쟁으로 인간의 안전이 위협받을 수 있으므로 이를 제한하는 계약의 이행을 강제할 절대 주권이 필요하다고 주장하였다.

03 구체적 상황에 적용
정답 ②

정답 풀이▼

3문단에 따르면, 홉스는 인간 개개인이 자신의 생명을 유지하기 위해 자연을 자유롭게 이용할 수 있는 권리인 자연권을 국가가 제한해야 한다고 말하였다. 반면 〈보기〉의 로크는 개인의 자유와 권리의 실현이 권력에 우선한다고 보았음을 알 수 있다. 따라서 로크가 홉스에게 자연권을 제한해야 한다고 말하는 것은 적절하지 않다.

오답 풀이▼

① 4문단의 내용으로 볼 때 홉스는 사회계약론을 통해 국가라는 강력한 주권이 탄생하게 되고, 인간의 자연권이 제한될 수 있다고 보았음을 알 수 있다. 이에 따르면 국가는 개인의 자기 보존 욕망을 억압할 수 있는 절대 주권을 갖게 된다. 〈보기〉의 로크는 국가의 권력자가 개인의 자유와 권리를 실현하기 위한 수단에 불과하다고 보고 있으므로,

개인이 권력자의 하수인으로 전락하지 않도록 감시할 필요가 있다고 말할 수 있다.

③ 4문단에 따르면, 홉스는 국가가 개인의 자연권을 억압할 수 있는 절대 주권을 갖게 된다고 보았다. 이때 국가가 개인의 기본적 권리를 보장하지 못하는 상황이 발생할 수 있는데, 권력에 대항하는 시민의 저항권을 인정하는 〈보기〉의 로크의 입장에서는 이에 대해 국가 권력에 대항하는 저항권을 행사하여 이를 바로잡을 수 있어야 한다고 말할 수 있다.

④ 3문단에 따르면, 홉스는 인간의 자연 상태를 만인의 만인에 대한 투쟁으로 정의하며 인간을 이기적 존재로 보았다. 이에 반해 〈보기〉의 로크는 인간이 이성을 통해 질서 있고 조화로운 삶을 추구한다고 보았다. 따라서 홉스를 향해 인간을 조화로운 삶을 추구하는 존재로 인식해야 한다고 말할 수 있다.

⑤ 5문단에서는 홉스의 주장대로 개인이 국가에 절대 주권을 양도하게 되면, 절대 주권을 가진 권력자 사이에 전쟁과 같은 갈등이 발생할 수 있음을 지적하고 있다. 〈보기〉의 로크는 권력 분립의 필요성을 주장하는 입장이므로, 인간의 지성과 의지로 권력을 분산시키는 것이 중요하다고 말할 수 있다.

유사 문제로 확장하기 · 본문 76~77쪽

01 ⑤   02 ⑤   03 ②

 지문 더보기

|문단 정리|
1문단 아우라 의 개념
2문단 기술적 복제품과 원작 의 관계 및 차이점
3문단 수공적 복제 와 기술적 복제의 차이점
4문단 기술 복제 시대 예술 수용자 의 특징
5문단 기술적 복제로 인한 예술 수용 양상과 예술품의 가치 변화

|주제| 기술적 복제 로 인한 예술 수용 양상의 변화

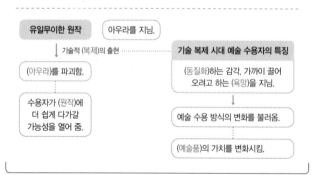

01 전개 방식의 파악 정답 ⑤

정답 풀이 ▼

이 글은 예술사에 대한 벤야민의 견해를 '아우라'라는 개념을 중심으로 설명하고 있다. 또한 기술적 복제에 따른 아우라의 파괴와 더불어 작품과 수용자의 관계에 변화가 일어나는 현상을 설명하고 있다.

오답 풀이 ▼

① 아우라 개념을 소개하고 있으나, 그 성립과 변천 과정 등에 대해서 밝히고 있지는 않다.

② 아우라는 벤야민이 제시한 개념으로, 이 글에 아우라에 대한 다양한 견해가 제시되어 있지는 않다.

③ 아우라와 관련하여 일반적인 내용이 기술되고 있을 뿐, 특정한 작품에 대해 언급하고 있지는 않다.

④ 아우라 개념을 중심으로 글을 전개하고 있으며, 이를 다른 개념과 비교하거나 대조하여 글을 전개하고 있지 않다.

02 핵심 정보의 추론 정답 ⑤

정답 풀이 ▼

2문단에 의하면, 복제 기술이 아무리 발전한다 할지라도 원작이 전통 속에서 지속적으로 획득한 측면까지 복사할 수는 없다.

오답 풀이 ▼

① 3문단에 의하면, 기술적 복제는 아우라의 파괴와 함께 예술 수용 방식의 변화도 불러온다.

② 5문단에 의하면, 기술적 복제로 인해 수용자는 예술품을 일상 속에서 실제적으로 이용할 수 있게 되었고 예술품의 가치 변화가 나타났다고 할 수 있다.

③ 3문단에 의하면, 기술적 복제가 수공적 복제보다 원작에 더 유사하게 다가갈 수 있게 한다고 보았다.

④ 3문단에 의하면, 기술적 복제에 비해 수공적 복제가 이루어질 때 원작은 수공품에 대한 권위를 유지할 수 있다.

03 구체적 상황에 적용 정답 ②

정답 풀이 ▼

〈보기〉에서 언급된 작품들은 유일성에 기반한 전통 예술을 부정하는 반예술적 성격을 보여 준다. 그리고 1문단에 의하면, 아우라는 유일무이한 원작이 전통을 통해서 이룩해 낸 어떤 것이다. 따라서 〈보기〉의 작품들은 아우라의 파괴를 보여 주는 측면이 있다고 할 수 있다.

오답 풀이 ▼

① 뒤샹이 기성품을 예술품으로 명명한 것은 어떤 일상적인 물건도 예술이라고 규정하면 예술이 될 수 있다는 것, 즉 원작이 유일무이한 것일 필요는 없다는 점을 보여 주는 것으로, 예술품과 수용자의 거리감을 자아내는 아우라를 파괴하는 행위로 볼 수 있다. 따라서 뒤샹의 행위는 수용자가 원작에 대해 느끼는 거리감을 줄이려는 시도로 볼 수 있다.

③ 이 글이나 〈보기〉에 수용자의 직접적인 예술품 창작에 대한 내용은 제시되지 않았다.

④ 2문단에 의하면, 작품의 복제 가능성은 아우라를 파괴하는 것과 관련되어 있다.

⑤ 〈보기〉는 기성품을 통해 유일성에 기반하고 있는 기존의 전통 예술을 부정하는 반(反)예술적 성격을 보여 주는 것이지, 기술적 복제에 대한 기대를 드러내는 것이라 볼 수 없다.

기출문제로 뛰어넘기
· 본문 78~79쪽

01 ①　　　02 ⑤　　　03 ④

지문 더보기

|문단 정리|
1문단 내용증명의 개념과 필요성
2문단 내용증명의 용도
3문단 내용증명의 제출 방식과 한계
4~5문단 내용증명의 기능
6문단 내용증명의 작성 방법
7문단 내용증명의 효력 발생과 보관 기간

|주제| 내용증명의 특징과 효과

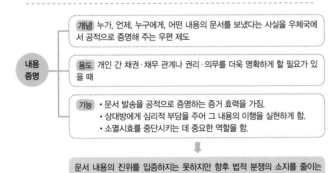

내용 증명	개념	누가, 언제, 누구에게, 어떤 내용의 문서를 보냈다는 사실을 우체국에서 공적으로 증명해 주는 우편 제도
	용도	개인 간 채권·채무 관계나 권리·의무를 더욱 명확하게 할 필요가 있을 때
	기능	· 문서 발송을 공적으로 증명하는 증거 효력을 가짐. · 상대방에게 심리적 부담을 주어 그 내용의 이행을 실현하게 함. · 소멸시효를 중단시키는 데 중요한 역할을 함.

⬇

문서 내용의 진위를 입증하지는 못하지만 향후 법적 분쟁의 소지를 줄이는 효과가 있음.

01　전개 방식의 파악
정답 ①

정답 풀이 ▼

2문단에서는 구체적 예시를 통해 내용증명의 특징을 설명하였고, 4문단에서는 구체적 예를 들어 내용증명의 기능을 설명하여 독자의 이해를 돕고 있다. 이를 통해 이 글은 내용증명의 특징과 기능을 구체적인 사례를 들어 설명하고 있음을 알 수 있다.

오답 풀이 ▼

② 이 글에서 내용증명의 형성 배경과 발달 과정은 찾을 수 없다.
③ 내용증명이 가진 한계를 3문단에서 언급하고는 있지만 이를 다양한 측면에서 고찰하고 있지는 않다.
④ 이 글의 내용으로 보아 우편 제도인 내용증명은 이미 실시되고 있는 제도라고 할 수 있다.
⑤ 내용증명의 필요성을 1문단에서 확인할 수 있지만 그 속성을 유사한 대상에 빗대어 설명한 부분은 찾을 수 없다.

02　세부 정보의 파악
정답 ⑤

정답 풀이 ▼

2문단에서 내용증명은 철회 기간 내에 계약을 취소할 경우나 철회 기간 내에 계약의 철회가 불가능한 경우에 사용할 수 있다고 하였으나 계약을 철회할 수 있는 기간이 지난 경우에도 사용 가능한지는 이 글을 통해 알 수 없다.

오답 풀이 ▼

① 4문단에 '내용증명은 상대방에게 심리적 부담을 주어 그 내용의 이행을 실현하게 하기도 한다.'라고 하였으므로 적절하다.
② 7문단에 '방문 판매 등의 청약 철회를 요청하는 내용증명의 경우에는 수신인의 수취 여부와 상관없이 서면을 발송한 날부터 발생한다.'라고 하였으므로 적절하다.
③ 7문단에서 발신인이나 수신인이 내용증명으로 발송한 우편물을 분실할 경우 발송 우체국에 보관 중인 내용증명의 복사를 요청할 수도 있다고 하였으므로 적절하다.
④ 3문단을 보면 내용증명은 '우체국에 같은 내용의 문서 3부를 제출'하는데, 이때 '발신인, 수신인, 우체국 3자가 각각 동일한 내용의 문서를 소지'한다고 하였으므로 적절하다.

03　구체적 상황에 적용
정답 ④

정답 풀이 ▼

5문단에서 '내용증명을 보낸 날짜로부터 6개월 이내에 청구나 압류, 가압류, 가처분 등을 해야만 소멸시효가 중단되는 효력이 발생한다.'라고 하였다. 따라서 〈보기〉의 을이 내용증명을 보낸 이후 법적 대응을 하지 않으면 소멸시효 중단의 효력이 발생하지 않아서, 을이 돈을 받을 수 있는 권리는 만료일인 2020년 12월 31일까지만 유지된다.

오답 풀이 ▼

① 2문단에서 내용증명은 '개인 간 채권·채무 관계나 권리·의무를 더욱 명확하게 할 필요가 있을 때' 이용된다고 했으므로, 〈보기〉의 을이 갑에게 보낸 내용증명의 궁극적인 목적은 갑에게 채무 이행을 요구하는 것이라고 볼 수 있다.
② 5문단에서 '법적 대응을 하게 되면 해당 사안의 소멸시효가 내용증명을 보낸 시점에 중단되는 효력이 발생한다.'라고 하였으므로, 을이 내용증명을 보낸 이후 법적 대응을 진행한다면 중단 효력은 내용증명을 보낸 2020년 10월 31일에 발생할 것이다.
③ 5문단을 보면, '소멸시효가 중단되면 그때까지 경과한 소멸시효의 기간은 무효'가 되고 '중단 사유가 종료된 때로부터 소멸시효가 새로이 시작된다.'라고 하였으므로 2개월만 연장된다는 설명은 적절하지 않다.
⑤ 5문단을 보면 '내용증명을 보낸 날짜로부터 6개월 이내에 청구나 압류, 가압류, 가처분 등을 해야만 소멸시효가 중단'된다고 하였다. 따라서 을은 내용증명을 보낸 2020년 10월 31일의 6개월 이내인 2021년 4월 말까지 가압류, 가처분 등의 조치를 해야 한다. 그렇지 않으면 소멸시효를 중단시킬 수 없다.

어휘 점검하기
· 본문 79쪽

01 이행	02 진위	03 복제	04 전락
05 양도	06 배상	07 모사	08 종식
09 전승	10 예견	11 철회	12 번복

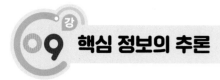

핵심 정보의 추론

개념 적용 문제
· 본문 81쪽

01 TCA 항우울제, SNRI 항우울제

02 (1) 1, 2   (2) 1, 3   (3) 1, 3   (4) 1, 5   (5) 1, 5   (6) 1, 4   (7) 2, 3   (8) 1, 5

유사 문제로 다지기
· 본문 82~83쪽

01 ①   02 ④   03 ⑤

 지문 더보기

|문단 정리|

1문단 상대습도와 포화수증기량의 관계 및 제습기의 원리
2문단 전자식 제습기의 원리와 특징
3문단 냉각식 제습기의 원리와 특징
4문단 건조식 제습기의 원리와 특징

|주제| 전자식, 냉각식, 건조식 제습기의 원리와 특징

제습기
(상대습도)를 조절하여 쾌적한 공기를 만드는 기계

전자식	냉각식	건조식
• (펠티에) 효과 이용 • (소형화)에 유리 • 소음이 (적음).	팬 → 냉각 장치 (냉매) 이용 → 물통 / 응축기	• 다공성 (흡습제) 사용 • 밀폐 공간의 (소량) 습기 제거 시 유용 • 재사용 (가능)

01 전개 방식의 파악
정답 ①

정답 풀이 ▼

이 글의 전체적 구조를 문단 차원에서 넓게 살펴본다면, 핵심 제재인 '제습기'라는 대상을 세 가지 방식(전자식, 냉각식, 건조식)으로 구분한 뒤 2, 3, 4문단의 순서에 따라 각 제습 방식의 원리 및 특성을 설명하고 있음을 확인할 수 있다.

오답 풀이 ▼

② 전문가의 견해를 인용한 부분은 이 글에서 찾을 수 없다. 참고로, '펠티에'가 과학자의 이름이기는 하지만 글에서는 내용의 설명을 위해 '펠티에 효과'가 무엇인지 과학적 원리를 밝히고만 있을 뿐, 특정 과학자의 견해를 직접 인용한 것은 아니므로 적절한 진술로 볼 수 없다.

③ 1문단에서 '제습기'의 개념을 정의한 부분과 2~4문단에서 각 방식의 장점을 확인할 수는 있으나, 단점을 밝히고 있지는 않으므로 적절하지 않은 진술이다.

④ 전자식, 냉각식, 건조식 제습 원리는 대립되는 이론에 해당하는 것은 아니며, 또한 여러 이론을 '절충'하고 있는 것도 아니므로 부적절한 진술이다.

진술이다.

⑤ 이 글은 핵심 제재인 '제습기'가 기능하는 세 가지 방식을 구분하고 그 각각의 특성을 설명하고 있을 뿐, 시대의 순서에 따른 내용 전개 방식을 보여 주고 있지는 않다.

02 세부 정보의 파악
정답 ④

정답 풀이 ▼

3문단의 마지막 문장 '습기가 제거된 공기는 응축기를 거치면서 다시 원래의 온도를 되찾으며 실내로 방출되게 된다.'라는 내용을 보면, 습기가 제거된 공기가 실내로 배출된다는 사실은 글의 내용에 부합한다. 그러나 이 글에서는 (냉각되었던 공기가) '다시 원래의 온도를 되찾으며'라고 하였으므로 ④의 '낮은 온도 상태로'라는 표현과 일치하지 않음을 알 수 있다.

오답 풀이 ▼

① 1문단의 '포화수증기량은 온도에 따라 높아지게 마련이므로, 공기를 가열하면 포화수증기량을 늘릴 수 있고 이에 따라 상대습도를 줄일 수 있다.'라는 내용을 통해 확인할 수 있다.

② 2문단은 전자식 제습기의 특징에 대해 서술하고 있다. 2문단의 마지막 문장 '소형화에 용이하고, 소음이 적다는 장점을 지니고 있다.'를 통해 확인할 수 있는 내용이다.

③ 3문단의 두 번째 문장 '수증기는 이슬점 이하로 냉각될 경우 물로 응축된다는 물리적 특성을 이용한 것이다.'를 통해 확인할 수 있다. 수증기가 물로 응축된다는 것은 수증기가 물로 변화한다는 의미로 바꾸어 쓸 수 있다.

⑤ 4문단의 '건조식 제습기는 특정 화학 물질을 사용하여 공기 중의 습기를 직접 흡수 또는 흡착시키는 방식이다. 흡습제로는 수분을 흡착하는 성능이 우수한 다공성 물질이 활용'된다고 한 것에서 확인할 수 있는 내용이다.

03 핵심 정보의 추론
정답 ⑤

정답 풀이 ▼

2문단의 끝에서 두 번째 문장 '냉각되는 금속판 쪽에서 공기 중의 수증기가 응축되어 밖으로 배출되는 원리에 따라 제습이 이루어진다.'라는 내용을 통해 수증기의 응축 현상은 발열되는 금속판 쪽이 아니라 냉각되는 금속판 쪽에서 일어난다는 사실을 확인할 수 있다. 따라서 ⑤는 적절하지 않은 진술에 해당한다.

오답 풀이 ▼

① ⓐ는 2문단의 '서로 다른 두 금속의 양 단면을 연결하고 전류를 통하게 하면'에 해당하는 단계이다. 그런데 바로 다음 문장에서 '이 방식은 주요 부품으로 열전반도체 소자를 사용하고'라고 덧붙이고 있다. 따라서 서로 다른 두 금속의 양 단면을 연결하는 단계에서 열전반도체 소자가 사용된다는 사실을 이끌어 낼 수 있다.

② ⓑ에서 전류를 통하게 하였다는 것은 전기적 작용이 일어났다는 것을 의미하고, 이것이 원인이 되어 ⓒ의 현상인 발열과 냉각이 동시에 일어났으므로 전기적 작용이 온도 차이(발열 및 냉각)를 발생시켰다고 이해할 수 있다.

③ 2문단의 3번째 문장을 〈보기〉의 과정에 대입하여 보면 '서로 다른 두 금속의 양 단면을 연결하고(ⓐ) 전류를 통하게 하면(ⓑ), 양 단면에서 발열과 냉각 현상이 동시에 발생하게 되는데(ⓒ) 이러한 현상을 펠티에 효과라고 한다.'로 정리할 수 있다. 그러므로 ③은 적절한 진술에 해당한다.

④ ⓐ~ⓓ는 전자식 제습기의 원리를 과정에 따라 도식으로 표현한 것이다. 전자식 제습기의 특징에 대한 설명은 2문단에서 독립적으로 이루어지고 있는데, 2문단의 마지막 문장에서 '(전자식 제습기는) 소형화에 용이하고, 소음이 적다는 장점을 지니고 있다.'라고 하였으므로 적절한 진술로 볼 수 있다.

· 본문 84~85쪽

유사 문제로 **확장하기**

01 ⑤   **02** ②   **03** ①

|문단 정리|
1문단 정부 개입의 중요성에 대한 케인즈 경제학자들의 믿음
2문단 정부의 미세 조정 정책 수행에서 직면하게 되는 제약
3문단 필립스 곡선 이 던지는 시사점
4문단 필립스 곡선을 정책 수립에 활용하려 한 케인즈 경제학자들

|주제| 필립스 곡선에 주목한 케인즈 경제학자들

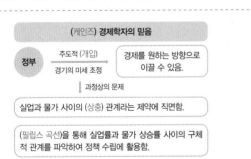

01   전개 방식의 파악   정답 ⑤

정답 풀이 ▼

이 글은 케인즈 경제학자들의 믿음을 바탕으로 하여 '미세 조정'이라는 개념을 설명하고, 그것과 관련하여 발생하는 문제점, 케인즈 경제학자들이 관심을 기울였던 필립스 곡선 등에 대해 설명하고 있다(ㄹ). 또한 '총수요 조절 정책', '경기의 미세 조정' 등의 용어에 대한 개념을 설명하면서 내용을 구체화하고 있다(ㄷ).

오답 풀이 ▼

ㄱ. 이 글에서 반대되는 견해에 대한 언급이나 반박은 찾아볼 수 없다.
ㄴ. 이 글에서 통념을 비판한 부분은 찾아볼 수 없다.

02   핵심 정보의 추론   정답 ②

정답 풀이 ▼

마지막 문단에서 '케인즈 경제학자들은 필립스 곡선이 단순히 실업률과 물가 상승률 사이에서 관찰할 수 있는 통계적인 상관관계를 보여 주는 데 그친다고 보지 않았다. 그들은 이 곡선을 통해 실업률과 물가 상승률 사이에 어떤 구체적인 관계가 있는지 알아내 이를 정책 수립에 활용할 수 있다고 생각했다.'라고 하였다. 따라서 필립스 곡선은 실업률과 물가 상승률 사이의 상관관계를 통해 경제 상황을 파악하고 정책을 수립하는 데 도움을 줄 수 있으므로, 실업률과 물가 상승률 사이의 상관관계를 통해 경제를 진단할 수 있다는 ②의 설명은 적절하다.

03   구체적 상황의 적용   정답 ①

정답 풀이 ▼

〈보기〉는 '적극적 정책'과 '소극적 정책' 그리고 '재량적 정책'과 '준칙에 의한 정책'을 설명하고 있다. 1문단에서 '케인즈 경제학자들은 정부의 주도적인 개입으로 경제 안정 정책을 통해 경제를 원하는 방향으로 이끌어 갈 수 있다고 믿었다.'고 하였으므로 '적극적 정책'을 추진하였다고 할 수 있다. 또한 경기가 침체되었을 때나 과열되었을 때 당시 경제 상황에 맞게 정부가 정책을 운영하여 경제를 이끌어 갈 수 있다고 믿었다고 하였으므로 '재량적 정책'을 추진하였다고 할 수 있다.

· 본문 86~87쪽

기출문제로 **뛰어넘기**

01 ⑤   **02** ④   **03** ③

|문단 정리|
1문단 중세 시대 고대 피론주의의 재등장
2문단 피론주의자들의 주장
3문단 피론주의자들의 주장이 지닌 모순
4문단 피론주의자들이 진리를 파악할 수 없는 것으로 인식한 이유
5문단 피론주의의 의의
6문단 피론주의의 태도를 극복하고자 한 철학자들

|주제| 피론주의의 특징과 의의

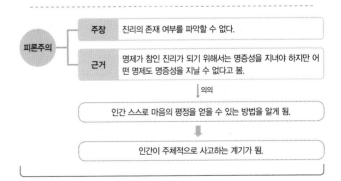

01 개괄적 정보의 파악 · 정답 ⑤

1~4문단에서는 고대 피론주의의 진리에 대한 관점을 소개하였고, 5문단에서는 이러한 피론주의가 인간이 신 중심의 세계관에서 탈피하여 주체적으로 사고하는 계기가 되었음을 설명하고 있다. 따라서 고대 피론주의가 인간이 주체성을 획득하는 데 미친 영향을 설명하고 있다고 볼 수 있다.

오답 풀이 ▼

① 이 글은 고대 피론주의를 소개하고 있을 뿐 피론주의의 관점에서 근대적 인식론의 한계를 비판하고 있지 않다.

② 이 글에서 고대 피론주의의 형성 배경이나 발전, 쇠퇴 과정은 찾을 수 없다.

③ 이 글은 고대 피론주의가 중세에 다시 부각되었음을 제시하였을 뿐 고대 피론주의와 중세에 부각된 피론주의의 차이점을 분석하고 있지 않다.

④ 고대 피론주의는 고대 철학의 한 이론으로, 신 중심의 중세 철학이 이를 계승했다는 내용은 찾을 수 없다.

02 핵심 정보의 추론 · 정답 ④

정답 풀이 ▼

ㄱ. 4문단에서 피론주의자들은 '다양한 명제들을 상충 또는 대립시켜 명증성을 확인하려고' 하였다고 했으므로 적절하다.

ㄴ. 4문단에서 피론주의자들은 '여러 명제들은 대립되고 모순되기 때문에 어느 쪽도 다른 명제에 비해 우월하거나 열등하지 않'다고 보았다고 했으므로 적절하다.

ㄹ. 4문단에서 피론주의자들은 '어떤 명제가 참인 진리가 되기 위해서는 의심할 바 없이 뚜렷하게 증명되는 명증성을 지녀야 한다고 전제'하였다고 했으므로 적절하다.

오답 풀이 ▼

ㄷ. 이 글에서 피론주의자들은 진리를 찾을 수 없다고 주장하였음을 알 수 있다. 5문단을 보면, 피론주의자들은 진리를 파악할 수 없는 판단 중지 상태를 '에포케'라고 하였고, 이 에포케 상태에 이르면 진리를 얻기 위한 고뇌에서 벗어나 마음의 평정 상태인 '아타락시아'가 오게 된다고 하였다. 따라서 고뇌에서 벗어나 마음의 평정 상태에 이르면 진리를 파악할 수 있다고 생각하였다는 진술은 적절하지 않다.

03 세부 정보의 파악 · 정답 ③

정답 풀이 ▼

4문단에서 피론주의자(ⓐ)들은 '지속적으로 진리를 의심하는 방법으로 진리를 찾으려고' 했다고 하였다. 따라서 피론주의자들은 진리를 의심하는 태도를 보였다고 할 수 있다. 〈보기〉에서 데카르트(ⓑ)는 의심할 수 없는 절대적 확실성을 가진 기초적 믿음을 찾기 위해 '회의적 사고'를 하였다고 설명하였으므로 ⓐ와 ⓑ는 공통적으로 사유의 과정에서 의심의 방법을 사용하였다고 볼 수 있다.

오답 풀이 ▼

① 3문단에서 '배중률을 고려하면 ~ 피론주의자들의 주장은 거짓이 된다'고 하면서 피론주의의 모순을 설명하고 있으므로, 피론주의(ⓐ)가 배중률을 통해 진리를 증명했다는 설명은 적절하지 않다.

② 1문단에서 신의 질서를 파악하는 것을 중시한 중세 시대 신 중심의 세계관이 피론주의의 등장으로 흔들리게 되었다고 하였다. 따라서 고대 회의주의 철학을 전개한 피론주의(ⓐ)와 '사유하는 존재 자체는 의심할 수 없다'고 한 데카르트(ⓑ) 모두 해당하지 않는 설명이다.

④ 피론주의자(ⓐ)는 진리의 존재 여부를 판단할 수 없다고 보았고, 데카르트(ⓑ)는 절대적 확실성을 가진 진리가 존재하며 이를 파악할 수 있다고 생각하였기 때문에 모두에 해당하지 않는 설명이다.

⑤ 데카르트(ⓑ)에만 해당하는 설명이다. 피론주의자(ⓐ)는 진리의 존재를 확신하지 않았다.

어휘 점검하기 · 본문 87쪽

01 ㉡	02 ㉡	03 ㉠	04 ㉡
05 쾌적하다	06 상충하여	07 직면하게	08 용이하게
09 흡착	10 개입	11 불황	12 한정

숨겨진 정보의 추론

• 본문 89쪽

개념 적용 문제

01 (1) ○ (2) ○ **02** ④

03 (1) 빠르게 (2) 약하게 (3) 크기

• 본문 90~91쪽

유사 문제로 다지기

01 ① **02** ③ **03** ②

지문 더보기

|문단 정리|

1문단 정언 논리가 논리 체계를 고찰하는 방법

2문단 정언 명제의 개념과 형태

3문단 정언 명제의 특성과 네 가지 표준 형식

4문단 표준 형식의 정언 명제를 구성하는 요소

5문단 양과 질에 따른 정언 명제의 구분

|주제| 정언 명제의 개념 및 네 가지 표준 형식과 그 구성 요소

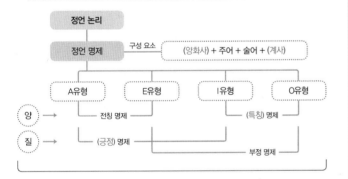

01 세부 정보의 파악 정답 ①

정답 풀이 ▼

4문단에 따르면, 표준 형식의 요소 중 계사는 '이다'와 '아니다'로 술어에 포함된다. 하지만 양화사는 '모든'과 '어떤'의 형태이므로 주어 집합이 논의되는 범위를 정하는 기능을 할 뿐 술어에 포함되지 않는다. 따라서 양화사를 술어에 포함하여 나타낸다는 진술은 적절하지 않다.

오답 풀이 ▼

② 2문단에서 '정언 명제는 주어와 술어, 두 단어의 포함과 배제 관계를 서술하는 명제'라고 설명하고 있다.

③ 5문단에서 '정언 명제는 양과 질로 구분할 수 있다. 정언 명제의 양(quantity)은 전칭이거나 특칭이다. 어떤 명제가 주어 집합의 모든 원소에 대해 논의하고 있으면 그 명제는 전칭이고, 일부에 대해 논의하고 있으면 특칭이다.'라고 설명하고 있다. 따라서 정언 명제의 양은 '모든'과 '어떤'을 나타내는 양화사를 통해 확인할 수 있다.

④ 4문단에서 '모든'은 '주어 집합의 모든 원소에 대해 논의함을 의미한다.'라고 설명하고 있으며, 5문단에서 '어떤 명제가 주어 집합의 모든 원소에 대해 논의하고 있으면 그 명제는 전칭'이라고 설명하고 있다.

⑤ 1문단에서 '다양하고 복잡한 문장들은 가장 기본적인 문장 형태로 정리될 수 있다.'라고 설명하며 '문장 형태에서 보자면, 더 이상 나눌 수 없는 최소 단위는 단순 명제'라고 언급하고 있다.

02 구체적 사례 찾기 정답 ③

정답 풀이 ▼

4문단에서 '표준 형식의 정언 명제'는 양화사, 주어, 술어, 계사로 나뉘고 주어의 'S'와 술어의 'P'는 '각각 논의되는 개념을 가리키며, 명사나 명사형으로 나타낸다.'라고 말하고 있다. 그리고 5문단에서 '이런 명제들을 정언 논리 체계로 다루려면 우선 정언 명제로 변형해야 한다.'라고 설명하고 있다. 따라서 정언 논리를 이루는 정언 명제는 양화사와 계사가 있고 주어의 'S'와 술어의 'P'가 명사나 명사형으로 나타난 명제임을 알 수 있다. ③의 경우 '어떤'이라는 양화사가 있고, 계사 '아니다'가 있으며, 주어의 'S'는 '한국인'이라는 명사, 술어의 'P'도 '사람'이라는 명사로 되어 있으므로 정언 논리 체계에서 다루기 적절한 명제이다.

오답 풀이 ▼

① 계사 '이다', '아니다'가 나타나지 않으므로 정언 논리 체계에서 다루기 적절한 명제로 보기 어렵다.

② 양화사 '모든', '어떤'과 계사 '이다', '아니다'가 나타나지 않으므로 정언 논리 체계에서 다루기에 적절한 명제가 아니다.

④ 계사 '이다', '아니다'가 나타나지 않으므로 정언 논리 체계에서 다루기 적절한 명제가 아니다

⑤ 계사 '이다', '아니다'가 나타나지 않으므로 정언 논리 체계에서 다루기 적절한 명제가 아니다.

03 숨겨진 정보의 추론 정답 ②

정답 풀이 ▼

4, 5문단을 통해 ㉠'A유형'은 전칭 명제이며 긍정 명제임을, ㉡'E유형'은 전칭 명제이며 부정 명제임을, ㉢'I유형'은 특칭 명제이며 긍정 명제임을, ㉣'O유형'은 특칭 명제이며 부정 명제임을 확인할 수 있다. 따라서 전칭 명제이며 긍정 명제인 ㉮는 ㉠에, 특칭 명제이며 긍정 명제인 ㉯는 ㉢에, 전칭 명제이며 부정 명제인 ㉰는 ㉡에, 특칭 명제이며 부정 명제인 ㉱는 ㉣에 해당한다고 할 수 있다.

오답 풀이 ▼

① ㉯는 특칭 명제이며 긍정 명제인 ㉢'I유형'에 해당한다. 또한 ㉰는 전칭 명제이며 부정 명제인 ㉡'E유형'에 해당한다.

③ ㉯는 특칭 명제이며 긍정 명제인 ㉢'I유형'에, ㉱는 특칭 명제이며 부정 명제인 ㉣'O유형'에, ㉮는 전칭 명제이며 긍정 명제인 ㉠'A유형'에, ㉰는 전칭 명제이며 부정 명제인 ㉡'E유형'에 해당한다.

④ ㉯는 특칭 명제이며 긍정 명제인 ㉢'I유형'에 해당한다. 또한 ㉮는 전칭 명제이며 긍정 명제인 ㉠'A유형'에 해당한다.

⑤ ㉰는 전칭 명제이며 부정 명제인 ㉡'E유형'에, ㉱는 특칭 명제이며 부정 명제인 ㉣'O유형'에, ㉮는 전칭 명제이며 긍정 명제인 ㉠'A유형'에, ㉯는 특칭 명제이며 긍정 명제인 ㉢'I유형'에 해당한다.

유사 문제로 확장하기
· 본문 92~93쪽

01 ①   02 ④   03 ⑤

지문 더보기

|문단 정리|
1문단 색 을 구분하는 인간의 능력
2문단 간상세포 와 원추세포의 특징
3문단 색 의 정보가 뇌로 전달되는 과정
4문단 원추세포 의 종류와 색 인식의 원리
5문단 원추세포가 하는 역할 의 중요성

|주제| 원추세포의 특징 과 역할

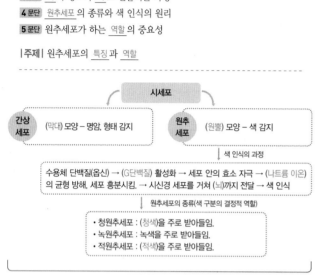

시세포

간상세포 (막대) 모양 – 명암, 형태 감지

원추세포 (원뿔) 모양 – 색 감지

색 인식의 과정

수용체 단백질(옵신) → (G단백질) 활성화 → 세포 안의 효소 자극 → (나트륨 이온)의 균형 방해, 세포 흥분시킴. → 시신경 세포를 거쳐 (뇌)까지 전달 → 색 인식

원추세포의 종류(색 구분의 결정적 역할)

· 청원추세포: (청색)을 주로 받아들임.
· 녹원추세포: 녹색을 주로 받아들임.
· 적원추세포: (적색)을 주로 받아들임.

01 개괄적 정보의 파악
정답 ①

정답 풀이 ▼

이 글의 핵심 제재는 원추세포이다. 전체적으로 인간이 색을 구분하는 능력을 원추세포의 역할을 중심으로 서술하고 있으므로, 표제에 원추세포가 필수적으로 언급되어야 할 것이다. 원추세포가 어떠한 과정을 거쳐 뇌에 색과 관련된 정보를 인식시키고 어떤 세포를 통해 색을 구분하는지에 대한 내용이 중점적으로 제시되어 있으므로, '원추세포의 역할'은 이 글 전체의 내용을 포괄할 수 있는 표제로 가장 적절하다. 또한 색을 구분하여 감지하는 과정이 원추세포의 구체적 종류와 함께 제시되어 있으므로 '색을 구분하여 인식하는 과정을 중심으로'를 부제로 선정하는 것이 적절하다.

오답 풀이 ▼

② 망막의 구성 요소는 2문단에서만 부분적으로 언급된 정보일 뿐 이 글 전체를 포괄할 수 있는 핵심 제재가 아니다.
③ 원추세포와 간상세포의 차이점은 2문단에만 부분적으로 언급되어 있는 내용이므로 이 글의 핵심 제재로 볼 수 없다. 따라서 표제로 적절하지 않다.
④ 원추세포의 역할을 대체할 기술에 대한 내용은 이 글에 언급되어 있지 않다.
⑤ 색의 정보가 뇌로 전달되는 과정은 3문단에만 나타나 있는 내용이므로 표제가 되기에 적절하지 않으며, 수용체 단백질의 역할 역시 이 글의 흐름을 포괄할 수 있는 내용이 아니다.

02 숨겨진 정보의 추론
정답 ④

정답 풀이 ▼

어두운 곳에서 사물의 윤곽을 파악할 때에는 사물의 명암과 형태만 파악하면 된다. 따라서 2문단의 '간상세포는 망막의 주변부에 많이 분포하고 약한 빛에 민감한 특징을 지니며, 명암과 물체의 형태를 인식할 수 있지만 구체적인 색은 인식할 수 없다.'라는 내용을 통해 원추세포보다 간상세포의 역할이 더 클 것임을 추론할 수 있다.

오답 풀이 ▼

① 1문단에 '빛의 삼원색, 즉 빨강, 초록, 파랑을 조합하여 형성되는 모든 색'이라는 표현을 통해 빛의 삼원색을 조합하면 아주 많은 색을 만들어 낼 수 있음을 알 수 있다.
② 2문단의 '물질에 가해진 빛은 파장에 따라 흡수되기도 하고 반사되기도 하는데 이때 반사된 빛 중에서 가시광선 영역에 해당하는 빛이 망막을 자극하게 된다.'를 통해 확인할 수 있다.
③ 3문단의 '자극된 효소는 세포 내의 Na^+(나트륨 이온)의 균형을 무너지게 하며 세포를 흥분시킨다.'를 바탕으로 이끌어 낼 수 있는 정보이다. 즉 효소의 자극이 원인으로 작용하여 Na^+(나트륨 이온)의 균형이 무너지게 된 것이므로 별다른 자극 요소가 없다면 Na^+(나트륨 이온)은 균형적 상태를 유지하고 있을 것임을 알 수 있다.
⑤ 4문단의 '예를 들어 특정한 파장의 빛이 녹원추세포를 자극하면서 적원추세포와 청원추세포를 거의 자극하지 않을 경우 우리의 망막은 녹색으로 인식하게 된다.'라는 내용에서 미루어 알 수 있다.

03 숨겨진 정보의 추론
정답 ⑤

정답 풀이 ▼

〈보기〉의 상황은 빨간색과 녹색을 구분하지 못하는 경우로 5문단의 '적원추세포가 없는 사람은 청색은 인식할 수 있지만 같은 밝기의 적색과 녹색을 볼 때 녹원추세포만이 자극을 받게 되기 때문에 적색과 녹색을 같은 색이나 유사한 색으로 인식하게 된다.'라는 내용과 관련이 있다.

오답 풀이 ▼

① 환자의 문제는 빨간색과 초록색의 구별이 어려운 상황으로, 나트륨 이온의 과다 상태와는 무관하다.
② 특정 파장의 빛이 청원추세포를 자극하지 않기 때문에 빨간색과 녹색의 구분이 어려워지는 것은 아니다. 빨간색과 녹색의 구분이 어려워지는 것은 녹원추세포나 적원추세포의 이상과 관련이 있다.
③ 수용체 단백질의 문제 때문에 빨간색과 녹색의 구분에 혼동이 발생하는 것은 아니다. 수용체 단백질에 문제가 생기면 색 자체를 인식하기 어려워진다.
④ 간상세포와 원추세포의 역할이 제대로 이루어지지 않아 색의 구분에 문제가 발생하는 것은 아니다. 2문단에서 간상세포는 구체적 색은 인식할 수 없고, 원추세포가 색깔을 감지하는 역할을 맡는다고 하였기 때문이다.

기출문제로 뛰어넘기

· 본문 94~95쪽

01 ③   02 ④   03 ⑤   04 ②

지문 더보기

| 문단 정리 |

1문단 생물들이 가진 독의 필요성

2문단 식물 독인 아코니틴의 특징

3문단 식물 독인 아트로핀의 특징

4문단 동물인 뱀과 복어 독의 특징

5문단 해독제 투여의 중요성과 해독제의 종류

| 주제 | 생물들이 가진 독의 특징과 활용

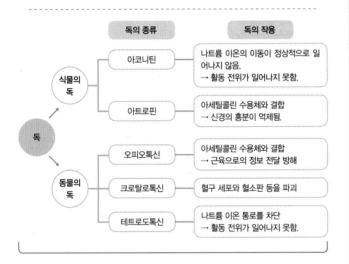

01 개괄적 정보의 파악

정답 ③

정답 풀이 ▼

2문단에 '알칼로이드라는 물질'은 '질소를 함유하는 염기성 유기화합물을 일컫는 것'이라고 제시되어 있지만, 알칼로이드가 질소를 함유하는 이유는 제시되어 있지 않기 때문에 ③은 이 글로는 답을 찾을 수 없는 질문이다.

오답 풀이 ▼

① 2문단에서 아코니틴에 의해 '아세틸콜린이 분비되지 않아, 결국 호흡 곤란으로 이어질 수 있다.'라고 한 것을 통해 답을 찾을 수 있는 질문이다.

② 4문단에서 '테트로도톡신은 복어가 스스로 만들어 내는 것이 아니라, 복어가 먹이로 섭취한 플랑크톤에 의해 축적되거나 복어 체내에 기생하는 균에 의해 만들어진다'고 한 것을 통해 답을 찾을 수 있는 질문이다.

④ 4문단에서 살무사에게 물리면 '크로탈로톡신'이라는 독이 혈액 내의 혈구 세포와 혈소판 등을 파괴하고, 이로 인해 근육이 괴사되고 출혈이 멈추지 않는다고 한 것을 통해 답을 찾을 수 있는 질문이다.

⑤ 4문단에서 코브라에게 물리면 '오피오톡신'이 시냅스에서 아세틸콜린 수용체와 결합해 근육으로의 정보 전달이 방해되며, 살무사에게 물리면 '크로탈로톡신'이라는 독이 혈액 내의 혈구 세포와 혈소판 등

을 파괴한다고 그 차이를 설명한 것을 통해 답을 찾을 수 있는 질문이다.

02 숨겨진 정보의 추론

정답 ④

정답 풀이 ▼

3문단에 따르면 아트로핀은 '부교감 신경의 시냅스에서 아세틸콜린 대신에 아세틸콜린 수용체와 결합함으로써 아세틸콜린의 작용을 방해'한다. 3문단에서 알 수 있듯이, 아세틸콜린은 분비가 억제되면 신경의 흥분이 억제되고 과잉 분비되면 그 반대 현상이 일어나는 작용을 한다. 아세틸콜린 과잉 분비로 흥분한 동물에게 아트로핀을 적당량 주입한다면 아세틸콜린의 작용을 방해하여 흥분을 억제하는 효과를 줄 수 있을 것이다. 이를 통해 아트로핀이 일부 독의 해독제로 쓰이는 이유는 아세틸콜린의 작용을 방해해 부교감 신경의 흥분을 억제하기 때문임을 알 수 있다.

03 핵심 정보의 추론

정답 ⑤

정답 풀이 ▼

2문단에서 아코니틴(㉠)은 '신경 세포의 나트륨 이온 통로를 계속 열어 두기 때문에 ~ 전기 신호인 활동 전위가 신경 세포에서 일어나지 못하게 된다.'라고 하였고, 4문단에서 테트로도톡신(㉡)은 '신경 세포의 나트륨 이온 통로를 차단함으로써 나트륨 이온이 들어오지 못하게 하기 때문에 활동 전위가 일어나지 않는다.'라고 하였다. 따라서 ㉠과 ㉡ 모두 신경 세포에서 활동 전위가 일어나지 못하게 방해한다.

오답 풀이 ▼

① 아코니틴(㉠)은 신경 세포의 나트륨 이온 통로를 계속 열어 두기 때문에 나트륨 이온을 세포 안으로 다량 유입시킨다. 따라서 나트륨 이온의 농도 차이를 일정하게 유지시킨다고 볼 수 없다. 테트로도톡신(㉡) 또한 신경 세포의 나트륨 이온 통로를 차단함으로써 나트륨 이온이 들어오지 못하게 하므로 나트륨 이온의 농도를 일정하게 유지시킨다고 할 수 없다.

② 아코니틴(㉠)은 신경 세포의 나트륨 이온 통로를 계속 열어 둔다. 나트륨 이온이 들어오지 못하게 방해하는 것은, 신경 세포의 나트륨 이온 통로를 차단하는 테트로도톡신(㉡)이다.

③ 아세틸콜린과 화학 구조가 유사하면 아세틸콜린 수용체와 결합하게 되는데, 아코니틴(㉠)과 테트로도톡신(㉡)은 나트륨 이온의 유입 통로를 열거나 막는 작용을 하므로 여기에 해당하지 않는다. 글에서 언급된 아세틸콜린 수용체와 결합하는 독은 '아트로핀'과 '오피오톡신'이다.

④ 아코니틴(㉠)과 테트로도톡신(㉡)은 나트륨 이온의 유입 통로를 열거나 막는 작용을 하여 아세틸콜린의 분비를 막는 영향을 끼친다.

04 구체적 상황에 적용

정답 ②

정답 풀이 ▼

〈보기〉에서 B는 '꼬리'가 있으므로 동물임을 알 수 있고, B의 독인 '카리브도톡신'은 아세틸콜린이 과잉 분비되게 한다고 하였다. 3문단의 '아세틸콜린이 아세틸콜린 수용체와 결합하지 못하면 신경의 흥분이 억제

되어 근육은 이완되지만 아세틸콜린이 과잉 분비되면 그 반대 현상이 일어난다.', '아세틸콜린 수용체와 결합함으로써 시냅스에서 이루어지는 정보 전달을 방해하게 된다.'라는 정보를 고려할 때, 아세틸콜린이 과잉 분비된다면 흥분 억제의 반대인 흥분 고조가 일어날 것이라고 이해하는 것이 적절하다.

오답 풀이 ▼

① 〈보기〉에서 A는 알칼로이드에 속하는 독을 가지고 있으므로 식물이다. 그리고 A가 가진 '스코폴라민'이 몸속에 들어오면 아세틸콜린 수용체와 결합한다고 하였는데, 3문단에서 아세트로핀이 '아세틸콜린 수용체와 결합함으로써 시냅스에서 이루어지는 정보 전달을 방해하게 된다.'라는 정보를 고려하면 A도 시냅스에서 이루어지는 정보 전달을 방해할 것이라고 이해할 수 있다.

③ 몸속에서 아세틸콜린 대신에 아세틸콜린 수용체와 결합하는 A의 '스코폴라민'은 시냅스에서 이루어지는 정보 전달을 방해하므로 신경의 흥분을 억제하고 근육을 이완시킨다. 반면 B의 '카리브도톡신'은 아세틸콜린을 과잉 분비하게 하므로 신경의 과도한 흥분을 일으키고 근육을 수축시킨다.

④ 5문단에서 '해독제로는 산과 염기의 반응을 이용한 중화제, 독소 분자를 분해하는 효소, 유입된 독과 서로 반대 작용을 하는 독을 활용'한다고 하였다. A의 '스코폴라민'은 알칼로이드가 주성분인 식물의 독으로, 염기성이므로 해독제로 산성 물질을 활용할 수 있고, B의 '카리브도톡신'은 단백질 계열이므로 해독제로 단백질 분해 효소를 활용할 수 있다.

⑤ 1문단에서 '생물들은 위협적인 상대로부터 자신을 보호하거나 종족을 보존하기 위해' 독을 이용하고, '특히 동물은 사냥감을 포획하기 위한 수단'으로 독을 사용한다고 하였다. 〈보기〉에서 A는 '스코폴라민'의 쓴맛 때문에 동물에게 먹히지 않는다고 하였으므로 A에게 스코폴라민은 자신을 보호하기 위한 수단이고, B는 '카리브도톡신'을 이용해 곤충을 잡아먹기 때문에 B에게 카리브도톡신은 사냥감을 포획하기 위한 수단이다.

어휘 점검하기
· 본문 95쪽

01 고찰	02 분포	03 배제	04 현격
05 ㉡	06 ㉠	07 ㉣	08 ㉢
09 투여	10 유입	11 이완	12 손상

11강 관점의 비교와 평가

개념 적용 문제
· 본문 97쪽

01 (1) 1, 1 (2) 3, 3 (3) 2, 3 (4) 1, 2 (5) 4, 1 (6) 3, 6

02 (1) ○, × (2) ×, ○ (3) ○, ○ (4) ○, ○ (5) ×, ○

유사 문제로 다지기
· 본문 98~99쪽

01 ④　　　**02** ⑤　　　**03** ①

지문 더보기

| 문단 정리 |

1문단 비더마이어 의 어원과 당대의 평가

2문단 비더마이어에 대한 호이스너 의 견해와 문제점

3문단 낭만주의와 비더마이어의 구분 기준을 제시한 카를 달하우스

4문단 비더마이어와 낭만주의 의 특성 비교

5문단 비더마이어의 음악사적 의의

| 주제 | 낭만주의 와 구분되는 비더마이어의 예술적 경향

호이스너 | 비더마이어는 리트의 (서정적) 측면과 오페라나 징슈필의 가벼운 특성을 지님.

↓ 구분 기준 모호

낭만주의	비더마이어
• 실험성과 진보성이 담긴 작품 • (소수)의 지적 수준을 갖춘 청중들에게만 수용	• (대중적) 성격을 지닌 음악 축제나 가정 음악을 염두에 두고 작곡

↓ 구분 기준 제시

달하우스 | 낭만주의는 정신사의 입장에서, 비더마이어는 (제도사)의 입장에서 이해해야 함.

---

01 중심 화제 찾기
정답 ④

정답 풀이 ▼

이 글은 독일에서 봉건 사회가 무너지기 시작하고 시민 사회로 넘어가던 시기의 예술인 비더마이어 음악에 대해 소개하고 있다. 비더마이어 음악은 시기가 낭만주의와 겹치기 때문에 낭만주의와의 비교를 중심으로 비더마이어에 대한 올바른 이해를 돕고 있다.

02 핵심 정보의 추론
정답 ⑤

정답 풀이 ▼

㉠'호이스너'는 '리트'의 서정적인 측면과 오페라나 '징슈필'에서 나타나는 밝고 가벼운 특성을 하나의 음악 양식으로 규정하여 그것을 비더

마이어로 보았다고 하였다. 그리고 ㉡'카를 달하우스'는 낭만주의를 '정신사'의 입장에서, 비더마이어는 '제도사'의 입장에서 이해해야 한다고 주장했다. 따라서 ㉠'호이스너'는 양식적인 측면을, ㉡'카를 달하우스'는 정신적·제도적 측면을 중심으로 비더마이어를 낭만주의와 구별하려고 하였음을 알 수 있다.

03 구체적 상황에 적용　　　　　　　　　　정답 ①

정답 풀이▼

1문단에서 음악에서의 비더마이어가 저급하다는 부정적인 평가를 받은 것은 당시의 유행 사조였던 낭만주의와 밀접한 관련이 있다고 했다. 그리고 4문단에서 낭만주의 예술은 독창성, 실험성, 진보성이 담긴 작품을 선호했고, 음악적 여흥을 위해 작곡된 비더마이어 작품은 낭만주의가 요구하는 특성이 아니라 실용성을 지니고 있었다고 했다. 〈보기〉에서 초창기의 슈베르트 연주회는 여흥을 즐기며 실내악을 연주하는 형태였다고 했으므로 비더마이어 성향을 띠고 있었음을 알 수 있다. 따라서 슈베르트가 당대에 높은 평가를 받지 못한 것은 이러한 성향과 당대의 비더마이어 음악에 대한 평가 때문이라고 짐작할 수 있으며, 그가 비더마이어 시대에 주로 활동했기 때문이라는 것은 적절하지 않다.

오답 풀이▼

② 4문단에서 비더마이어의 작품들은 대중적 성격을 지닌 음악 축제나 가정 음악을 염두에 두고 작곡된 것으로, 이들 음악 축제나 가정 음악회는 대중들의 관심과 노력에 의해 자생적으로 만들어졌다고 했다. 따라서 슈베르트의 초기 가정 음악회는 슈베르트의 음악을 감상하기 위한 자생적 예술 모임이라는 점에서 비더마이어로서의 성격을 띠고 있었다고 볼 수 있다.

③ 4문단에서 낭만주의 예술관은 독창성, 실험성, 진보성이 담긴 작품을 선호했다고 하였다. 이를 통해 볼 때, 후대에 슈베르트를 낭만주의의 선구자라고 평가하는 것은 그의 음악에서 낭만주의의 특성인 독창성과 진보성을 확인할 수 있었기 때문이라고 할 수 있다.

④ 4문단에서 비더마이어의 작품들은 음악적 여흥을 위해 작곡된 것으로, 음악 축제나 가정 음악회에서 연주되는 음악들은 실용성을 지닌 것이었다고 했다. 따라서 초기의 가정 음악회에서 연주된 슈베르트의 음악은 실용성을 지닌 비더마이어의 성향을 띠고 있었다고 볼 수 있다.

⑤ 낭만주의 예술관은 독창성을 바탕으로 창작된 작품을 선호했으며, 낭만주의 작품들은 주로 소수의 지적 수준을 갖춘 청중들에게만 수용되었다고 했다. 슈베르트의 연주회에 뛰어난 예술가 등이 참석하면서 연주회는 점점 수준 높고 독창성 있는 음악을 연주하는 음악회가 되었다고 했으므로 이때 연주된 슈베르트의 음악은 낭만주의 음악으로 평가되었을 것으로 짐작할 수 있다.

유사 문제로 확장하기　　　　　　• 본문 100~101쪽

01 ④　　　02 ④　　　03 ①

|문단 정리|

1문단 욕망에 대한 <u>공자</u> 의 담론
2문단 욕망에 대한 <u>맹자</u> 의 담론
3문단 욕망에 대한 <u>순자</u> 의 담론
4문단 욕망에 대한 <u>주희</u> 의 담론
5문단 유교 철학의 금욕주의와 주희의 <u>성리학</u>

|주제| 동양 유교 사상가들의 <u>욕망</u> 에 대한 담론

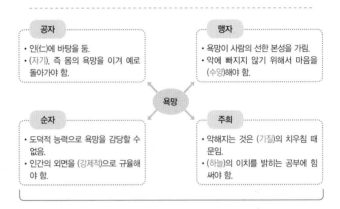

01 전개 방식의 파악　　　　　　　　　　정답 ④

정답 풀이▼

1~4문단에서 인간의 욕망에 대한 유교 사상가들의 주장을 정리하고 있다. 즉 1문단에서는 공자, 2문단에서는 맹자, 3문단에서는 순자, 그리고 4문단에서는 주희의 주장을 소개하며 그 사상의 학문적 배경이나 인간에 대한 탐구 내용을 근거나 이유로 들어 설명하고 있다.

오답 풀이▼

① 인간의 욕망에 대한 관점을 학자별로 나누어 정리하고 있을 뿐 논의의 변화 과정에 대한 공시적 접근은 확인할 수 없다.

② 인(仁) 또는 사단(四端)에 대한 개념 정의가 드러나 있기는 하지만 이를 통해 논의의 범위가 한정된다고 볼 수 없다.

③ 인간 본성에 대한 맹자와 순자의 견해 차이를 확인할 수는 있지만, 견해의 장단점을 분석하거나 두 견해를 통합하려는 시도는 확인할 수 없다.

⑤ 이 글에서 구체적인 사례는 제시하고 있지 않다.

02 세부 정보의 파악　　　　　　　　　　정답 ④

정답 풀이▼

맹자는 선한 본성을 확충하는 마음의 수양을 통하여 욕망을 줄여 나갈 수 있다고 보았고, 주희는 인간의 본성이 선하다는 성선설의 주장을 수용하면서 욕심을 경계하고 하늘의 이치를 투철하게 밝히는 공부에 힘쓰라고 권고하였다. 따라서 주희가 욕망을 제어하는 엄격한 방법에 대해 맹자의 견해를 그대로 계승하고 있다는 진술은 적절하지 않다.

오답 풀이▼

① 1문단을 통해 공자는 몸의 욕망인 자기를 이겨서 예로 돌아가는 것이 '인'이며, 욕망을 충분히 제압해야만 음악 같은 예술을 즐길 수 있다

고 보았음을 알 수 있다.

② 1문단에서 공자는 '소인은 욕망에 이끌리므로 음악을 즐길 수 없다고 주장하며 욕망을 충분히 제압해야만 남을 너그럽게 배려하고 사랑할 수 있다'고 주장했음을 확인할 수 있다.

③ 2문단에서 '맹자는 사람이 가지고 있는 네 가지 마음씨를 사단으로 정의하고, 이러한 마음으로 인해 인간의 본성이 선하다고 보았다.'라고 설명하고 있다.

⑤ 4문단에서 주희는 '본연지성에 하늘의 이치가 대응하고 기질지성에 사람의 욕심이 대응한다. 하늘의 이치와 사람의 욕심은 서로 용납하지 않기 때문에 한쪽이 이기면 다른 쪽은 물러나기 마련이다.'라고 말하며 욕심을 제어하기 위해 본연지성인 하늘의 이치를 밝히는 공부에 힘쓸 것을 권고했음을 확인할 수 있다.

03 관점의 비교와 평가 　　　　　정답 ①

정답 풀이 ▼

2문단에서 맹자는 마음을 수양하여 욕망을 제어해야 하며, '선한 본성을 확충하는 마음의 수양을 통하여 욕망을 줄여 나갈 수 있다고' 보았다고 설명하고 있다. 즉 맹자는 수양을 통하여 욕망을 제거할 수 있다고 본 것이 아니라 줄일 수 있다고 보았다는 점을 확인할 수 있다.

오답 풀이 ▼

② 3문단에 따르면, 순자는 이기적 욕망을 사람의 본성으로 보고 사람의 본성은 악하다고 주장하였다.

③ 3문단에 따르면, 순자는 인간의 외면을 강제적으로 규율하지 않으면 이기적 본성인 욕망을 길들일 수 없다고 보았다. 이는 강제적 규율의 필요성을 언급한 것이다.

④ 4문단에 따르면, 주희는 사람에 따라 차별되는 기질지성은 그 내용이 정욕이므로 악으로 흘러가기 쉽다고 주장하였다. 이는 사람이 악해지는 것을 기질의 치우침 때문이라고 본 것이다.

⑤ 4문단에 따르면, 주희는 하늘의 이치를 투철하게 밝히는 공부에 힘써야 기질에 치우치지 않고 욕망을 물리칠 수 있다고 보았다.

기출문제로 뛰어넘기 　　　· 본문 102~103쪽

01 ①　　　02 ⑤　　　03 ③　　　04 ②

 지문 더보기

|문단 정리|
1문단 하이퍼리얼리즘의 개념
2문단 팝아트와의 비교를 통해 살펴본 하이퍼리얼리즘의 특징
3문단 하이퍼리얼리즘의 대표작 – 〈쇼핑 카트를 밀고 가는 여자〉
4문단 〈쇼핑 카트를 밀고 가는 여자〉의 제작 기법
5문단 리얼리즘 미술의 목적과 작가들의 표현 방법

|주제| 하이퍼리얼리즘의 특성과 그 기법

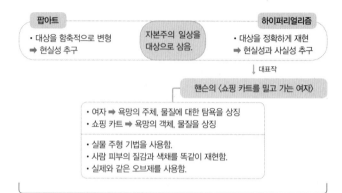

팝아트	자본주의 일상을 대상으로 삼음.	하이퍼리얼리즘
· 대상을 함축적으로 변형 ➡ 현실성 추구		· 대상을 정확하게 재현 ➡ 현실성과 사실성 추구

↓ 대표작

핸슨의 〈쇼핑 카트를 밀고 가는 여자〉
· 여자 ➡ 욕망의 주체, 물질에 대한 탐욕을 상징
· 쇼핑 카트 ➡ 욕망의 객체, 물질을 상징
· 실물 주형 기법을 사용함.
· 사람 피부의 질감과 색채를 똑같이 재현함.
· 실제와 같은 오브제를 사용함.

01 핵심 정보의 추론 　　　　　정답 ①

정답 풀이 ▼

2문단에서 팝아트와 하이퍼리얼리즘은 모두 당시 자본주의 사회의 일상의 모습을 대상으로 삼았다고 하였다. 또한 우리 주변에서 흔히 볼 수 있는 것을 대상으로 고르면 현실성이 높다고 하였으므로, 팝아트와 하이퍼리얼리즘은 모두 ㉠을 높였다고 할 수 있다.

오답 풀이 ▼

② 대상을 시각적 재현에 기대어 실재와 똑같이 표현하면 ㉡이 높다고 했다. 팝아트는 대상을 실재와는 다르게 함축적으로 변형했다고 했으므로, ㉡이 낮다고 할 수 있다.

③ 하이퍼리얼리즘은 트롱프뢰유의 전통을 이어 ㉡을 추구한다고 하였다.

④ 인쇄 매체를 주로 활용한 것은 팝아트라고 하였다.

⑤ 팝아트와 하이퍼리얼리즘은 모두 리얼리즘 유파이지만, ㉠과 ㉡을 동시에 추구하는 것은 하이퍼리얼리즘이며, 팝아트는 ㉠만을 추구한다고 하였다.

02 세부 정보의 파악 　　　　　정답 ⑤

정답 풀이 ▼

3문단에서 작품 〈쇼핑 카트를 밀고 가는 여자〉는 물질적 풍요함 속에 매몰되어 살아가는 당시 현대인을 비판적 시각에서 표현한 작품이라고 하였다. 따라서 당시 자본주의 사회의 합리적인 소비 성향을 반영하고 있다고 보기 어렵다.

오답 풀이 ▼

① 작품 〈쇼핑 카트를 밀고 가는 여자〉는 생활 공간에 전시해도 자연스럽도록 작품을 전시 받침대 없이 제작하였다고 하였으며, 재현한 인체에 가발, 목걸이, 의상 등과 같은 오브제를 덧붙여 사실성을 높였다고 하였다.

② 작품 〈쇼핑 카트를 밀고 가는 여자〉는 사람에게 직접 석고를 덧발라 형태를 뜨는 실물 주형 기법을 사용하여 사람의 형태와 크기를 그대로 재현했다고 하였다.

③ 작품 〈쇼핑 카트를 밀고 가는 여자〉는 사람의 형태와 크기를 똑같이 재현하고 쇼핑 카트, 식료품 등을 그대로 사용하여 사실성을 높였다고 하였다.

④ 작품 〈쇼핑 카트를 밀고 가는 여자〉는 합성수지, 폴리에스터, 유리

섬유 등의 신재료를 사용하고 에어브러시로 채색하여 사람 피부의
질감과 색채를 똑같이 재현하였다고 하였다.

03 관점의 비교와 평가   정답 ③

정답 풀이 ▼

핸슨은 하이퍼리얼리즘의 대표적인 작가로, 〈쇼핑 카트를 밀고 가는
여자〉에서 보듯 사람에게 직접 석고를 덧발라 형태를 뜨는 실물 주형 기
법을 사용하여 사람의 형태와 크기를 똑같이 재현하였다. 그런데 〈보기〉
에 제시된 쿠넬리스의 〈무제〉를 보면 대상을 재현하는 것에 그치지 않
고 살아 있는 말 자체를 화랑에 매어 놓고 감상하도록 하였다. 따라서
쿠넬리스는 핸슨에게 미술에서 재현의 가장 효과적인 방법은 실물 주형
의 기법보다 대상을 그대로 제시하는 것이어야 한다고 비평할 수 있을
것이다.

오답 풀이 ▼

① 미술 작품의 다양한 체험을 강조한 것은 쿠넬리스이다.
② 핸슨은 자본주의 일상을 사실적으로 표현한 작가이다. 역사적이거나
   정치적 가치를 추구했는지는 확인할 수 없다.
④ 쿠넬리스는 감상자가 직접 체험을 통해 다양하게 작품의 의미를 만
   들도록 하였다. 따라서 작품의 의미가 작가에 의해 만들어지는 것이
   어야 한다고 비평하지는 않을 것이다.
⑤ 코수스는 실제 의자와 함께 사진, 언어적 개념을 제시하여 대상을 나
   타내는 데 여러 가지 방식이 존재할 수 있음을 보여 주었다. 따라서
   그 대상 자체만을 제시해야 한다고 비평하지는 않을 것이다.

04 어휘의 문맥적 의미 파악   정답 ②

정답 풀이 ▼

ⓑ'들다'와 ②의 '들다'는 모두 '어떤 범위나 기준, 또는 일정한 기간
안에 속하거나 포함되다.'라는 의미로 사용되었다.

오답 풀이 ▼

① '남의 힘에 의지하다.'라는 의미로 쓰인 ⓐ'기대다'와 달리, ①의 '기대
   다'는 '몸이나 물건을 무엇에 의지하면서 비스듬히 대다.'라는 의미로
   쓰였다.
③ '끊어지지 않게 계속하다.'라는 의미로 쓰인 ⓒ'잇다'와 달리, ③의 '잇
   다'는 '뒤를 잇따르다.'라는 의미로 쓰였다.
④ '대상의 내용이나 상태를 알기 위하여 살피다.'의 의미로 쓰인 ⓓ'보
   다'와 달리, ④의 '보다'는 '어떤 일을 맡아 하다.'라는 의미로 쓰였다.
⑤ '품질, 수준, 능력, 가치 따위가 보통보다 위에 있다.'라는 의미의 '높
   다'가 사동으로 쓰인 ⓔ'높이다'와 달리, ⑤의 '높이다'는 '소리의 강도
   가 세다.'라는 의미의 '높다'가 사동으로 쓰였다.

어휘 점검하기   •본문 103쪽

01 ㉢	02 ㉤	03 ㉠	04 ㉡
05 실재했던	06 부합하지	07 투철한	08 배치되는
09 과잉	10 제압	11 해명	12 제어

12강 구체적 상황에 적용

개념 적용 문제   •본문 105쪽

01 (1) ㉠, ㉢ (2) ㉡, ㉣
02 (1) 1/4 (2) 1/5 (3) 4/5 (4) 1/5 (5) 2/5 (6) 2
03 (1) 작으므로, 비탄력적 (2) 크므로, 탄력적

유사 문제로 다지기   •본문 106~107쪽

01 ①   **02** ④   **03** ⑤

지문 더보기

|문단 정리|
1문단 앤디 워홀의 〈브릴로 박스〉의 특징
2문단 단토의 미술 종말론
3문단 단토가 생각하는 〈브릴로 박스〉의 의의
4문단 20세기 미술의 특징과 단토의 미술 종말론의 의미

|주제| 단토가 주장한 미술 종말론의 의미

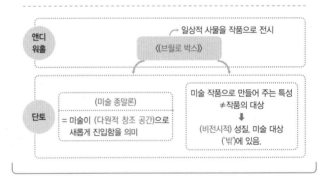

01 세부 정보의 파악   정답 ①

정답 풀이 ▼

2문단에서 당시 미술계의 전문가들은 워홀의 〈브릴로 박스〉를 일반
상품으로 오해했는데, 이는 그들이 아예 이 대상을 예술 작품으로 인식
하지 못했기 때문임을 알 수 있다. 당시 미술 전문가들이 〈브릴로 박스〉
를 혹평했다는 진술은 이 글에서 확인할 수 없다.

오답 풀이 ▼

② 3, 4문단의 내용을 통해 단토가 워홀의 〈브릴로 박스〉를 바탕으로
   20세기 미술의 특징인 무한한 다원성의 측면을 이해하려고 하였음을
   알 수 있다.
③ 4문단의 '그 어떤 창작 행위가 가해지지 않은 것 또한 미술 작품으로
   서 자격을 지닐 수 있게 된 것이다.'를 통해 확인할 수 있다.
④ 3문단의 '단토는 〈브릴로 박스〉를 통해 '미술은 무엇인가'라는 질문

에 대한 올바른 답을 찾아내고자 했다. 그리고 그 답은 '미술 작품과 일상 사물을 구별하는 본질적 기준은 무엇인가'라는 문제의식을 통해 얻어 낼 수 있다고 생각했다.'를 통해 확인할 수 있다.

⑤ 4문단에서 미술의 '종말'은 미술이 '다원적 창조의 자유 공간으로 진입했으며, 개방적인 변혁의 장을 새롭게 맞이하게 되었다는 것을 의미한다.'라고 한 것을 통해 확인할 수 있다.

02 구체적 상황에 적용   정답 ④

정답 풀이 ▼

〈보기〉의 작품 〈샘〉은 워홀의 〈브릴로 박스〉와 마찬가지로 일상 사물을 그대로 미술 작품으로 출품하여 전시한 것이다. 따라서 단토는 워홀의 〈브릴로 박스〉에 대해 보였던 반응을 〈보기〉의 작품에도 보일 것이다. 3문단에서 단토는 〈브릴로 박스〉를 전시한 것은 '미술'을 미술로 만드는 것이 미술 대상 '밖에' 있는 어떤 성질이라는 것을 밝혀 주었다고 했으므로, 〈보기〉의 작품에 대해서도 ④와 같은 반응을 보였을 것임을 알 수 있다.

오답 풀이 ▼

① 〈샘〉은 〈브릴로 박스〉와 같이 기존의 일상적 상품을 그대로 가져다가 전시한 미술 작품으로, 기존의 협소한 미술 개념으로부터 벗어나 있는 경우에 해당한다.

② 〈샘〉은 공장에서 제작된 소변기를 그대로 가져다가 오직 제조사의 명칭만 새겨 넣은 작품으로, 기존의 미술 개념에서 벗어나 있으며, 20세기 미술의 특징인 다원성과 개방성을 충족시키는 작품으로 볼 수 있다.

③ 〈샘〉은 〈브릴로 박스〉와 유사한 성격을 지닌 작품으로, 단토가 주장한 '미술 종말론'에 부합하는 사례에 해당한다.

⑤ 20세기 미술의 특징인 다원성은 작품의 대량 생산 체제를 통해 확보되는 것이 아니라 작품의 내용과 형식의 자유분방함을 통해 확보되는 것이다.

03 어휘의 문맥적 의미 파악   정답 ⑤

정답 풀이 ▼

ⓔ'선포하다'는 '세상에 널리 알리다.'라는 뜻을 가진 말이다. 따라서 '선포한'은 '널리 알린'으로 바꿔 쓰는 것이 적절하다.

오답 풀이 ▼

① ⓐ'무한하다'는 '수(數), 양(量), 공간, 시간 따위에 제한이나 한계가 없다.'라는 뜻의 말이다.

② ⓑ'인정되다'는 '확실히 그렇다고 여겨지다.'라는 뜻의 말이다.

③ ⓒ'진입하다'는 '향하여 내처 들어가다.'라는 뜻의 말이다.

④ ⓓ'기여하다'는 '도움이 되도록 이바지하다.'라는 뜻의 말이다.

유사 문제로 확장하기   • 본문 108~109쪽

01 ④   02 ④   03 ③

 지문 더보기

|문단 정리|

1문단 열복사 의 개념과 온도에 따라 나오는 전자기파의 형태

2문단 발광 의 개념과 그 종류

3문단 광 발광 의 개념과 종류

4문단 화학 발광 의 개념과 대표적 예

5문단 전기 발광 의 개념과 발광 다이오드의 원리

|주제| 열복사와 발광 의 종류

높은 온도	낮은 온도
열복사 = (온도) 복사	**발광**
• 400℃ 이하 → 파장이 긴 (적외선) 방출	• 광 발광: (빛)을 이용해 발광됨.
• 400℃ 이상 → 적외선과 (파장)이 짧은 가시광선 방출	• 화학 발광: 생체 내 (화학 반응)에 의해 발광됨. → 반딧불이
가시광선의 종류 • 500℃: 엷은 (붉은색) • 950℃: 진한 주황색 • 1100℃: 연한 노란색 • 1400℃ 이상: (흰색)	• 전기 발광: 전류로 생긴 에너지 (준위) 차로 인해 발광됨. → 발광 다이오드

01 세부 정보의 파악   정답 ④

정답 풀이 ▼

1문단에서 '물체의 온도가 대략 400℃보다 낮으면 물체는 열복사 전자기파로 가시광선을 거의 내놓지 않고 이보다 파장이 긴 적외선만 내놓는다.'라고 하였으므로 ④의 진술은 적절하지 않다.

오답 풀이 ▼

① 4문단에서 반딧불이는 생체 내 화학 반응에 의해 빛을 내는 화학 발광의 대표적 예에 해당한다고 하였다.

② 3문단에서 빛을 이용해 빛을 내게 하는 것을 광 발광이라고 하였다.

③ 1문단에서 열복사에서 물체가 내놓는 빛은 '대략 500℃에서는 엷은 붉은색이고, 온도가 높을수록 빛의 세기는 강해'진다고 하였다.

⑤ 2문단에서 '낮은 온도의 물체가 빛을 내려면 물질을 불안정한 상태, 즉 들뜬상태로 만들어 에너지를 내놓도록 하는 과정이 필요'하다고 하였다.

02 구체적 사례 찾기   정답 ④

정답 풀이 ▼

[A]에서는 '모든 물체는 온도에 따라 독특한 파장 범위의 전자기파를 물체 표면에서 내뿜'는다고 설명하고 있다. 또한 온도에 따라 가시광선을 내보낼 때 그 색깔이 다름을 언급하고 있다. 이를 통해 빛이 내는 색을 보고 그 온도를 짐작할 수 있음을 파악할 수 있다. 따라서 [A]를 통해 설명할 수 있는 사례로는 도자기 가마에서 나오는 빛의 색깔을 보고 가마의 온도를 짐작할 수 있다는 내용의 ④가 적절하다.

① 빛이 굴절하는 성질과 관련이 있다.

② 빛이 직진하는 성질과 관련이 있다.

③ 빛이 반사되는 성질과 관련이 있다.

⑤ 빛을 내는 반응이 더 잘 일어날 수 있도록 촉매를 더하는 것이므로 화학 반응과 관련이 있다.

03 구체적 상황에 적용 　　　　　　　　정답 ③

정답 풀이 ▼

　발광은 낮은 온도의 물체에서 빛이 나오는 것이다. 낮은 온도의 물체가 빛을 내려면 물질을 불안정한 상태, 즉 들뜬상태에서 에너지가 낮은 안정된 상태로 전환해야 하는데 이때 에너지가 발생하고 빛을 낼 수 있다. 이 과정에서 전류를 이용하여 에너지의 준위 차이를 만드는 것을 전기 발광이라고 부르며, 전기 발광의 대표적인 예로 LED가 있다. 따라서 LED 역시 들뜬상태의 전자가 다시 안정한 상태가 될 때 에너지를 방출하는 것이다.

오답 풀이 ▼

① 〈보기〉에서 n형 반도체 부분에 전자를 주입시켜 전자가 들뜨게 되면(=불안정한 상태가 되면) 이 전자가 p형 반도체 부분으로 이동한다고 한 것을 통해 알 수 있다.

② LED는 전류로 인해 생긴 에너지 준위 차로 빛이 나는 전기 발광을 이용한 것이다.

④ 〈보기〉에서 LED는 반도체의 화합물을 어떻게 조합하는가에 따라 발광하는 빛의 색상 역시 다양하게 나타날 수 있다고 한 것을 통해 알 수 있다.

⑤ LED의 전자가 들뜨게 되면 이 전자가 p형 반도체 부분의 정공과 결합하면서 빛을 내는데, 빛을 내는 것은 '물질이 에너지가 높은 불안정한 상태에서 에너지가 낮은 안정한 상태가 되'는 것이다. 그러므로 LED의 들뜬 전자는 p형 반도체 부분의 정공과 결합하면서 안정한 상태가 된다고 할 수 있다.

기출문제로 뛰어넘기 　　　　　　· 본문 110~111쪽

01 ①　　　02 ①　　　03 ②

지문 더보기

|문단 정리|

1문단 유엔해양법협약의 역할

2문단 평화적 수단을 통한 분쟁 해결 방법

3문단 강제절차에서 선택해야 하는 분쟁 해결 기구

4문단 재판소 판결 전 거치는 소송 관할권 확정 심리

5문단 잠정조치의 개념과 효력

6문단 잠정조치 요청 가능 시기와 담당 기구

7문단 국제해양법재판소가 관할권을 가질 수 있는 조건

|주제| 유엔해양법협약에 따른 국가 간 분쟁 해결 수단과 해결 절차

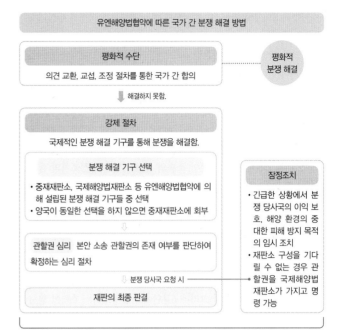

유엔해양법협약에 따른 국가 간 분쟁 해결 방법

평화적 수단
의견 교환, 교섭, 조정 절차를 통한 국가 간 합의

⋯⋯ 평화적 분쟁 해결

⬇ 해결하지 못함.

강제 절차
국제적인 분쟁 해결 기구를 통해 분쟁을 해결함.

분쟁 해결 기구 선택
· 중재재판소, 국제해양법재판소 등 유엔해양법협약에 의해 설립된 분쟁 해결 기구들 중 선택
· 양국이 동일한 선택을 하지 않으면 중재재판소에 회부

관할권 심리 본안 소송 관할권의 존재 여부를 판단하여 확정하는 심리 절차

⬇ 분쟁 당사국 요청 시 ▶

재판의 최종 판결

잠정조치
· 긴급한 상황에서 분쟁 당사국의 이익 보호, 해양 환경의 중대한 피해 방지 목적의 임시 조치
· 재판소 구성을 기다릴 수 없는 경우 관할권을 국제해양법재판소가 가지고 명령 가능

01 세부 정보의 파악 　　　　　　　　정답 ①

정답 풀이 ▼

　7문단에서 알 수 있듯이, 잠정조치 재판을 통해 잠정조치를 명령할 수 있는데, 본안 소송의 최종 판결이 내려지면 효력이 종료(5문단)된다. 그러나 5문단에서 잠정조치는 '구속력 있는 임시 조치'라고 하였으므로 구속력이 없다는 설명은 적절하지 않다.

오답 풀이 ▼

② 3문단에서 강제절차 시 분쟁 당사국들은 '자국의 이익이나 분쟁 내용 등을 고려해 분쟁 해결 기구를 선택할 수 있'다고 하였으므로 적절한 설명이다.

③ 2문단에서 '국제법의 특성상, 분쟁 해결의 원리가 기본적으로 각 국가의 동의를 바탕으로 적용'된다고 하였으므로 적절한 설명이다.

④ 3문단에서 국제해양법재판소는 '유엔해양법협약에 의해 설립된 분쟁 해결 기구'라고 하였으므로 적절한 설명이다.

⑤ 2문단에서 '유엔해양법협약'은 분쟁 당사국들에 분쟁 해결에 관하여 신속히 의견을 교환해야 하고 분쟁 해결을 위해 노력해야 하는 의무를 부과하고 있다고 하였으므로 적절한 설명이다.

02 핵심 정보의 추론 　　　　　　　　정답 ①

정답 풀이 ▼

　7문단에서 본안 소송의 관할권(㉠)을 심리한 결과, 본안 소송을 담당하는 '중재재판소가 관할권을 갖게 될 가능성이 예측되어야 국제해양법재판소는 잠정조치의 관할권(㉡)을 가질 수 있다'고 하였으므로 ㉠의 존재 가능성이 예측되어야 ㉡이 인정된다는 설명은 적절하다.

오답 풀이 ▼

② 7문단에서 '본안 소송의 관할권(㉠)을 심리한 결과'로 '잠정조치의 관할권(㉡)을 가질 수 있다'고 하였으므로 적절하지 않은 설명이다.

③ 7문단에서 알 수 있듯이 본안 소송의 관할권(㉠)이 확정되지 않으면

잠정조치의 관할권(ⓒ)도 확정되지 않는 것이므로 적절하지 않다.

④ 4문단에서 본안 소송을 담당하는 재판소가 분쟁에 대한 최종 판결을 내리기 위해서는 먼저 '본안 소송 관할권의 존재 여부를 판단하여 확정'해야 한다고 하였으므로 적절하지 않다.

⑤ 6문단에서 분쟁 당사국이 소송을 제기하여 재판소에 사건이 회부되면 소송 절차가 개시되고, 그(소송 절차 개시) 이후 잠정조치를 요청할 수 있다고 하였다. 그리고 7문단을 보면, 잠정조치를 요청했더라도 '본안 소송의 관할권을 심리한 결과'에 따라 잠정조치의 관할권을 가질 수 있는 것이므로 본안 소송의 개시 시점은 잠정조치의 관할권(ⓒ)의 인정 시점과 일치하지 않는다.

03 구체적 상황에 적용   정답 ②

정답 풀이 ▼

〈보기〉에서 A국이 잠정조치를 바로 요청하였고, 재판소는 잠정조치를 명령하였음을 알 수 있다. 그러나 5문단에서 잠정조치는 효력이 임시적이어서 본안 소송의 최종 판결이 내려지면 효력이 종료된다는 것으로 보아, 본안 소송의 재판은 잠정조치와 관계없이 진행됨을 알 수 있다. 따라서 잠정조치 명령으로 본안 소송 재판이 종결될 것이라는 반응은 적절하지 않다.

오답 풀이 ▼

① 〈보기〉에서 A국과 B국의 소송은 '재판에 회부'되었음을 알 수 있다. 6문단에서 '재판소에 사건이 회부되면 소송 절차가 개시되고, 그 이후 분쟁 당사국들은 언제든지 잠정조치를 요청할 수 있다'고 하였으므로 적절한 반응이다.

③ 〈보기〉에서 A국은 B국과 교섭을 시도했다. 2문단에서 분쟁 당사국들은 의무적으로 교섭이나 조정 절차 등 국가 간 합의에 의한 평화적 수단을 통해 분쟁 해결을 위해 노력해야 한다고 하였으므로 적절한 반응이다.

④ 〈보기〉에서 A국과 B국이 선택한 기구가 다름을 알 수 있다. 3문단에서 양국이 동일한 선택을 하지 않은 경우에는 중재재판소에 회부된다고 하였으므로 분쟁이 중재재판소를 통해 해결될 것이라는 반응은 적절하다.

⑤ 5문단에서 잠정조치는 '긴급한 상황'에서 '해양 환경의 중대한 피해를 방지할 목적'으로 내려진다고 하였고, 〈보기〉에서 A국은 '자국의 인근 바다에 해양 오염 물질이 유출될 것을 우려'하였다고 했다. 따라서 A국이 자국의 해양 오염을 시급히 막기 위해 잠정조치를 요청한 것이라는 반응은 적절하다.

어휘 점검하기   • 본문 111쪽

01 식별	02 잠정	03 가	04 협소
05 진입	06 부과	07 절충	08 개시
09 분쟁	10 교섭	11 보편화	12 각광

이 책을 집필하신 선생님

이경재   이영완   황택준

이 책을 검토해 주신 선생님